Der Gott der Männer und die Frauen

Theologie zur Zeit

Herausgegeben von Josef Blank, Peter Eicher,
Volker Eid, Ottmar Fuchs, Manfred Görg,
Paul Hoffmann, Bernhard Lang, Norbert Mette,
Marie-Theres Wacker und Jürgen Werbick

Band 2

Der Gott der Männer und die Frauen

Herausgegeben von Marie-Theres Wacker

Patmos Verlag Düsseldorf

CIP-Kurztitelaufnahme der Deutschen Bibliothek

Der Gott der Männer und die Frauen
hrsg. von Marie-Theres Wacker. –
1. Aufl. – Düsseldorf : Patmos Verlag, 1987.
(Theologie zur Zeit ; Bd. 2)
ISBN 3-491-77677-5
NE: Wacker, Marie-Theres [Hrsg.]; GT

© 1987 Patmos Verlag Düsseldorf
Alle Rechte vorbehalten. 1. Auflage 1987
Umschlaggestaltung: Peter J. Kahrl
Gesamtherstellung: Lengericher Handelsdruckerei, Lengerich (Westf.)
3-491-77677-5

Inhalt

Zum Thema
Marie-Theres Wacker 7

Beiträge

Die Göttin kehrt zurück
Kritische Sichtung neuerer Entwürfe
Marie-Theres Wacker 11

Die Mutter als die Schmerzensreiche
Zur Geschichte des Weiblichen in der Trinität
Hermann Häring 38

Die Weiblichkeit Gottes
Zu Christa Mulacks Programmatik der Neubestimmung des
Göttlichen
Doris Brockmann 70

Gott als Mutter in mittelalterlicher Spriritualität
Methodologische Überlegungen zu Caroline Walker Bynums
Buch „Jesus as Mother"
Ulrike Wiethaus 93

Frau – Sexus – Macht
Eine feministisch-theologische Relecture des Hoseabuches
Marie-Theres-Wacker 101

Das Verschleiern, Vertrösten, Vergessen unterbrechen
Zur Relevanz politischer Theologie für feministische
Theologie
Christine Schaumberger 126

Erfahrungen

Feminismus und feministische Theologie in der DDR
Angelika Engelmann und Evamaria Taut 162

Der Gott der Männer und die Frauen

Marie-Theres Wacker

Ich stelle fest, daß die derzeitige Situation der Kirche eine Situation des Patriarchats ist, die ein feministisches Engagement erforderlich macht. Ich widerspreche der Ansicht der Theologen und Amtsträger, daß die bisherige Theologie eine allgemein menschliche, eine für alle Menschen gültige Theologie ist. Ich stelle fest, daß die in der katholischen (und evangelischen! MTW) Tradition wirksam gewordene Theologie eine Theologie von Männern ist, die auf der Grundlage einseitiger männlicher Erfahrung entwickelt wurde.

Evi Meyer, Katholische Frauengemeinschaft Deutschlands[1]

Nur wo Gott nicht mehr als Geist, als höchste Objektivierung gedacht wird, sondern als ein diffuses, jederzeit erweiterbares Bündel von Anthropomorphismen gilt, kann man auf den Gedanken kommen, eine feministische Theologie zu kreieren ... Was die feministische Theologie stört, sind nicht die anthropomorphen Projektionen überhaupt, sondern die männlichen. Daß weibliche ebensowenig der Religionskritik standhalten, interessiert sie nicht.

Christoph Türcke, evangelischer Theologe[2]

Gegen die Präsenz selbst-bewußter Frauen in Theologie und Kirche, die die Heiligsprechung ihrer angeblich gottgewollten Unterordnung unter den Mann als patriarchalische Ideologie entlarven, wird zunehmend Unmut laut: Mit seltener ökumenischer Einmütigkeit finden Theologen und sogar Bischöfe beider Konfessionen, gestützt jeweils durch bestimmte kirchliche Gruppierungen, gleichlautende Vorwürfe und Beschimpfungen an die Adresse der feministischen Theo-

---

[1] *Evi Meyer*, Frauennetzwerk Kirche, in: Monika Maaßen/Christine Schaumberger (Hrsg.), Handbuch feministische Theologie, Münster 1986, 162–168, 163 f.

[2] *Friedrich Wilhelm Pohl/Christoph Türcke*, Heilige Hure Vernunft. Luthers nachhaltiger Zauber, Berlin 1983, 130 Anm. 16.

logie bzw. ihrer Vertreterinnen.[3] In diese Situation hinein erhebt sich die Forderung feministisch engagierter Frauen, auch die Theologinnen sollten sich das feministische Prinzip zu eigen machen, nach außen Geschlossenheit zu demonstrieren, und auf eine öffentliche Auseinandersetzung untereinander zunächst verzichten. Aber lassen wir uns damit nicht allzusehr die Gesetze unseres Handelns aufdiktieren? Sollten feministische Theologinnen nicht vielmehr versuchen, sich die Möglichkeiten öffentlicher Kommunikation konstruktiv zunutze zu machen für solidarisch-kritische Diskussion? Die unter dem Titel „Der Gott der Männer und die Frauen" hier versammelten Beiträge möchten in diesem Sinne verstanden werden – die Autorinnen/der Autor sind auf Rückmeldungen ebenso gespannt wie angewiesen!

Die feministisch-theologische Arbeit von Frauen hat inzwischen eine Reihe beeindruckender Entwürfe vorzuweisen, die andererseits aber auch die Grundlagenprobleme, vor die solche Arbeit sich gestellt sieht, nur um so deutlicher als weiterhin ungelöste ans Licht bringen. Der Kontext, in dem Frauen leben und inzwischen auch als Theologinnen ihre Stimme erheben, ist der von Männerkirchen – wie gehen kritische Christinnen damit um? Genügt es, der Männererfahrung eine Frauenerfahrung entgegenzuhalten, der männlichen (Kirchen-) Geschichte die vergessene Geschichte der Frauen gegenüberzustellen, männliche Anthropomorphismen im Sprechen von Gott zu konterkarieren mit weiblichen? Schaffen wir so nicht bloß eine Gegen-Welt, deren Gesetze immer noch die des Patriarchats sind, nur als negierte? Vergessen wir dann nicht, daß Frauenerfahrung nur als beschädigte zu haben ist, als eine durch die geschichtliche Macht des Patriarchats immer schon deformierte, ist überhaupt die Entdeckung einer eigenständigen Frauen-Geschichte möglich, wenn Frauen nie anders denn als über den Mann definierte vorkamen, und fallen wir nicht in der Tat hinter die neuzeitliche Religionskritik zurück, wenn wir im

---

[3] Auf evangelischer Seite vgl. *Peter Beyerhaus* (Hrsg.), Frauen im theologischen Aufstand. Eine Orientierungshilfe zur „feministischen Theologie", Neuhausen/Stuttgart 1983, und die „Inquisition auf evangelisch" unter Beteiligung der nordelbischen Bischöfe, dokumentiert in: Schlangenbrut 9 (1985) 44–48; auf katholischer Seite vgl. *Jutta Burggraf*, Die Mutter der Kirche und die Frau in der Kirche, Kevelaer 1986, die die „Orientierungshilfe" von Beyerhaus ausgiebig benutzt, und den Auftritt des Erzbischofs von Fulda auf dem Hambacher Schloß, dokumentiert in: Publik-Forum 15 (7. 11. 1986) 40f. Besonders massiv – und sein eigenes Reflexionsniveau ständig unterbietend – *J. Kardinal Ratzinger*, Zur Lage des Glaubens. Ein Gespräch mit V. Messori, München/Zürich/Wien 1985, 93–99.

Namen der Frauenbefreiung nun auf der Weiblichkeit Gottes insistieren? Die Feststellungen von Evi Meyer stecken den Horizont ab, in dem christliche Theologinnen sich als Feministinnen vorfinden, die Thesen von Christoph Türcke, sosehr sie in der Geste des religionsphilosophischen Meisterdenkers daherkommen und jegliche Differenzierung, geschweige denn Solidarität gegenüber feministischer Theologie vermissen lassen, markieren dennoch Grundfragen von Theo-logie, die feministische Theologinnen nicht ohne Schaden für die Bestimmung ihrer eigenen, nicht-(mehr)-patriarchalischen Erinnerungen und Utopien ignorieren können.

„Der Gott der Männer und die Frauen" – das meint im Sinne feministischer Kritik den Gott, der in männlichen Symbolen vorgestellt (und begriffen!) wird und weibliche höchstens als darin inbegriffene zuläßt (etwa der „mütterliche Vater"), entsprechend der Allgegenwart der Macht des Patriarchats, die Frauen ihren Platz zuweist und sie als vom Mann abgeleitete Wesen versteht. „Der Gott der Männer und die Frauen" – das meint aber auch und schärfer noch die Projektionen des Männlichen, denen Feministinnen bzw. feministische Theologinnen bei ihrer eigenen Standortbeschreibung nach wie vor erliegen und die sie in mühevoller Selbstkritik erst durchschauen und überwinden müssen.

Die drei ersten Beiträge versuchen, solche Selbstkritik ein Stück weit voranzubringen. *Marie-Theres Wacker* setzt sich mit den Schriften der „Göttin-Bewegung", insbesondere von Gerda Weiler und Heide Göttner-Abendroth, auseinander, *Doris Brockmann* analysiert den Entwurf von Christa Mulack, die auf ihre Weise ebenfalls jener feministischen Richtung zugehört und wie Weiler und Göttner-Abendroth auf breite Resonanz in der feministischen Bewegung und innerhalb der feministischen Theologie trifft. Aber fällt nicht – diese skeptische Frage wird an die genannten Entwürfe gerichtet – die Rede von „Göttin" und „Matriarchat", so notwendig die Korrektur der einseitig männlichen Rede von „Gott" mit ihren verheerenden Folgen für die Frauen ist, doch letztlich hinter den Anspruch zurück, wirklich frauenbefreiende, das heißt zur Selbst-Bestimmung der Frauen führende Impulse zu geben?

Für kritische Frauen, die innerhalb der traditionellen theologischen Symbolbildung verbleiben wollen, macht *Hermann Häring* deutlich, daß Weiblichkeitsanalogien in der Trinitätslehre, wie der weibliche Jesus oder der weibliche Geist, nicht a priori befreiend wirken: ist doch, wie exemplarisch an Augustinus und für das

19. Jahrhundert gezeigt wird, solche Weiblichkeitssymbolik von der Männertheologie längst zur Stabilisierung des Patriarchats vereinnahmt.

Auf eine ähnliche Ambivalenz weiblicher Bilder im Sprechen von Gott und Mensch (bzw. Frau/Mann) weist *Ulrike Wiethaus* für die mittelalterliche Spiritualität hin und bringt damit einen dritten wichtigen Bereich feministisch-historischer Arbeit neben der christlichen Antike und der Neuzeit in den Blick, das Mittelalter, den das auch bei uns vielbeachtete Buch von Caroline Walker Bynum über die „Mutter Jesus" beispielhaft erschließt. Insofern Ulrike Wiethaus die Interpretationen von Bynum differenzierend weiterführen möchte, sucht ihre Kritik positive Anschlußmöglichkeiten für feministisch-theologische Arbeit, eine Blickrichtung, die bestimmend ist auch für die Hosea-Exegese aus feministisch-theologischer Sicht, die *Marie-Theres Wacker* versucht, und den Beitrag von *Christine Schaumberger*, die die politische Theologie von J. B. Metz als einen wichtigen Gesprächspartner feministischer Theologie stark machen möchte.

Der Einblick in einen bei uns bisher kaum erschlossenen Erfahrungsbereich, „Feminismus und feministische Theologie in der DDR" von *Angelika Engelmann* und *Evamaria Taut,* rundet den Band ab.

> Beiträge

Die Göttin kehrt zurück
Kritische Sichtung neuerer Entwürfe
Marie-Theres Wacker

> „Sie sind über uns", sagte die
> Prächtel. „Die Taugenichtse ha-
> ben uns, während wir in Mytho-
> logie machten, eine gewaltige
> Nase gedreht."*

I.

Auf dem bundesdeutschen Büchermarkt hat in diesen Jahren „die
Göttin" Konjunktur. Starhawks „Spiral Dance", ein bereits klas-
sisch zu nennendes Rituale zum Kult der Großen Göttin aus dem
amerikanisch-feministischen „goddess-movement", und eine nicht
zuletzt durch Starhawk inspirierte Beschwörung der „Ancient Religion of the Great Cosmic Mother of All" von zwei Künstlerinnen, der
Norwegerin Monica Sjöö und der Amerikanerin Barbara Mor, aber
auch Carol Christs grundlegende Reflexionen „Why Women Need
the Goddess" sind nun in deutscher Sprache zugänglich.[1] Die – von
Männern verfaßte – Göttin-Literatur des vorigen und der ersten

---

* Den Hinweis auf den Roman von *Gerhart Hauptmann,* Die Insel der Großen Mutter
(1924), verdanke ich Richard Faber, Berlin.

[1] *Starhawk (Miriam Simos),* The Spiral Dance. A Rebirth of the Ancient Religion of the
Great Goddess, New York 1979; deutsch: Der Hexenkult als Ur-Religion der Großen
Göttin. Magische Übungen, Rituale und Anrufungen, Freiburg 1983, ²1985; vgl. *Gabi
Cramer,* Die Göttin im Wicca-Kult, in: Schlangenbrut 6 (1984) 36–39; *Monica Sjöö/
Barbara Mor,* The Ancient Religion of the Great Cosmic Mother of All, 1981; deutsch:
Wiederkehr der Göttin. Die Religion der großen Kosmischen Mutter und ihre Vertrei-
bung durch den Vatergott, Braunschweig 1985; *Carol Christ,* Why Women Need the
Goddess: Phenomenological, Psychological, and Political Reflections, in: dies./Judith
Plaskow (Hrsg.), Womanspirit Rising. A Feminist Reader in Religion, New York u. a.
1979, 273–287; deutsch: Warum Frauen die Göttin brauchen, in: Schlangenbrut 8
(1985) 6–20.

11

Hälfte dieses Jahrhunderts wird in preiswerten Sonderausgaben wieder erschlossen, so Bachofens „Mutterrecht" von 1861, das dickleibige Werk des Psychoanalytikers Erich Neumann über „Die Große Mutter" (1956) oder die nicht weniger umfangreichen Untersuchungen des englischen Schriftstellers und Polyhistors Robert Ranke-Graves über „Die weiße Göttin" (erstmals 1948) und zur „Griechischen Mythologie" (1955).[2] Nachdem die Philosophin und Literaturwissenschaftlerin Heide Göttner-Abendroth mit ihrer auf Ranke-Graves fußenden Deutung der „matriarchalen Religionen" den Boden bereitet hat,[3] begibt sich die Pädagogin Gerda Weiler auf die Suche nach dem „verborgenen Matriarchat im Alten Testament"[4] und entdeckt die Theologin Christa Mulack die „Geheime Göttin" im Christentum bzw. Judentum mit Hilfe Erich Neumanns und C. G. Jungs.[5] Auch die neueren bei uns erschienenen Grundlagenwerke bzw. Gesamtentwürfe feministischer Theologie von Elisabeth Moltmann-Wendel, Catharina Halkes, Elga Sorge und Rosemary Radford-Ruether können oder wollen an „der Göttin" nicht vorbei.[6] Und ein großer bundesdeutscher Verlag hält gar schon die Zeit für gekommen, eine Bestandsaufnahme zum Thema vorzulegen.[7]

[2] *Johann Jakob Bachofen,* Das Mutterrecht. Eine Auswahl, hrsg. von H. J. Heinrichs, Frankfurt 1975 (Originalausgabe: Stuttgart 1861); vgl. auch *H. J. Heinrichs* (Hrsg.), Materialien zu Bachofens „Das Mutterrecht", Frankfurt 1975; *Erich Neumann,* Die Große Mutter, Olten/Freiburg, Sonderausgabe 1985 (ursprünglich: Zürich 1956); *Robert Ranke-Graves,* Die Weiße Göttin, Reinbek bei Hamburg, einbändige Neuausgabe 1984 (deutsch zuerst: Berlin 1981; englisch: London 1948); *ders.,* Griechische Mythologie, Reinbek bei Hamburg, einbändige Neuausgabe 1984 (deutsch zuerst: Reinbek bei Hamburg 1960; englisch: Baltimore/London 1955).

[3] *Heide Göttner-Abendroth,* Die Göttin und ihr Heros. Die matriarchalen Religionen in Mythos, Märchen und Dichtung, München 1980; [5]1984.

[4] *Gerda Weiler,* Ich verwerfe im Lande die Kriege. Das verborgene Matriarchat im Alten Testament, München 1984; vgl. auch *dies.,* Der enteignete Mythos. Eine notwendige Revision der Archetypenlehre C. G. Jungs und Erich Neumanns, München 1985.

[5] *Christa Mulack,* Maria. Die geheime Göttin im Christentum, Stuttgart 1985; *dies.,* Die Weiblichkeit Gottes. Matriarchale Voraussetzungen des Gottesbildes, Stuttgart 1983, [3]1984. Zu Mulack vgl. den Beitrag von *Doris Brockmann* in diesem Band.

[6] Vgl. *Elisabeth Moltmann-Wendel,* Das Land, wo Milch und Honig fließt, Gütersloh 1985, 51–67. 111–120; *Elga Sorge,* Religion und Frau, Stuttgart 1985, passim, bes. 38–74; *Rosemary Radford Ruether,* Sexismus und die Rede von Gott, Gütersloh 1985, 17–27. 67–93; *Catharina Halkes,* Suchen, was verlorenging, Gütersloh 1985, 37–41.

[7] *Karin Gaube/Alexander von Pechmann,* Magie, Matriarchat und Marienkult. Frauen und Religion. Versuch einer Bestandsaufnahme, Reinbek bei Hamburg 1986. Der Band stellt interessante Anfragen an die feministische Göttin- und Hexenbewegung und liest sich flüssig als Einführung, sorgt sich in seinen Vereinfachungen aber nicht allzusehr um Genauigkeit, z. B. S. 76 zu Mulack: Sieht Mulack einen matriarchalen Strang im Alten Testament bzw. Judentum selbst (*Mulack,* Weiblichkeit 207), so wird er hier aus dem Judentum herausverlegt; oder 133 ff, wo aus der Göttin Anat durchweg Aschera wird (warum?) und der Archäologe W. F. Albright nun Albrecht heißt.

Nicht zufällig wohl fällt dieses neuerwachte Interesse an der Großen Göttin in die Zeit des Orwellschen Jahrs des Schreckens nineteeneightyfour: Die Suche nach der Göttin ist keine bloß akademische, will nicht einfach in unverbindlich-religionsgeschichtlicher Manier wissen, „wie es eigentlich gewesen", sondern sie ist – bei einigen ihrer Vertreterinnen selbst mit religiöser Weihe umgebene[8] – Vergegenwärtigung einer anderen Welt, die der unseren kurz vor der atomaren Selbstzerstörung stehenden diametral entgegengesetzt zu sein behauptet und einzig in der neu gelebten Gegenwart dieser anderen Welt eine Chance sieht, der drohenden Katastrophe zu entrinnen.

Wie stellt sich diese andere Welt nun näherhin dar? Darauf wird zunächst in einem Referat der Grundpositionen aus der feministischen Göttin-Literatur einzugehen sein (II), bevor die kritische Frage gestellt werden darf: Ist die hier beschworene andersartige theoretische wie praktische Wahrnehmung der Wirklichkeit tatsächlich eine Alternative – auch und gerade in feministisch(-theologisch)er Hinsicht? Dieser Frage wird nachgegangen an einem begrenzten Ausschnitt aus dem umfassenden Material, an der Aufnahme und Verarbeitung des Alten Testaments bei der Suche nach der Göttin. Das Interesse am Alten Testament begegnet dabei keineswegs nur im Binnenraum der Theologie: Durchweg gilt es der genannten Literatur als ein nicht ausblendbarer Prägefaktor auch noch der modernen Welt mit ihrer Geschichte und Gegenwart patriarchalischer Herrschaft und deren zerstörerischen Folgen und wird insofern als Dokument des Patriarchats gelesen, gleichzeitig kann es jedoch auch als widerständig einer völligen Festlegung auf seine Rolle als Legitimationslieferant des Patriarchats gegenüber wahrgenommen werden: Im Alten Testament selbst sind Spuren einer Gegenwelt zu entdecken, der Welt der Großen Göttin, die um der Rettung unserer Welt willen bloßzulegen und zu beerben sind.[9] Am Umgang mit dem Alten

---

[8] Vgl. im Sammelband „Womanspirit Rising" (Anm. 1) die Beiträge von *Starhawk, Carol Christ* und *Zsuzsanna Budapest* und andere Veröffentlichungen dieser Autorinnen; auch die Rezension von *Barbara Sichtermann* zu Gerda Weiler, Kriege (Süddeutsche Zeitung 18. 5. 1985: Das allmähliche Verschwinden der Himmelskönigin): „Als Buch über das Matriarchat kam es mir (zuweilen) ein wenig euphorisch vor, ein wenig verzückt, wie selbst ein religiöses Werk."

[9] Neben Weiler, die das Alte Testament ausdrücklich zum Thema einer Monographie erhebt, und *Merlin Stone,* When God Was A Woman, New York 1978, die dem Alten Testament mehrere Kapitel widmet (dazu in diesem Beitrag unter IV), vgl. etwa schon *Ranke-Graves,* Weiße Göttin, bes. 68. 512. 560 ff. 571 ff und 377 ff. 368 f. 400 ff. 578 ff;

Testament in der Diskussion um die Göttin lassen sich daher methodische Verfahren aufzeigen und problematisieren (III), können vor allem aber auch historisch rekonstruktive (IV) wie utopisch-prospektive (VI) „Thea-logoumena" einer kritischen Betrachtung unterzogen bzw. mit ausgeblendeten Traditionen des Alten Testaments selbst konfrontiert (V) werden.

Die hier entwickelten kritischen Betrachtungen und Anfragen an eine bestimmte Strömung des zeitgenössischen Feminismus sind selbst nicht denkbar ohne den Hintergrund der feministischen Bewegung bzw. der feministischen Theologie. Sie teilen aber die Überzeugung der feministischen Sozialwissenschaftlerin Barbara Sichtermann, „daß die Angst vor Beifall auf der falschen Seite dem Feminismus oftmals verboten hat weiterzudenken. Weiterdenken heißt manchmal genauer denken – und je schärfer die Differenzierungen werden, desto sicherer können wir sein, daß die ‚falsche Seite' trotz ihres Beifalls ans andere Ufer des Gedankenstroms verwiesen bleibt."[10]

II.

Die gegenwärtige Berufung auf „die Göttin" läßt sich an vier Merkmalen erfassen, welche zugleich ihre Argumentationsstruktur offenlegen, insofern es die Merkmale der in dieser Berufung selbst reklamierten kritischen Hermeneutik sind. Der Rekurs auf die Göttin wird nämlich vorgetragen als ein Angriff (1) in Form eines Rückgriffs (2), der nie ohne Eingriff (3) auskommt, zum Zweck des utopischen Vorgriffs (4).

1. Ihren *Angriff* richtet die Berufung auf die Göttin gegen die geltende Unvernunft, die die Welt seit alters beherrscht, erst in der Moderne aber apokalyptische Dimensionen erreicht hat, am sichtbarsten auf den Gebieten der Technologie und der ständigen Kriegführung bis hin zur drohenden atomaren Vernichtung der gesamten Erde. Diese Unvernunft wird begriffen als Produkt und sich selbst entlarvender Ausdruck des Patriarchats, des Gegenwart ebenso wie

---

vgl. auch *Elizabeth Gould Davis*, Am Anfang war die Frau, München 1977, 136–149 (mit Berufung auf Ranke-Graves), und *Josefine Schreier*, Göttinnen. Ihr Einfluß von der Urzeit bis zur Gegenwart, München 1978, passim.

[10] *Barbara Sichtermann*, Weiblichkeit. Zur Politik des Privaten, Berlin 1985, 10.

Vergangenheit durchgängig bestimmenden männlichen Willens zur Macht. Daß es de facto Männer sind – und wenn Frauen, so nicht zufällig „eiserne Ladies" –, die in den Chefetagen von Wirtschaft und Politik, Kultur und Religion, System und Lebenswelt die Welt beherr-schen und Gott, wenn überhaupt, einen guten *Mann* sein lassen, gilt dabei nur als sichtbares Symptom einer durch und durch von patriarchalischen Wertesystemen geprägten Wirklichkeit.

2. Dieser Angriff gegen das solcherart nur sich selbst behauptende Patriarchat erscheint in Form eines *Rückgriffs,* das heißt zunächst eines historischen Rückgriffs auf die frühen menschlichen Zivilisationen bis zurück in die sogenannte vorgeschichtliche oder vorschriftliche Zeit. Dabei spielen vier hoch interdependente Wissenschaften eine besondere Rolle, die auch andere als streng historische Dimensionen des Rückgriffs einbringen: die Archäologie, die die Besiedlungsreste aufarbeitet, die Mythenforschung, insbesondere an den ältesten uns überlieferten Mythen (des Alten Orients und des Mittelmeerraums), die Ethnologie mit ihrem Studium der sogenannten Primitiven und die Psychoanalyse, die für das Unbewußte des menschlichen Individuums eine ähnliche Schichtenfolge annimmt, wie sie sich in der Geschichte der gesamten Menschheit zu zeigen scheint.

Der Rückgriff ergibt etwa folgendes Bild: Die allerfrüheste Phase der Menschheit muß eine Religionsform besessen haben, in der das Weibliche als göttliche Kraft verehrt wurde, möglicherweise zunächst ohne die damit verbundene Vorstellung eines ergänzenden Männlichen. Plastische Darstellungen bis zurück in die ältere Steinzeit, das heißt das 23. Jahrtausend v. Chr., betonen bei den Frauengestalten die spezifisch weiblichen Organe bzw. zeigen sie als Schwangere oder Gebärende.[11] Dies läßt vermuten, daß dem Weiblichen deshalb göttliche Kraft zugesprochen wurde, weil es Garantin neuen Lebens ist – zumal die Rolle des Männlichen bei der Entstehung neuen Lebens lange nicht bekannt gewesen sein dürfte. Mit der Verehrung

---

[11] Bildmaterial etwa im Beitrag von *Marie König,* in: Richard Fester u. a., Weib und Macht. Fünf Millionen Jahre Urgeschichte der Frau, Frankfurt 1980, 107–158; *Neumann,* Große Mutter, Anhang; bei *James Mellaart,* Çatal Hüyük. Stadt aus der Steinzeit, Bergisch Gladbach 1967, und in: *Gisela Zahlhaas* (Red.), Idole. Frühe Götterbilder und Opfergaben. Ausstellungskataloge der Prähistorischen Staatssammlung, Bd. 12, Mainz 1985.

der weiblich-göttlichen Kraft als einzigen Prinzips hätte man zugleich die älteste Religionsform überhaupt erreicht.[12]

Darstellungen, bei denen der weiblichen eine männliche Gestalt zugeordnet ist, werden durchgehend im Sinne eines Mythos interpretiert, den die feministische Philosophin und Literaturwissenschaftlerin Heide Göttner-Abendroth auf die Formel ihres gleichnamigen Buches bringt: „die Göttin und ihr Heros", und der eine zweite Stufe der Religionsentwicklung darstelle.[13] Das Männliche ist dem Göttlich-Weiblichen zugeordnet als Sohn und Geliebter, nie aber als es beherrschender Ehemann. Dieser Sohn-Geliebte ist nicht eigentlich göttlich-ewig, sondern männlich-menschlich, denn er muß sterben, Symbol der ersterbenden Natur, wird aber wiederbelebt oder wiedergeboren durch die Göttin wie die wieder sprießende Vegetation, und die Göttin feiert mit ihm die „Heilige Hochzeit", die sexuelle Vereinigung als Symbol der aktuell-natürlichen Fruchtbarkeit. Dann wiederum stirbt der Heros, sich dem Jahreszeitenrhythmus einfügend, indem er sein Leben als Opfer gibt, im Wissen um die Wiedergeburt. Heide Göttner-Abendroth faßt zusammen: „Die Zeitvorstellung ist dabei zyklisch statt linear, der Jahreszeitenzyklus mit den Stadien Wachstum, Tod, Wiederkehr bestimmt das Denken", und: „Hinter den matriarchalen Fruchtbarkeitsmetaphern steckt ... eine umfassende Kosmologie, wobei von den grundlegenden Kräften des Lebens und des Todes ausgegangen wird. Matriarchale Religionen werden daher treffender als ‚Wiedergeburtsreligionen' bezeichnet."[14] Die kosmologische Dimension der Göttin-Religion mit ihren Auswirkungen auf das Lebensgefühl wird bei Gerda Weiler näher konkretisiert: „Der matriarchale Mensch war eingebunden in die Natur – nicht, weil er ‚unbewußt' lebte, dumpf dahinbrütend den unüberschaubaren Gewalten preisgegeben, sondern weil er sich *bewußt* der Weisheit der matriarchalen Schöpfungskraft überließ."[15] „Schöpfungskraft" meint dabei die Göttin selbst, unter „Weisheit" versteht Weiler das Leben und das Dasein als solches, nicht erst die Frucht

---

[12] Exemplarisch *Weiler*, Kriege 60–73; vgl. auch *Gould-Davis* 71–85.
[13] Explizit spricht *Weiler*, Kriege 62, von einer „neuen Phase" der Verehrung der Großen Herrin. Bei *Göttner-Abendroth*, Göttin 21 (vgl. 82), wird ähnlich unterschieden: Es gibt eine Form matriarchaler Mythologie ohne männlichen Heros, die noch älter sein muß als die des „einfachen" Matriarchats mit Göttin und Heros. Vgl. *Weiler*, Kriege 22: Zunächst wurde die Himmelsherrin ganz allein verehrt.
[14] *H. Göttner-Abendroth*, Du Gaia bist Ich, in: Luise F. Pusch (Hrsg.), Feminismus. Inspektion der Herrenkultur, Frankfurt 1983, 171–195, 174f.
[15] *Weiler*, Kriege 28f.

irgendwelcher Anstrengungen; Weisheit ist die Ordnung des Kosmos schlechthin, die allem und jedem in dieser Welt seinen festen Platz zuweist, Pflanzen und Tieren ebenso wie Menschen oder Gestirnen.[16] Die Menschen können intuitiv diese Ordnungsweisheit erkennen und danach handeln.[17]

3. An diesen Formulierungen wird bereits deutlich, daß der Rückgriff auf die Zeit der Göttin nie ohne *Eingriff* auskommt: Die historische Darstellung der Religion der Göttin und der ihr entsprechenden Lebensform muß einfach – dem hermeneutischen Zirkel Tribut zollend – Bilder, Begriffe, Kategorien benutzen, die heutiger Anschauung, Begriffs- und Theoriebildung entstammen – mit dem Problem, eben dadurch die Vergangenheit nie abgelöst von der Gegenwart zeichnen zu können, immer schon ein Stück Gegenwart in sie einzutragen. Frauen wie Heide Göttner-Abendroth oder Carol Christ sind sich dessen bewußt[18]: Die Beschäftigung mit der matriarchalen Vergangenheit kann nur eine kreative sein, wobei die Vergangenheit von der Gegenwart auch gar nicht abgelöst werden *soll*. Denn die Zeit der Göttin interessiert ja nicht als solche, sondern der erlittenen Marginalisierung und erhofften Befreiung heutiger Frauen wegen. So bedeutet Kreativität nicht nur, wie bei der Kunsthistorikerin und Bildhauerin Merlin Stone,[19] eine riesige Stoffülle an Quellen und Sekundärliteratur aufzuarbeiten und sich mit den verschiedenen hier zum Zuge kommenden Wissenschaftszweigen und deren Methoden auseinanderzusetzen sowie auch eigene Vorurteile zu reflektieren, sondern Kreativität kann auch heißen, die je eigene weiblich-feministische Intuition zum letzten Maßstab der Stimmigkeit einer Rekonstruktion zu machen, wobei etwa Christa Mulack direkt davon ausgeht, daß Frauen über die Jahrtausende hinweg bis heute einen Rest matriarchaler Vernunft, der durch die Herrschaft des Patriarchats nicht zerstört werden konnte, bewahrt haben, wodurch sie

[16] Ebd.
[17] Vgl. ebd. 370 f.
[18] Vgl. *Göttner-Abendroth,* Gaia 171 f und 190–195; *Christ,* Frauen 9 f.
[19] Merlin Stone widerfährt bei Andrew Greeley eine besonders einfältige Marginalisierung. Greeley nimmt schlicht nicht zur Kenntnis, daß es sich bei Merlin Stone um eine Frau handelt: Aus der Künstlerin wird bei ihm „der Religionswissenschaftler Merlin Stone" . . . (*Greeley,* Maria, Graz 1979, 73). Mir war zwar die amerikanische Originalausgabe von *Greeley,* The Mary Myth, New York 1977, nicht zugänglich; aus dem Satz auf derselben Seite: „Meine Kritik an Merlin Stone geht dahin, daß er zu sehr einem evolutionistischen Schema anhängt", geht aber zweifelsfrei hervor, daß es sich nicht um einen Übersetzungsfehler handelt, durch den Merlin Stone „übermannt" wird.

heute zu Neuem überhaupt erst fähig sind.[20] Daß bei solchem Verständnis von Kreativität den Autorinnen teilweise vielleicht nicht einmal bewußte, dafür aber um so fatalere Vor-Urteile in die Feder fließen, braucht nicht zu verwundern – darauf wird zurückzukommen sein.

4. Die kreative Einholung der Vergangenheit drückt sich in ganz bestimmten Utopien aus – in diesem Sinn ist der eingreifende Rückgriff zugleich ein *Vorgriff*. Vorgriff zunächst auf ein neues weibliches Selbstverständnis, das mit dem Stichwort „Selbstbestimmung" gekennzeichnet werden kann und das die Aufhebung geltender patriarchaler Weiblichkeitsdefinitionen mit einschließt. Daraus folgend Vorgriff auf veränderte zwischenmenschliche Umgangsweisen ohne aggressives Machtverhalten, durchaus aber mit Selbstbewußtsein und Selbstbehauptung, Vorgriff auf einen einfühlsamen Umgang mit der Natur, der eigenen wie der uns umgebenden, Vorgriff auf eine Forschung, die nicht mehr der Rüstung zum Tode, sondern dem Leben dient.

Diese Vorgriffe verstehen sich direkt als eine Wiedererinnerung an bereits Gewesenes, sozusagen an das verlorene Paradies, an eine Gesellschaft, die weitgehend den entworfenen Utopien schon einmal entsprochen hat, in der es konkret gelebte weibliche Selbstbestimmung in allen öffentlich relevanten Bereichen gegeben hat und in der deshalb auch ein harmonisches und friedvolles Miteinander zwischen den Geschlechtern und im Einklang mit der Natur möglich war.

Solcher rückwärts gewandten Prophetie entspricht der Versuch, die kreativ erinnerten Utopien nun auch im Vorgriff zu leben. Dies geschieht etwa in den Selbstfindungs- oder Selbsterfahrungsgruppen von Frauen, die das Bewußtsein gemeinsamen Unterdrücktseins, aber auch gemeinsamer Stärke wecken und fördern. Stärker ins Auge springen sicher die Zusammenschlüsse von Frauen zur Feier von Ritualen oder Liturgien der Großen Göttin, die sich bewußt als Gegenriten zu den herrschenden allesamt patriarchalen Religionen bzw. Riten verstehen. Bekannteste Vertreterin ist die sich selbst „Hohepriesterin" nennende Amerikanerin Miriam Simos, die unter ihrem Kultnamen „Sternenfalke" (Starhawk) publiziert.[21] An den von ihr initiierten Ritualen nehmen im übrigen auch Männer teil.[22]

---

[20] *Mulack*, Maria 194.
[21] Vgl. *Starhawk*, Hexenkult 66. 67.
[22] Vgl. etwa ebd. 62f.

Es gibt diese Vergegenwärtigung der Göttin schließlich als ganze Lebensform: etwa bei der Österreicherin Judith Jannberg alias Gerlinde Adia Schilcher, die sich auf einen alten Bauernhof zurückgezogen hat, also in Verbindung mit der Erde und dem Jahreszeitenrhythmus lebt.[23]

III.

Der Suche nach der Großen Göttin anhand des Alten Testaments erscheinen die hier gesammelten Schriften gleichsam als verschüttete Quellen. Insofern nämlich schon im Alten Testament selbst im Namen des einen, siegreichen, männlichen Gottes Jahwe ein Kampf gegen weibliche Gottheiten geführt wird, demgegenüber Differenzierungen zwischen verschiedenartigen Göttinnen letztlich keine Rolle spielen, ist das Alte Testament zugleich Dokument der Göttin-Religion wie des sie verdrängenden Patriarchats. Nur ein solcher historisch-konstruktiver Rückgriff verspricht darum der Suche Erfolg, der einen Schnitt quer durch das Alte Testament selbst legt und Matriarchales von Patriarchalem zu scheiden weiß. Als matriarchal gilt dabei alles, was sich auf die anderwärts erschlossenen Formen matriarchaler Religion und der ihnen entsprechenden gesellschaftlichen Praxis beziehen läßt, als patriarchal alles, was dem widerspricht.

Die Art der hier zum Zuge kommenden Argumentation mitsamt ihrer Problematik wird an der Ableitung und Erklärung des alttestamentlichen Gottesnamens Jahwe, wie sie Heide Göttner-Abendroth in die deutschsprachige Diskussion eingebracht hat, besonders deutlich. „Der semitisch-jüdische Gott Jahwe ... war zuerst selbst eine Göttin, die Große Göttin des Orients, die als Mond am Himmel entlangzog. Ihr sumerischer Name war Iahu, die ‚Erhabene Taube‘, Symbol der universellen Liebesgöttin (Inanna-Ishtar, Aphrodite, u. a.). Die patriarchalen semitischen Stämme, die in Palästina ein-

---

[23] *Judith Jannberg* (Gerlinde Adia Schilcher), Ich bin eine Hexe. Erfahrungen und Gedanken, Bonn 1983, 11 f; vgl. auch *Gaube/von Pechmann,* Magie 176 f. Hier wäre auch auf Mary Dalys konsequent männerfreie Lebensführung hinzuweisen – Mary Daly aber kann nicht eigentlich zum „goddess movement" gerechnet werden; ihre sprachschöpferisch-spekulativen Reflexionen über das Göttliche und Weibliche haben unvergleichlich mehr Tiefgang (vgl. schon *Mary Daly,* Jenseits von Gottvater Sohn & Co, München 1978, die 4., erweiterte Auflage von 1986 hat eine „ursprüngliche Neu-Einleitung"; *dies.,* Gyn/Ökologie. Zur Metaethik des radikalen Feminismus, München 1981; *dies.,* Reine Lust, München 1986).

drangen, usurpierten sowohl ihren Namen wie auch die Taubenge-
stalt für ihren Gott: Iahu wurde zu Jahwe und die Taube, das Ursym-
bol des matriarchalen Eros, zum asketischen, frauenfeindlichen
Heiligen Geist der patriarchalen jüdischen Religion."[24]

Die spätere jüdische Religion ist demnach die totale Umkehrung
ihres Ursprungs, eines matriarchalen Ursprungs, der sie mit ihren
Nachbarreligionen verband. Der Bruch trat durch eine Bewegung
von außen ein, durch patriarchalische Eindringlinge. Diese griffen die
vorhandenen matriarchalen Symbole auf und verkehrten sie ins
strikte Gegenteil, indem sie sie auf den von ihnen mitgebrachten
männlich-patriarchalen Gott übertrugen. Dabei ist am alttestament-
lich-jüdischen Gott Jahwe selbst die pervertierende Transformation
des Matriarchats ins Patriarchat abzulesen: Der alttestamentliche
Gott ist durch Geschlechtsumwandlung aus einer sumerischen
Göttin namens Iahu hervorgegangen; ihr Wesenssymbol, die Taube,
dient fortan patriarchalisch-deformierenden Zwecken.

Materialer Kern dieser These ist die Ableitung des Gottesnamens
Jahu, im Alten Israel offenbar als eine Form des Namens Jahwe
benutzt,[25] aus dem Sumerischen – ohne daß allerdings der Versuch
unternommen würde, verständlich zu machen, wie das vorpatriar-
chale Israel zu einer sumerischen Gottheit gekommen sein mag.[26]
Vollends problematisch erscheint diese Herleitung, wenn ein Blick in

---

[24] *Göttner-Abendroth*, Göttin 82; vgl. ebd. 127. In Kurzform findet sich diese Jahu-Jahwe-
These etwa auch bei *Sorge*, Religion 141 Anm. 20 a, mit Verweis auf Göttner-Abendroth; bei *Mulack*, Weiblichkeit 146, in Verbindung mit *dies.*, Maria 51 (ebenfalls
Verweis auf Göttner-Abendroth); bei *Kurt Lüthi*, Feminismus und Romantik, Wien/
Köln 1985, 126 f (im Referat der Thesen von Göttner-Abendroth), und mit dem
gleichen Verweis in *Gaube/von Pechmann*, Magie 155. Vgl. noch Anm. 26 zu Steinbart
und Anm. 30 zu Mary Daly.

[25] Vgl. etwa den Artikel „jhwh" von *D. N. Freedman/P. O'Connor*, in: Theologisches
Wörterbuch zum Alten Testament III, Stuttgart 1982, 533–554, bes. 535. 537. 539.

[26] Die Lösung weiß die deutsche, in Italien tätige Medizinerin Hiltrud Steinbart in ihrer
Nachzeichnung des „Untergangs matriarchalischer Religionsmythologien" (Untertitel) durch gut zusammengestelltes und anregend kommentiertes Bildmaterial (*Hiltrud
Steinbart*, Im Anfang war die Frau. Ursprung der Religionen, Frankfurt 1983) – auch
sie hängt allerdings wieder, vermittelt durch *H. Böttcher*, Die Große Mutter, Düsseldorf 1968, von Ranke-Graves ab –: „Der ursprünglich weibliche Schöpfungsvogel Hu
aus der alten sumerischen Religion, den Abraham aus Ur (Sumer) nach Kanaan
brachte und dort – siehe da – als männlichen Jahu-Vogel in die jüdische Religionsmy-
thologie einschleuste, hat Karriere gemacht" (in der christlichen Dreifaltigkeit). Ebd.
192. Den Hinweis auf Steinbart verdanke ich Doris Brockmann. – *Weiler*, Mythos 161,
schafft für einen anderen Zusammenhang Abhilfe: zu Israel gehört demnach ein aus
Sumer kommender Stamm, dessen göttliche Urmutter Lilith war. Daß allerdings Lilith
kein sumerischer Göttername ist, ficht sie nicht an.

die einschlägige sumerologische Literatur nirgendwo auf eine sumerische Gottheit Iahu trifft.[27] Worauf also gründet diese These?

Göttner-Abendroth verweist auf Ranke-Graves, in dessen „Weißer Göttin" sich in der Tat eine entsprechende Herleitung findet: Er zerlegt den Namen Iahu in die beiden sumerisch verstandenen Silben „ia" und „hu", hält für „ia" die Bedeutung „erhaben", für „hu" die Bedeutung „Taube" fest und kann daraus kombinieren: „Ia-Hu ist daher wohl zusammengesetzt aus *Ia*, ‚die Erhabene‘, der Muttergöttin als Kuh, und *Hu*, der gleichen Göttin als Taube."[28] Was sich aber hier noch wie eine zögernde Hypothese liest – denn das von ihm herangezogene sumerische Lexikon gibt diese Ableitung, gerade auch was den „Taubenaspekt" einer solchen Gottheit betrifft, durchaus nicht her[29] –, ist der „Griechischen Mythologie" (ohne neue Argumente) zur Sicherheit geworden: Iahu als der sumerische Name der Großen Mondgöttin wird zum Titel Jehovas, des Schöpfers.[30]

Hier hat sich ein Poet seine Göttin selbst geschaffen und sie in die ferne Vergangenheit zurückprojiziert. So verlockend daher und für andere Zusammenhänge auch zutreffend die These einer Geschlechtsumwandlung der Gottheit sein mag – für den alttestamentlichen Gott Jahwe erklärt sie nichts, eine weibliche Urform Iahu hat es nicht gegeben. Damit wird aber auch die in diese These hineinverwobene Behauptung fraglich, Israels Religion sei ursprünglich matriarchal in jenem Sinne gewesen, daß an ihrem Anfang die Verehrung eines einzigen göttlich-weiblichen Prinzips gestanden hätte. Mit einer Urmonotheismusthese, sei sie patriarchal oder matriarchal,[31] ist den

---

[27] Mündliche Bestätigung von Marcel Sigrist, Jerusalem, und Joachim Krecher, Münster.

[28] *Ranke-Graves,* Weiße Göttin 403.

[29] Das sumerisch-akkadische Glossar, das *Ranke-Graves,* Weiße Göttin 402, angibt, bietet für „ia" die Übersetzung „Erhabenheit", für „chu" die (mit Fragezeichen versehene!) Bedeutung „Vogel" (also nicht: Taube) und für die Kombination „ia-chu" keinen Beleg (*A. Deimel,* Schumerisch-akkadisches Glossar, Rom 1934, 130 und 124).

[30] *Ranke-Graves,* Griechische Mythologie 23: „Eurynome (‚Weites Wandern‘) war der Name der Großen Göttin, die als Mond am Himmel entlangzog. Ihr sumerischer Name war Iahu (‚Erhabene Taube‘), ein Titel, der später an Jehova, den Schöpfer, überging." Im amerikanisch-feministischen Raum findet sich Ranke-Graves' Iahu-Jahwe-These etwa bei *Mary Daly,* Gyn/Ökologie 99 ff und 451 Anm. 6 und 7.

[31] *Weiler,* Kriege 95–113, enthält ein eigenes Kapitel: „Es gibt keinen patriarchalischen Urmonotheismus." Sie will damit zugleich die religionsgeschichtliche These des Urmonotheismus als ältester religiöser Form treffen wie die inneralttestamentliche Sicht des einzigen Gottes vom Anfang der Menschheitsgeschichte an. Beide Sichtweisen sind heute in der Diskussion bzw. von Religionswissenschaftlern und Alttestamentlern schon verabschiedet. Vgl. nur die Dokumentationen von *Berhard Lang* (Hrsg.), Der einzige Gott. Die Geburt des biblischen Monotheismus, München 1981; *ders.,* Neues über die Geschichte des Monotheismus, in: Theologische Quartalschrift 163 (1983)

Ursprüngen der Religion Israels nicht näherzukommen: Diese müssen im Kontext bereits entwickelter polytheistischer Systeme des zweiten vorchristlichen Jahrtausends gesucht werden – und dies hat Folgen für die Analyse des (unbestreitbaren) Patriarchalisierungsprozesses innerhalb des antiken Israel bzw. des Alten Testaments.

Heide Göttner-Abendroth geht es nicht um das Alte Testament, sondern um die Rettung matriarchaler Spiritualität, an deren Zerstörung auch das Alte Testament seinen Anteil hat.[32] Es darf allerdings nachdenklich stimmen, daß sie diese Intention ausgerechnet mit der literarischen Hilfe eines Mannes verfolgt, dessen Weiblichkeitsideal darin besteht, die Frau als Inspirationsmedium des – selbstverständlich männlichen – Poeten zu instrumentalisieren und ihre Selbstbestimmung auf die intensive Realisierung ihrer Lebenszyklen zurückzustutzen.[33] Steht nicht zu befürchten, daß unter dem zweifelhaften Licht einer solchen Vision auch die Präsentation des Materials leidet, so daß solche Quellen eben nicht mehr unbefangen als Fundgrube feministisch-matriarchaler Rekonstruktionen benutzt werden können?[34]

Nach erst gut einem Jahrzehnt der Präsenz feministisch-kritischer Frauen in den Wissenschaften mögen solche Anfragen wie Beckmesserei erscheinen. Eine kontrollierte feministische Hermeneutik kann jedoch nicht umhin, jeden Schritt ihrer Theoriebildung und die dabei notwendige Auswahl von Gewährs-Männern möglichst kritisch zu begleiten und zu hinterfragen, will sie der Gefahr begegnen, im Netz patriarchaler Vor-Urteile gefangen zu bleiben.

54–58; und *ders.*, Zur Entstehung des biblischen Monotheismus, in: Theologische Quartalschrift 166 (1986) 135–142, eine Auseinandersetzung mit *E. Haag* (Hrsg.), Gott, der einzige, Freiburg 1985. Allerdings fällt es mir schwer, in Weilers Gegenthese etwas anderes zu sehen als nun eben eine Art feministischer Urmonotheismusthese: Zwar attackiert sie schon die Wortbildung des -ismus als patriarchal und bestreitet für die älteste „einheitliche Glaubensüberzeugung" (Kriege 113) gängige Charakteristika des monotheistischen Gottesverständnisses (Transzendenz, Gott als Geist, als Herrscher, als Gegenüber zur Schöpfung, vgl. etwa ebd. 22 und 112), es bleiben jedoch Bestimmungen, die an ein erstes weibliches Prinzip denken lassen (vgl. bes. ebd. 21 f).

[32] Vgl. *Göttner-Abendroth,* Göttin 82 f. Die Kühnheit, mit der sie das bei Ranke-Graves und *E. O. James,* The Cult of the Mother-Goddess, London 1959, bes. 78 ff, gebotene Material umarbeitet, entzieht sich allerdings der Nachprüfbarkeit.

[33] Vgl. *Ranke-Graves,* Weiße Göttin 537 ff, auch 585. 465.

[34] Dazu kommt, daß das antike Material von Ranke-Graves nicht als Übersetzung der Quellentexte geboten wird, sondern als interpretierende Nacherzählung – im Sinne seiner Gesamtsicht. Das gleiche gilt für *Robert von Ranke-Graves/Rafael Patai,* Hebräische Mythologie, Reinbek bei Hamburg 1986.

IV.

Auch Gerda Weiler, die der Göttin im Alten Testament eine eigene umfangreiche Monographie widmet, geht davon aus, daß der alttestamentliche Gott Jahwe zunächst ein matriarchaler Gott war und erst in einem Kampfprozeß, genauer einem Abspaltungsprozeß,[35] zu dem Gott wurde, als den ihn das Alte Testament jetzt präsentiert. Während jedoch die Iahu-Jahwe-These Göttner-Abendroths diesen Gott auf die Ursprungsstufe matriarchaler Religionen gestellt hatte – er bzw. sie ist weiblich-göttliche Kraft als einziges Prinzip –, bringt Weiler ihn mit der zweiten Stufe matriarchaler Religion zusammen, der „Göttin-Heros"-Struktur: Der alttestamentliche Jahwe muß als Heros, als Sohn-Geliebter der Göttin wiederentdeckt werden. Zum Erweis ihrer These knüpft sie ebenfalls an eine außerbiblische Kultur an, die seit 1929 erschlossene Welt des kanaanäischen Stadtstaates Ugarit am Mittelmeerufer des heutigen Syrien. Über die Götter Ugarits unterrichten reiche Literaturfunde, mit denen es zum ersten Mal möglich wurde, jene Religion zusammenhängend zu rekonstruieren, die als kanaanäische Religion vom Alten Testament hart bekämpft wird. Für Gerda Weiler ist insbesondere ein ugaritischer Mythos zentral, der um die Göttin Anat und ihren Bruder-Geliebten Baal kreist. Weiler erkennt in diesem Mythos Göttin-Heros-Struktur: Baal wird von Mot, der Todesgottheit, getötet und von Anat wieder ins Leben zurückgeholt, indem sie um ihn trauert, ihn bestattet und schließlich ihrerseits die Todesgottheit tötet. Der Mythos hält dabei ausdrücklich fest, daß beim Tode Baals die Vegetation verdorrt und bei seiner Wiederbelebung sich ebenfalls wieder belebt.[36]

Die alttestamentliche Exegese hat längst die bis in Einzelheiten gehende Verwandtschaft der ugaritischen Religion mit dem alttestamentlichen Jahweglauben erkannt und insbesondere die Gemeinsamkeiten zwischen Jahwe und Baal herausgearbeitet – es fehlt nach Weiler jedoch der letzte, konsequente Schritt, der darin bestünde, den alttestamentlichen Jahwe nun auch in den Zusammenhang des Anat-Baal-Mythos zurückzustellen: „Vertrauen wir den alttestamentlichen

---

[35] Vgl. *Weiler*, Kriege etwa 59. 112. 394.
[36] Vgl. ebd. 39f und 45–48. Dabei ist es interessant, daß Weiler hier das Problem der „Heiligen Hochzeit" umgeht: In der Tat ist aus Ugarit kein eindeutiger Beleg dieser Art bekannt. Dem Mythos scheint der „Tod des Todes" als Voraussetzung der Wiederbelebung der Natur zu genügen. Dennoch postuliert *Weiler* 47 die kultische Heilige Hochzeit durchgehend, scheint sie also auch für Ugarit als gegeben anzusetzen.

Jahwe wieder der weisen Führung der Himmelskönigin an, vervollständigen wir die Texte und bringen sie aufgrund der archäologischen Funde in ihren ursprünglichen Zusammenhang, so wird auch Jahwe wieder zum Sohn-Geliebten der Großen Herrin des Himmels. Auch Jahwe ist sterblich. Auch Jahwe verdankt seine Wiedergeburt der Himmelskönigin, die ihn in jedem Jahr zu neuem Leben erweckt. Auch Jahwe feiert den Kult der Heiligen Hochzeit."[37]

Zu diesem materialen Interpretationsprinzip tritt ein formales: Das matriarchale Alte Testament besteht aus Ritualtexten zum Ablauf der Jahreszeitenfeste, die patriarchale Redaktion des Alten Testaments hat diese Texte weitgehend durch Historisierung entstellt. Feministische Auslegung des Alten Testaments bedeutet dementsprechend Rückgängigmachen dieses Historisierungsprozesses, Wiederentdecken der Kultszenen des matriarchalen Festjahres hinter den Geschichten der angeblichen Nationalsage Israels.[38] Mit diesem doppelten Interpretationsschlüssel sichtet Weiler ausführlich vor allem die sogenannten „Geschichtsbücher" von Genesis bis 2 Könige, bezieht aber auch Partien der weisheitlichen Literatur mit ein (Sprüche, Hiob, das Hohelied). Insofern sie die unerhörte Gewalt, mit der im Alten Testament gegen Andersgläubige, Ausländer, Frauen angegangen wird, zum zentralen Thema macht, sind ihre Ausführungen als harte Anklage gegen die gerade daran anschließende Rezeptionsgeschichte des Alten Testaments in Christentum und Judentum sehr ernst zu nehmen. Gerade deshalb aber darf das Buch kritisch an seinem eigenen Anspruch gemessen werden, dem Matriarchalisch-Weiblichen, das heißt im Sinne der Autorin: dem Ganzheitlichen und Lebenliebenden, zur Anerkennung zu verhelfen. Ihr eigener Umgang mit dem Gewaltproblem mag angemessener Gegenstand einer solchen kritischen Nachfrage sein. Sie wird sich auf zwei Punkte richten: auf das Thema der matriarchalen Aggressivität (1) und auf Weilers Levitenthese (2).

1. Weiler sieht sich bei ihrer Verwendung des ugaritischen Anat-Mythos mit dem Problem konfrontiert, daß diese Göttin recht *aggressive,* ja kriegerische *Züge* zeigt. Nicht nur, daß Anat den Mot tötet – es gibt auch die Überlieferung der waffentragenden Anat, als die sie gerade im ägyptischen, das heißt in einem gern als matriarchal

[37] *Weiler,* Kriege 52.
[38] Vgl. ebd. 90. 136. 137 ff.

angesehenen Raum dargestellt worden ist;[39] es gibt Erzählungen von Wutausbrüchen und Massakern der Anat bis hin zu dem Satz: „Es metzelt und freut sich Anat. /.../ Das Innere Anats jubelt, /als sie ihre Knie eintaucht in das Blut der Soldaten."[40] Dieses Anatbild bringt Weiler durch feministische Quellenkritik bzw. Traditionsscheidung in Einklang mit ihrer die Analyse des Alten Testaments leitenden These von matriarchaler bzw. patriarchaler Aggressivität und Machtausübung. Demnach ist die Tötung des Mot ein Ausdruck matriarchal-integrierter Aggressivität im Dienste des Lebens, die Tötung der Soldaten dagegen Ergebnis einer patriarchalen Trans- und damit Deformation des Mythos, bei der die Aggressivität der Göttin als abgespaltene und folglich als destruktive dargestellt werde: Sie greift nun nicht mehr das Prinzip des Todes, sondern sie greift Feinde an.[41] Wie schmal allerdings der hier begangene Grat ist, zeigt sich daran, daß es selbst im matriarchalen Kontext Aggressivität geben kann, die sich gegen Feinde richtet: Wenn, so Weiler, matriarchale Gesellschaften durch eine Bedrohung von außen gefährdet sind, geben Mütter ihre Söhne auch zur Kriegsführung her, denn tapfer geführte Verteidigungskriege gehören auf die Seite der sich selbst behauptenden matriarchalen Aggressivität.[42]

So richtig es ist, daß Frauen Selbstbehauptung heute allererst lernen müssen – auf die politische Ebene gehoben, erinnern solche

[39] Vgl. dazu etwa *R. Stadelmann*, Syrisch-palästinensische (sic!) Gottheiten in Ägypten, Leiden 1967, 91–96. Auch wer seiner durchgängigen Charakterisierung der Anat als „Kriegsgöttin" nicht zu folgen vermag, kann doch nicht daran vorbei, daß sie etwa ihrem Schützling Ramses II. „alle Länder zu eigen" verspricht (ebd. 91) oder auf der thebanischen Qudschu-Stele BM 191 (vgl. Ancient Near Eastern Texts Relating to the Old Testament, Princeton ²1955, 473) in der Haltung eines Kriegsgottes dargestellt ist.

[40] Übersetzung nach *K. H. Bernhardt*, in: W. Beyerlin (Hrsg.), Religionsgeschichtliches Textbuch zum Alten Testament, Göttingen 1975, 214. Von anderen Kämpfen erzählt Anat selbst, vgl. ebd. 216 f; ein Zornausbruch vor El ebd. 219.

[41] *Weiler*, Kriege 57. In Weilers zweitem Buch wird der Deformationsvorwurf radikalisiert: das Patriarchat erst hat aus den Großen Göttinnen Kriegsgöttinnen gemacht (*Weiler*, Mythos 112), ursprünglich hätte auch Anat kein fremdes Blut, sondern ihr eigenes (Menstruations-)Blut zum Segen des Landes vergossen (88). Wie damit die Tötung Mots zusammenzudenken ist, bleibt unausgesprochen.

[42] Vgl. *Weiler*, Kriege 259. 356, und das Interview zwischen *Judith Rauch* und *Gerda Weiler*, Matriarchat und Macht, in: Schlangenbrut 9 (1985) 30–40, 36. Diese u. a. an den Heerbann-Kriegen Israels gewonnene These ähnelt der Gerhard von Rads zu den Heiligen Kriegen in Israels Frühzeit (*Gerhard von Rad*, Der Heilige Krieg im Alten Israel, Zürich 1951), eine Schrift, auf die Weiler sich nicht bezieht. Von Rad ist sorglich bemüht, die Kriege, die Israel selbst als sakrale Institution verstanden hat, auf die vorstaatliche Zeit zu beschränken und ihnen den Charakter reiner Defensivkriege zuzuerkennen – allerdings offenbar weniger, um sie so zu rechtfertigen, sondern nüchterner, um Kriterien für das Herausarbeiten der Institution des Heiligen Krieges zu gewinnen (vgl. *von Rad*, Krieg, Göttingen ⁵1969, 20–26. 32 f. 70).

Thesen nun doch fatal an die bekannte Ideologie des Verteidigungs-
krieges als eines gerechten Krieges, die Aufrüstung bis hin zur heute
drohenden atomaren Selbstvernichtung gerade nicht aus-, sondern
im Gegenteil miteinschließt.[43] Ist hier nicht ein Punkt erreicht, an
dem feministische Rekonstruktion dem zutiefst patriarchalen Mechanismus verfallen ist, auch das schlechteste Mittel durch einen
guten Zweck zu heiligen und mit solcher Rechtfertigung der als
ureigene reklamierten matriarchalen Vorzeit auch den Entwurf einer
das Patriarchat wirklich überwindenden, frauenbefreienden Utopie
schon in der Wurzel zu gefährden?

2. Die Figur „Bedrohung von außen", die gewalttätige Aggression
auch im matriarchalen Kontext legitimieren soll, dient Weiler – wie
schon Göttner-Abendroth – des weiteren dazu, die Verkehrung der
ursprünglich matriarchalen Jahwe-Religion zu erklären. Träger des
zerstörerischen patriarchalen Prinzips, des einen männlichen Gottes,
der nur seinesgleichen gelten läßt, der sich aus seiner Sohnesbezie-
hung zur Großen Herrin loslöst, zum alleinigen Herrn aufschwingt
und damit die Männer zu alleinigen Herren der Welt macht, ist ein
„Orden fanatischer Jahwepriester, der wahrscheinlich aus dem Süden
gekommen ist" und nordarabischen Ursprungs sein dürfte, der
Orden der alttestamentlichen *Leviten.*[44] Die Leviten haben etwa seit
dem 8. vorchristlichen Jahrhundert in Jerusalem die politisch-reli-
giöse Macht an sich gerissen und das Alte Testament später in seine
jetzige Fassung gebracht, sie sind die eigentlichen Schöpfer der
patriarchalisch-monotheistischen Religion des Alten Testaments.[45]

Daß levitisch-priesterliche Kreise die jetzige Gestalt des Alten
Testaments und den Jahweglauben Altisraels maßgeblich gestaltet
haben, steht außer Zweifel. Historisch fragwürdig[46] und der Struktur
nach gefährlich aber erscheint die Stilisierung der Leviten als Eindringlinge von außen: Ein solcher Feind von außen als Verkörperung

---

[43] Aus der Fülle der Literatur vgl. nur: Der gerechte Krieg. Christentum. Islam, Marxis-
    mus, Frankfurt 1980, bes. die Beiträge von *P. Engelhardt* und *W. Lienemann* zur
    christlichen Tradition des gerechten Krieges, insbesondere des Verteidigungskrieges.
[44] *Weiler*, Kriege 81, mit Berufung auf *Joh. Hempel*, Das Ethos des Alten Testaments,
    Berlin 1938, 76; vgl. auch *Weiler*, Kriege 382 und 390.
[45] Vgl. *Weiler*, Kriege 83 und 84 f, sowie *dies.*, Mythos 42.
[46] *Hempel*, Ethos (s. Anm. 44), Weilers Gewährsmann, verbindet ebd. 26 f (vgl. die
    dazugehörigen Anmerkungen 215) die Leviten mit den minäischen lw'n, eine These, die
    zur Zeit der Entdeckung der minäischen Inschriften (1884ff) faszinierte, heute aber
    weithin aufgegeben ist; vgl. *D. Kellermann*, Artikel „lewi/lewijim", in: Theologisches
    Wörterbuch zum Alten Testament IV, Stuttgart 1984, 499–521, bes. 505 f.

des Bösen erübrigt die Frage nach dem Bösen in uns oder unter uns selbst; über möglichen Machtmißbrauch matriarchaler Frauen in Vorzeit und Zukunft braucht nicht reflektiert zu werden. Als Mißbrauch aber kann ich es nur noch bezeichnen, wenn Weiler ihre Levitenthese in Kategorien entfaltet, die ungebrochen antisemitische Traditionen des Dritten Reiches weitertransportieren. Den Leviten wird Fanatismus und Menschenverachtung bescheinigt; in ihnen meldet sich das Jüdische zu Wort, denn sie sind „die Juden" schlechthin, und so nimmt es nicht wunder, daß sie sich auch durch „entartete Phantasie" verraten.[47] Sie haben ihr Volk der toleranten Weltanschauung seiner Mütter entfremdet und es in das „Geschäft mit der Macht" (!) verwickelt: „*Dafür* wird es ,verwüstet am Tage der Bestrafung'." Und dies ist – nach Auschwitz! – ein „Lehrstück" für uns: „Wenn das Volk Israel dazu ausersehen ist, stellvertretend für die Völker der Erde den Weg menschlicher Verfehlungen zu demonstrieren, dann führt es uns mit seinem Untergang die Sinnwidrigkeit jeder Machtentfaltung vor Augen. Wo angemaßte Macht herrscht, da ist auch Zerstörung."[48]

Die Frage muß gestellt werden, warum sich hier, nun in feministischem Gewand, ein neuer-alter Antijudaismus breitmachen will. Zu Recht hat die amerikanische Jüdin und Feministin Judith Plaskow schon 1978 vor solchen Tendenzen gewarnt.[49] Auf diese Art des Umgangs mit dem Alten Testament fällt der Vorwurf der Abspaltung, den Weiler gegen das Patriarchat richtet, selbst zurück.

Auch Merlin Stone vertritt zur Erklärung des patriarchalischen Sündenfalls im Alten Israel eine Levitenthese, die jedoch den soeben aufgezeigten Gefahren bewußt gegensteuert. Ihrer Version zufolge nämlich wären die Leviten Indoeuropäer gewesen, die das semitische Urisrael überrollt hätten.[50] Die Rassentheorie des Dritten Reiches ist damit gerade umgekehrt, die Anklage an unsere Vorfahren und damit

---

[47] Fanatismus etwa *Weiler*, Kriege 81. 390; Menschenverachtung ebd. 84. 334; Leviten als „die Juden" ebd. 326, vgl. 331 und 17; entartete Phantasie (des Deuteronomisten, für Weiler mit den Leviten identisch, vgl. ebd. 84) 390.

[48] Zitate: *Weiler*, Kriege 33 und 345. Zum Antisemitismus vgl. *Katharina von Kellenbach*, Antisemitismus in biblischer Matriarchatsforschung? (Rezension zu *Weiler*, Kriege), in: Berliner Theologische Zeitschrift 3 (1986) 144–147.

[49] *Judith Plaskow*, Blaming the Jews for the Birth of Patriarchy, in: Cross Currents 26 (1978) 306–309. – Eine Unsensibilität gegenüber Sprach- und Denkformen, die gerade Feministinnen allen Grund hätten zu ächten, zeigt auch der letzte Satz des Anm. 42 genannten Interviews: „Alle Macht den Frauen! ist die einzige Alternative zur Endlösung durch den Atomkrieg" (a. a. O. 40).

[50] *Stone*, God 115–126.

an uns selbst gerichtet, eine Aktualisierung, die Merlin Stone auch andeutet.[51] Gleichzeitig arbeitet ihre Form der Levithese mit der Annahme, es habe mehrere Schübe indoeuropäischer Einflüsse in der Geschichte Israels gegeben, so daß sich nicht mehr scharf trennen läßt zwischen bereits in die Jahwe-Religion integrierten indoeuropäischen Elementen und jeweils neu hinzukommenden.[52] Die Feinde stehen ununterscheidbar immer auch in den eigenen Reihen, eine schroffe Schwarz-Weiß-Malerei ist damit abgelehnt.

Auch Merlin Stones These von der indoeuropäischen Herkunft der patriarchalen Jahwereligion wird sich nicht halten lassen.[53] Ihre Annahme eines längeren und verwickelten Patriarchalisierungsprozesses jedoch, den das Alte Israel bis hin zu den priesterschriftlichen und deuteronomistischen Schichten des Alten Testaments durchlaufen hat, ist fruchtbar und kann aufgenommen werden, um den Mechanismen auf die Spur zu kommen, die damals wie heute Frauendiskriminierung und -unterdrückung ermöglichen und befördern.

V.

Im Folgenden werden daher einige Überlegungen zusammengestellt, die in einer feministischen bzw. feministisch-theologischen Aufarbeitung der Geschichte Israels und des Jahweglaubens mitzubedenken wären.

1. Frauen, die sich dagegen wehren, noch länger als Wesen zweiter Klasse entmündigt zu werden, können nicht anders, als Solidarität üben mit denen, die unter anderen Formen von Entmündigung und Unterdrückung leiden. Kampf gegen Unterdrückung aber spielt im Alten Testament eine herausragende Rolle – bekanntestes Beispiel ist sicher der Prophet Amos. Die Gesellschaft seiner Zeit kann man im Sinne Weilers direkt eine matriarchale nennen: Man feiert Tod, Wiederbelebung und vielleicht auch Heilige Hochzeit des Gottes Baal mit seiner göttlichen Partnerin, das heißt, man feiert die immer glei-

---

[51] Ebd. 127.
[52] Ebd. 103–126.
[53] Ebd. 103 versucht auch Stone – ähnlich wie Göttner-Abendroth –, ihre These philologisch durch Herleitung des Jahwenamens zu untermauern: Er stamme aus der ältesten indoeuropäischen Sprache, dem Sanskrit, und bedeute „everflowing".

chen Ordnungen des natürlich-kosmischen Zyklus.[54] Gerade in diese Gesellschaft hinein aber schleudert nun Amos die bittersten Anklagen: Im Namen Jahwes verurteilt er die reichen Großgrundbesitzer in Nordisrael, die die Landbauern bis zum Verkauf in die Sklaverei auspressen. Und er bezieht ausdrücklich auch die reichen Frauen in seine Anklagen ein: Auch sie benutzen offenbar ihre Einflußmöglichkeiten nur zur weiteren Stabilisierung des Unrechts.[55]

Indem aber Männer wie Frauen der Oberschicht härteste wirtschaftliche Ausbeutung von Männern wie Frauen der Unterschicht betreiben, bringen sie nach der Analyse des Amos die in ihrem Kult beschworene Weltordnung in der gesellschaftlichen Praxis völlig aus dem Gleichgewicht: Wer Arme unterdrückt, darf sich nicht wundern, wenn ein Erdbeben hereinbricht, wenn die Erde selbst revoltiert.[56] Hier steht die sogenannte matriarchale Religion in ihrer ideologischen Funktion der Verschleierung von Unrechtszusammenhängen auf dem Prüfstand; mit Amos kann die Frauenfrage nicht abgelöst von solchen sozialen und politischen Unrechtszusammenhängen diskutiert werden. Um so bedauerlicher ist es, daß Amos in der sich auf das Alte Testament beziehenden feministischen Göttin-Literatur keine Aufmerksamkeit geschenkt wird.[57] Enthüllt Amos eine Gesellschaft, die im matriarchalen Weltbild nicht vorgesehen ist und deshalb verschwiegen wird? Für eine kritisch-befreiende feministische Theorie und Theologie sind jedenfalls die sozialkritischen Traditionen der Bibel unverzichtbar.

2. Wie bereits oben angedeutet, reicht das „Göttin-Heros"-Schema zur Beschreibung der Religion des vorexilischen Israel nicht hin. Zwar dürfte heute, durch nicht-biblische Quellen bestätigt, sicher sein, daß im Israel der Königszeit Jahwe zusammen mit einer weibli-

[54] Amos 2,7f beklagt, daß Vater und Sohn zum gleichen Mädchen gehen und man sich im Tempel auf gepfändeten Kleidern zum Weingelage zusammenfindet, wohl Anspielungen auf Kultfeiern im Dienste von Gott und Göttin. Deutlicher bei Hosea, einem etwas jüngeren Zeitgenossen des Amos, dessen Polemik durchweg in den Kommentaren als gegen „Fruchtbarkeitskulte" gerichtet verstanden wird. Vgl. aber die sehr differenzierte Arbeit zu Hosea von *Helgard Balz-Cochois, Gomer. Der Höhenkult Israels im Selbstverständnis der Volksfrömmigkeit. Untersuchungen zu Hosea 4,1–5,7, Frankfurt 1982.
[55] Amos 4,1–3.
[56] Amos 8,4–8; vgl. dazu die Auslegung von *Klaus Koch, Die Profeten I, Stuttgart 1978, 47–88, bes. 59.
[57] Die Kritik des Amos und Hosea an den matriarchalen Kulten bemerkt *Weiler, Kriege 383, ohne jedoch dem Zusammenhang nachzugehen – Amos kommt nur noch in zwei weiteren Fußnoten vor.

chen Gottheit Aschera (oder Aschirtah) verehrt wurde[58] und daß El wie Baal als einheimische Götter galten – damit aber ist die Götterwelt Altisraels keineswegs erschöpfend erfaßt. Auf offizieller Ebene etwa werden auch die Staatsgötter der alliierten oder unterworfenen Nachbarn verehrt, Götter, die männlich – wie Kamosch von Moab und Milkom von Ammon – oder weiblich – wie Astarte von Sidon – sind;[59] Männer und Frauen erwählen sich persönliche Schutzgottheiten;[60] man rechnet mit Dämonen[61]. Dann aber ist es problematisch, den Kampf des Alten Israel gegen andere Götter außer Jahwe ausschließlich als Abspaltungsprozeß des Weiblichen zu stilisieren, es muß vielmehr damit gerechnet werden, daß auch andere Motive treibend waren. Deshalb wird zuzusehen sein, wann und wo im Alten Testament tatsächlich das Geschlecht der Gottheit zum Thema erhoben bzw. gegen Frauen gewendet wird. Der erste, der seinen Gott ohne Umschweife als männlich apostrophiert, ist ein Zeitgenosse des Amos, der Nordreichprophet Hosea um die Mitte des 8. vorchristlichen Jahrhunderts. Hosea verkündet, offensichtlich in Auseinandersetzung mit der kultisch gefeierten Sexualkraft Jahwe-Baals, Jahwe als Eheherrn Israels und weist damit dem menschlichen Partner die weibliche, dem göttlichen die männliche Repräsentanz zu. Hosea ist gleichzeitig die erste uns eindeutig faßbare Stimme der alttestamentlichen Überlieferung, die neben Jahwe keine anderen Gottheiten mehr dulden will, so daß bei ihm der männliche Gott zugleich der einzige wird. Deshalb dürfte eine gründliche feministisch(-theologisch)e Analyse des Hoseabuches ein geeigneter Ansatzpunkt sein für die Frage nach dem – unbestreitbaren – Patriarchat im Alten Testament.[62]

[58] Ich beziehe mich auf die Inschriften von Quntillet Adjrud im Nordsinai und von Khirbet el-Qom bei Hebron mit ihren Segensformeln im Namen „Jahwes und seiner Aschera/und Aschirtahs". Den neuesten Stand der Diskussion referieren mit eigener Stellungnahme *W. G. Dever*, Asherah, Consort of Yahweh? New Evidence from Kuntillet 'Ajrud, in: Bulletin of the American Schools of Oriental Research 255 (1984) 21–37, und *Z. Zevit*, The Khirbet el-Qom Inscription Mentioning a Goddess, in: BASOR 255 (1984) 39–47. Speziell zur Deutung des Namens als Aschirtah *A. Angerstorfer*, Asherah als ‚Consort of Jahwe' oder Ashirtah? in: Biblische Notizen 17 (1982) 7–16.

[59] Vgl. nur 1 Kön 11.

[60] Dazu *H. Vorländer*, Mein Gott. Die Vorstellungen vom persönlichen Gott im Alten Orient und im Alten Testament, Kevelaer 1975.

[61] Vgl. nur Lev 16 und Azazel oder die Schedim etwa Dtn 32,17.

[62] Zur Forderung nach Verehrung Jahwes allein bei Hosea vgl. *Bernhard Lang*, Die Jahwe-allein-Bewegung, in: ders., Der einzige Gott (Anm. 31), 47–83. 63–68. Zu Hosea vgl. *K. Koch*, Profeten I (Anm. 56), 88–105. Mein Beitrag zu Hosea in diesem Band möchte dem genannten Desiderat ein Stück weit entsprechen.

3. Der pauschalen Disqualifizierung der deuteronomistischen Redaktion(en) im Alten Testament als frauenfeindlich widersetzt sich die in 2 Könige 22 erzählte Geschichte über die Prophetin Hulda. Spätere jüdische Exegese verdeutlicht diese Sperrigkeit: Warum, so fragt man etwa, gehen die Staatsbeamten mit ihrem so wichtigen Fund eines Gesetzbuches im Tempel diese Frau zur Beglaubigung an, wo doch Jeremia, ihr großer Zeitgenosse, viel nähergelegen hätte?[63] Die – moderne – Antwort,[64] eine Frau wäre bei dem geschilderten Priesterkomplott einer Dokumentenfälschung leichter zu täuschen gewesen, ist allzu durchsichtig. Hulda erweist sich als sehr souverän dem König gegenüber, den sie im Namen Jahwes respektlos „den Mann" nennt – was ihr ebenfalls von späteren jüdischen Kommentatoren angekreidet wird.[65] Offenbar, so ist zu schließen, tolerieren die deuteronomisch-deuteronomistischen Kreise Hulda als Tempelprophetin nicht notgedrungen, sondern erkennen sie positiv als Mittlerin göttlicher Weisung an. Selbst das deuteronomistische Geschichtswerk mit seinen in der Tat äußerst gewalttätigen Passagen verlangt demnach eine auf Differenzierungen achtende feministische Kritik.[66]

VI.

Der Rückgriff auf das Alte Testament steht in der Göttindebatte im Kontext der Suche nach Traditionen der Befreiung. Geschichtliche Erinnerung wird jedoch immer durch die jeweilige Gegenwart mitkonstituiert. Wenn daher geschichtliche Erinnerung wirklich kritisch-utopische Kraft entfalten soll, wenn ein Rückgriff wirkungsvoll angreifen und vorgreifen will, muß sich das Erinnerte von den Plausibilitäten der Gegenwart unterscheiden lassen, müssen diese Plausibilitäten zunächst selbst einmal aufgedeckt und unterlaufen werden – zum einen, damit klare Abgrenzungen möglich sind, zum anderen aber auch, damit das Erinnerte nicht durch Rückgriff auf ungeeignete Rekonstruktionsschemata, Begriffe und Theoreme von vornherein stillgestellt oder gar verfälscht wird. Woran aber, abschließend noch

[63] Vgl. bMeg 14 b.
[64] *A. B. Ehrlich*, Randglossen zur hebräischen Bibel, Bd. 7, Leipzig 1914, 318 f.
[65] Vgl. bMeg 14 b: Zur Strafe hat Hulda den häßlichen Namen „Wiesel"!
[66] *Weiler*, Kriege 83 f, geht zwar auf den „Fund" des Gesetzbuches nach 2 Kön 22,3–13 ein, kommentiert jedoch den anschließenden Passus über Hulda (Verse 14 ff) nicht.

einmal gefragt, wird mit dem Hinweis auf die Große Göttin näherhin erinnert?

1. Erinnert wird mit dem Titel der Großen Göttin an die matriarchale Haltung des Sich-Einschwingens in das Schwungrad des Lebens und den Kreislauf der natürlichen Ordnungen. Dieser Haltung waren „Gut-Böse"- und „Oben-Unten"-Gegensätze unbekannt: „Denn jede Kraft galt als göttlich, die unheimlich-zerstörerischen Kräfte ebenso wie die freundlich-aufbauenden. Es waren nur verschiedene Gesichter der Göttin, wie alle menschlichen Regungen und Tätigkeiten ihrerseits Facetten der göttlichen Aktivität waren."[67]

Vielleicht sind diese Sätze von Heide Göttner-Abendroth als Beschreibung einer frühgeschichtlichen Mentalität noch vertretbar – die in ihnen angerufene Zukunft allerdings reproduziert in ursprungsmythischer Verklärung eine nur allzu verbreitete Plausibilität der Gegenwart, reproduziert das Bewußtsein, es sei ja doch nichts zu machen, die Verhältnisse seien nun mal so. Ja, diese Sätze fallen hinter solch resignative Beschränkung sogar noch zurück, war es doch wenn nicht schon für den alttestamentlichen Hiob, so doch seit dem Erdbeben von Lissabon 1756 möglich und um der Würde des Menschen willen geboten, eben nicht mehr unbefragt eine göttliche Instanz hinzunehmen, die sich darin gefiel, ebenso freundlich wie zerstörerisch zu sein.[68]

2. Erinnert und vergegenwärtigt wird mit der Rede von der Wiederkehr der Göttin das Bild der weiblichen Gottheit und ihres männlich-menschlichen Gegenübers, ihres Heros. Zwar ist diese „Göttin-Heros"-Struktur in sich nicht antagonistisch, sondern trotz der Dominanz der Göttin komplementärer Art. Diese Komplementarität aber, das mythische Liebesverhältnis von Göttin und Heros, bedarf nach Göttner-Abendroth und ähnlich Weiler sowie auch Starhawk der „Kraft des Opfers", das heißt der Selbsthingabe des Heros, oder, entmythisiert, auf uns bezogen, bedarf der „Ergebenheit und Selbst-

---

[67] *Göttner-Abendroth,* Gaia 187f.
[68] Aus Hiob, dem Aufständischen gegen einen ihm unbegreiflichen Willkürgott, macht *Weiler,* Kriege 101–103, einen matriarchalen „Ur-Menschen", eingebunden in den Kreislauf der Natur – ohne auf die Anklagen des Hiob auch nur mit einem Wort einzugehen.

vergessenheit".[69] Was heißt dies aber unter den gegenwärtigen gesellschaftlichen Bedingungen? Nichts anderes doch als gehabt: Heiligsprechung der grausamen Natur und das bürgerliche Per aspera ad astra. Und dieses Prinzip nicht widerwillig als schlechte Faktizität konstatiert, sondern aus der heiligen Frühe des matriarchalen Mythos sanktioniert! Die Utopie eines Selbst und einer Gesellschaft, die des Opfers und der Entsagung nicht mehr bedürfen, die Hoffnung auf Versöhnung ohne Opfer also, bleibt außerhalb des Blickfeldes. Zu teuer bezahlt aber ist damit ein Thea-logoumenon, das an jenes alte geschichtsphilosophische Axiom von dieser Welt als der besten aller Welten, in der alles einen Sinn hat, erinnert.

Kretas durch den Vulkanausbruch von Santorin um 1400 v. Chr. zerstörte minoische Kultur etwa hat nach Göttner-Abendroth ihre „schöne Wiedergeburt" erlebt – eine Wiedergeburt nämlich im Wissen heutiger Feministinnen um die Beschaffenheit des entwickelten Matriarchats.[70] Ob die „Erdmutter", die die minoische Kultur zu ihrem Besten zerstörte und sie damit zugleich vor patriarchalischer Deformation bewahrte, ob sie die Menschen dieser Kultur um deren Einverständnis gebeten hat, ist nicht überliefert.

3. Erinnert und beschworen wird bei der Suche nach der Zeit der Göttin schließlich die Göttin selbst und damit die Notwendigkeit matriarchaler *Religion*. Was nach mehr als zweihundert Jahren der Religionskritik diese Notwendigkeit begründen soll, ist die Überzeu-

---

[69] *Göttner-Abendroth*, Göttin 8. Vgl. *Weiler*, Kriege 29 und v. a. 182, über die soteriologische Funktion des Leidens bei – Mose. In der Beurteilung des Heros-Opfers hat Weiler ihre Position revidiert: Hält sie in ihrem ersten Buch die rituelle Tötung des Heros/ Königs noch für mit dem matriarchalen Bewußtsein vereinbar, so grenzt sie dies im zweiten Buch aus. Blutige Opfer sind nun Ausdruck patriarchaler Deformation (in Theorie und Praxis) eines ursprünglichen matriarchalen Konzepts, nach dem die Göttin ihr eigenes (Menstruations-)Blut hingibt. Es bleibt jedoch dabei, daß der matriarchale Heros „tapfer das Dunkel des Todes durchschreitet" (*G. Weiler*, Die „Frauenfreundlichkeit" des Erich Neumann, in: Schlangenbrut 12/1986, 28–33,33) und dies nicht mit dem Tod realer Frauen in Verbindung gesetzt ist. *Starhawk*, Hexenkult 51–56, spricht einerseits emphatisch vom Selbstopfer des Heros, der damit seinem ureigenen Wesen entspricht und im Einklang mit der Natur lebt – bzw. stirbt, hält andererseits aber die Annahme für ausreichend, dieses Opfer sei jeweils nur symbolisch erfolgt oder bestenfalls in Situationen der Krise ein wirkliches Menschenopfer gewesen. Alle drei Autorinnen kommen also nicht ohne den Gedanken eines Selbstopfers des männlichen Heros aus. Hier setzt die Kritik von *Elisabeth Burmeister* ein (Anfragen an die Göttin, in: Schlangenbrut 11/1985, 6–12), die sowohl zum Überdenken des Opfer-Konzepts herausfordert als auch das Göttin-Heros-Schema grundsätzlich in Frage stellt – zugunsten einer radikalfeministischen Frauenreligion (oder Frauen-Magie) ohne Heros.

[70] *Göttner-Abendroth*, Göttin 48.

gung, die Macht der patriarchalen Großreligionen, der auch noch in säkularisierter Form kaum zu unterschätzenden Stabilisatoren des Patriarchats insgesamt, sei zu brechen auch nur auf der Ebene des Religiösen selbst. Denn, so wird argumentiert, die psychische und, so vermittelt, die politische Macht des religiösen Symbols sei von rationaler Zustimmung oder Ablehnung weitgehend unabhängig, religiöse Symbole wirken auf uns, ob wir wollen oder nicht. Deshalb können Frauen es sich nicht leisten, religiöse Symbole auszuklammern, deshalb kann es für die Frauen nur darum gehen, die versklavenden patriarchalischen Symbole als solche zu entlarven und durch matriarchale zu ersetzen bzw. als ursprünglich matriarchale heimzuholen.[71] Deren oberstes aber ist das Symbol der Großen Göttin.

Was diese Argumentation für die Theologie ebenso wie für die Religionskritik problematisch macht, ist ihr strikt funktionaler Charakter: Im Wissen darum, wie religiöse Symbole wirken, werden sie entsprechend eingesetzt. Dadurch aber wird die Religion der Großen Göttin entweder wirkungslos oder verurteilt sich zum Zynismus: denn eine auf ihre Funktion reduzierte Religion, ist sie erst einmal durchschaut, wirkt nicht mehr; da andererseits aber erst diese Wirkung not-wendend ist, bedarf es in letzter Konsequenz des feministischen Priesterinnen-Betrugs. Das in der Literatur zur Göttinfrage begegnende Desinteresse am Wahrheitsanspruch der Rede von der Großen Göttin[72] jenseits ihrer Funktion gründet, zu Ende gedacht, die Befreiung in der Unwahrheit.

Vielleicht kommt dieser Einwand, wie manches, was hier angemerkt wurde, noch zu früh. Noch nämlich geht beides zusammen, das von Carol Christ offen eingestandene nachlässige Denken[73] und eine als befreiend erfahrene religiös-feministische Praxis. Einer solchen befreienden Praxis wollen auch die hier entwickelten Überlegungen dienen.

---

[71] Besonders deutlich *Christ*, Frauen 6f; vgl. aber auch etwa *Mulack*, Maria 25ff u. ö.; *Starhawk*, Hexenkult 276ff; *Burmeister*, Anfragen (Anm. 69) 7f; *Glaube/von Pechmann*, Magie 13.
[72] *Christ*, Frauen 11f.
[73] Ebd.

Literaturverzeichnis

I. Feministische Rekurse auf „die Göttin"

Carol P. Christ, Why Women Need the Goddess: Phenomenological, Psychological, and Political Reflections, in: dies./Judith Plaskow (Hrsg.), Womanspirit Rising. A Feminist Reader in Religion, New York u. a. 1979, 273–287; deutsch: Warum Frauen die Göttin brauchen, in: Schlangenbrut 8 (1985) 6–20

Mary Daly, Gyn/Ecology. The Metaethics of Radical Feminism, Boston/London 1979; deutsch: Gyn/Ökologie. Die Metaethik des radikalen Feminismus, München 1981

Heide Göttner-Abendroth, Die Göttin und ihr Heros. Die matriarchalen Religionen in Mythos, Märchen und Dichtung, München 1980

dies., Du Gaia bist Ich, in: Luise F. Pusch (Hrsg.), Feminismus. Inspektion der Herrenkultur. Ein Handbuch, Frankfurt 1983, 171–195

Elizabeth Gould Davis, The First Sex, 1971; deutsch: Am Anfang war die Frau. Die neue Zivilisationsgeschichte aus weiblicher Sicht, München 1977

Judith Jannberg, Ich bin eine Hexe. Erfahrungen und Gedanken aufgeschrieben von Gisela Meussling, Bonn 1983

Christa Mulack, Die Weiblichkeit Gottes. Matriarchale Voraussetzungen des Gottesbildes, Stuttgart 1983

dies., Maria. Die geheime Göttin im Christentum, Stuttgart 1985

Josefine Schreier, Göttinnen. Ihr Einfluß von der Urzeit bis zur Gegenwart (1968), München 1978

Monica Sjöö/Barbara Mor, The Ancient Religion of the Great Cosmic Mother of All, 1979; deutsch: Wiederkehr der Göttin. Die Religion der großen kosmischen Mutter und ihre Vertreibung durch den Vatergott, Braunschweig 1985

Starhawk, The Spiral Dance. A Rebirth of the Ancient Religion of the Great Goddess, New York 1979; deutsch: Der Hexenkult als Ur-Religion der Großen Göttin. Magische Übungen, Rituale und Anrufungen, Freiburg 1985

Merlin Stone, When God Was A Woman, New York 1978 (= dies., Paradise Papers. The Suppression of Women's Rites, London 1976)

Gerda Weiler, Ich verwerfe im Lande die Kriege. Das verborgene Matriarchat im Alten Testament, München 1984

dies., Der enteignete Mythos. Eine notwendige Revision der Archetypenlehre C. G. Jungs und Erich Neumanns, München 1985

dies., Matriarchat und Macht. Interview mit Judith Rauch, in: Schlangenbrut 9 (1985) 30–40 *dies.*, Die „Frauenfreundlichkeit" des Erich Neumann, in: Schlangenbrut 12 (1986) 28–33

Catharina Halkes, Suchen, was verlorenging. Beiträge zur feministischen Theologie, Gütersloh 1985

Elisabeth Moltmann-Wendel, Das Land, wo Milch und Honig fließt. Perspektiven einer feministischen Theologie, Gütersloh 1985

Rosemary Radford Ruether, Sexismus und die Rede von Gott. Schritte zu einer anderen Theologie, Gütersloh 1985

Elga Sorge, Religion und Frau. Weibliche Spiritualität im Christentum, Stuttgart 1985

Karin Gaube/Alexander von Pechmann, Magie, Matriarchat, Marienkult. Frauen und Religion. Versuch einer Bestandsaufnahme, Reinbek b. Hamburg 1986

II. „Klassiker" zur Göttinfrage (in Auswahl)

Johann Jakob Bachofen, Das Mutterrecht. Eine Auswahl hrsg. von H. J. Heinrichs, Frankfurt 1975

Richard Fester u. a., Weib und Macht. Fünf Millionen Jahre Urgeschichte der Frau, Frankfurt 1980

E. O. James, The Cult of the Mother-Goddess. An Archeological and Documentary Study, London 1959

James Mellaart, Çatal Hüyük. A Neolithic Town in Anatolia, London 1967, deutsch: Çatal Hüyük. Stadt aus der Steinzeit, Bergisch-Gladbach 1967

Erich Neumann, Die Große Mutter. Eine Phänomenologie der weiblichen Gestaltungen des Unbewußten, Olten/Freiburg 1985 (Zürich 1955)

Rafael Patai, The Hebrew Goddess, New York 1967

Robert Ranke-Graves, The White Goddess, London 1948; deutsch: Die Weiße Göttin, Reinbek b. Hamburg 1984 (Berlin 1981)

ders., The Greek Myths, Baltimore/London 1955; deutsch: Griechische Mythologie, Reinbek b. Hamburg 1984 (1960)

ders./Rafael Patai, Hebrew Myths: The Book of Genesis, New York 1963; deutsch: Hebräische Mythologie, Reinbek b. Hamburg 1986

Ewald Roellenbleck, Magna Mater im Alten Testament, Darmstadt 1949

Charles Virolleaud, Die Große Göttin in Babylonien, Ägypten und Phönizien, in: Eranos-Jahrbuch 6 (1938): Gestalt und Kult der „Großen Mutter", 121–160

III. Materialien zur kritischen Würdigung

Hans Jürgen Heinrichs (Hrsg.), Materialien zu Bachofens „Das Mutterrecht", Frankfurt 1975

Katharina von Kellenbach, Antisemitismus in biblischer Matriarchatsforschung? (Rezension zu Weiler, Ich verwerfe im Lande die Kriege), in: Berliner Theologische Zeitschrift 3 (1986) 144–147

Judith Plaskow, Blaming the Jews for the Birth of Patriarchy, in: Cross Currents 26 (1978) 306–309

Rosemary Radford Ruether, Sexismus und die Rede von Gott, Gütersloh 1985, bes. 67–93

Barbara Sichtermann, Das allmähliche Verschwinden der Himmelskönigin (Rezension zu Weiler, Ich verwerfe . . .), in: Süddeutsche Zeitung vom 18. 5. 85

Uwe Wesel, Der Mythos vom Matriarchat. Über Bachofens Mutterrecht und die Stellung von Frauen in frühen Gesellschaften, Frankfurt 1980

Urs Winter, Frau und Göttin. Exegetische und ikonographische Studien zum weiblichen Gottesbild im Alten Israel und in dessen Umwelt, Fribourg/Göttingen 1983

Die Mutter als die Schmerzensreiche
Zur Geschichte des Weiblichen in der Trinität
Hermann Häring

Keine der neuen (oder nennen wir sie: emanzipatorischen, subjektbe-
zogenen, deshalb streitbaren) Theologien hat in Mitteleuropa so Fuß
gefaßt und ihre Theoriebildung wenigstens ansatzweise so weit
vorangetrieben wie die feministische Theologie. Das ist nicht verwun-
derlich; denn die Befreiungstheologie wächst in Lateinamerika, die
Schwarze Theologie in den USA und (in anderer Ausprägung) in
Südafrika. Von den Aufbrüchen aus weiteren Kulturräumen ist noch
nicht allzuviel zu uns herübergedrungen.[1] All diese Aufbrüche haben
für unseren Beharrungswillen jedoch den Vorteil, weit weg zu sein.
Zwar erfüllen sie eine unentbehrliche Spiegelfunktion. In den Spiegel
aber schauen nur wenige, um sich zu ändern.[2] Die politische Theologie und alle „progressiven" Theologien der Ersten Welt formulieren,
so Jon Sobrino, ihre Ansätze nicht in Reaktion auf die Wirklichkeit
selbst (und um sie zu verändern), sondern in Reaktion auf deren
neuzeitliche, vielleicht feudale, bürgerliche, apolitische oder existen-
tialistische Interpretation. Man beginnt, wenn diese Lesart stimmt,
nicht unmittelbar, die Wirklichkeit zu verändern. Vielmehr erweist
man die wirklichkeitsverändernde Kraft des Glaubens – sofern noch
geglaubt wird.[3]

---

[1] *H. Assmann*, Die Götzen der Unterdrückung und der befreiende Gott, Münster 1984;
V. Fabella/S. Torres (Hrsg.), Irruption of the Third World. Challenge to Theology,
New York 1983; *H. Goldstein* (Hrsg.), Befreiungstheologie als Herausforderung.
Anstöße – Anfragen – Anklagen der lateinamerikanischen Theologie der Befreiung an
Kirche und Gesellschaft hierzulande, Düsseldorf 1981; *B. Moore* (Hrsg.), Schwarze
Theologie in Afrika, Göttingen 1973.

[2] *E. Schillebeeckx*, Theologie als bevrijdingskunde: Enkele noodzakelijke beschouwin-
gen vooraf, in: Tijdschrift voor Theologie 24 (1984) 388–402; *P. Eicher*, Ein Drama
spitzt sich zu, in: Publik-Forum 14 (1985) 6, 16–18.

[3] *J. Sobrino*, Theologisches Erkennen in der europäischen und der lateinamerikanischen
Theologie, in: K. Rahner u. a. (Hrsg.), Befreiende Theologie, Der Beitrag Lateinameri-
kas zur Theologie der Gegenwart, Stuttgart 1977, 123–143.

Wenn Johann Baptist Metz also zu Recht bemerkt, daß wir nur noch an den Glauben glauben, dann postuliert er nur, daß der Glaube wieder aus dieser geglaubten Reflexivität herausgeführt und zur Tat werden muß. Wer aber zur Tat auffordert, hat damit noch wenig getan. Das Verfahren verbleibt also bei der doppelten Negation, eben beim Versuch einer „nicht-regressiven Reduktion",[4] oft genug auch bei der Denunziation fiktiver Sündenböcke (etwa der „bürgerlichen Gesellschaft" oder der „akademischen Theologie") stecken. Reduktion wird dann zur autoritären Verdammung, nicht zur entlarvenden Kritik. Gewonnen aber ist mit solchen Programmen noch nicht viel; denn nur die Theorie, nicht aber die Wirklichkeit läßt sich reduzieren. Sie können wir allenfalls verändern.

Damit sind politische, fortschritts- und gesellschaftskritische Theologen bei uns nicht ins Unrecht gesetzt. Die Probe aufs Exempel aber lautet: Kommen wir endlich weg von der Nabelschau theoretischer Konstrukte? Verändern wir mit unserer Botschaft endlich die Wirklichkeit, von deren Kritik wir leben? Realisieren wir statt dessen Beschwörung endlich den Beginn des Reichs? Wenn nicht alles täuscht, hat die feministische Theologie als erste Form mitteleuropäischer Theologie damit begonnen, den Rahmen der Reflexion von Reflexion (und somit den Rahmen akademischer Theologie) konsequent zu durchbrechen. Sie legt es darauf an, im Zuge einer breiten Bewegung Kultur, Gesellschaft, Religion zu ändern, indem sie die beginnenden Änderungen konsequent dokumentiert und legitimiert. Solche Änderung muß, will sie Zukunft haben, *radikal* sein. Sie darf sich nicht sektoral beschränken (etwa auf die Fragen der Frau im kirchlichen Amt oder auf Probleme der Sexualethik). Sie muß, wenn sie theologisch wirksam werden will, den gegenseitigen Zusammenhang von Religion und Gesellschaft aktivieren.[5] Sie wird sich – als *christliche* Theologie – auf das Risiko der fundamentalen Selbstkritik

---

[4] *J. B. Metz* umschreibt die Aufgabe der Theologie als „nicht-regressive Reduktion von Überkomplexität und sprachlicher Wucherung ...", und dann als nicht-triviale Reduktion von Lehre auf Leben, von Doxologie auf Biographie, weil der Logos der Theologie immer auf eine Wissensform *als* Lebensform zielt" (Theologie im neuen Paradigma: Politische Theologie, in H. Küng/D. Tracy [Hrsg.], Das neue Paradigma von Theologie. Strukturen und Dimensionen, Gütersloh/Zürich 1986, 119–144; zit. 120).

[5] *M.-Th. Wacker*, Feministische Theologie, in: P. Eicher (Hrsg.), Neues Handbuch theologischer Grundbegriffe I, München 1984, 353–360; einen Überblick zur entsprechenden Literatur bis Sommer 1984 bietet *U. Gerber*, Feministische Theologie. Selbstverständnis – Tendenzen – Fragen, in: Theologische Literaturzeitung 109 (1984) 562–592.

einstellen und es zugleich darauf ankommen lassen, wie sich diese Kritik an und innerhalb der gängigen christlichen Praxis auswirken wird.

Kann der christliche Glaube also helfen, Situationen des Unrechts zu entdecken und abzuschaffen? Und wie wird sich der christliche Glaube – als Praxis und als deren Interpretation – dabei selber verändern? Natürlich haben diese auf die Zukunft gerichteten Hauptfragen immer ihre Begleitfragen, die auf die Vergangenheit ausgerichtet bleiben: Wie sehr kann und muß sich die überkommene Glaubensinterpretation verändern? Welche Barrieren sind also wegzuräumen, wenn wir die Glaubenspraxis erneuern und dem Reich näherkommen wollen? So bleibt also doch ein Stück Reflexion von althergebrachter, gut akademischer Art, allerdings mit neuen Problemstellungen konfrontiert.

Im Folgenden erhebe ich keinen höheren Anspruch. Ich beschäftige mich mit der Trinität, also einem Kernpunkt christlicher Glaubensexplikation. Um es vorweg zu sagen: Hier sollen keine offenen Türen eingerannt werden. Schon vielerorts wurde nachdrücklich und überzeugend dargelegt, daß Gott der Herrschaft ausschließlich männlicher Symbole entrissen, also auch mit Symbolen des Weiblichen zur Sprache gebracht werden muß.[6] Den Frauen dürfen die spezifischen Möglichkeiten der religiösen Identifikation, die uns Männern selbstverständlich zur Verfügung stehen, nicht entzogen bleiben. Auf dem Hintergrund christlicher Schöpfungs- und Erlösungsbotschaft bedarf es dazu keiner eigenen Begründung.[7] Es mag jedoch sinnvolle und kurzsichtige, praktikable und vielleicht kontraproduktive Wege zu diesem Ziel geben. Darüber müssen wir neu nachdenken.

Innerhalb der monotheistischen, allemal patriarchalischen Religionen bietet dafür die christliche Tradition besondere Voraussetzungen. Denn erstaunlich früh hat man nicht nur Gott mit Jesus in eine enge messianische Beziehung gesetzt, sondern auch die biblisch-prophetische Geisttradition in diese Verhältnisbestimmung einbezogen. Wenn auch die Geist- und die damit verbundene Weisheitschristologie früh zurückgedrängt wurden, so gehören doch Bekenntnis

---

[6] Siehe die Themennummern von Concilium März 1981: 17 (1981) 173–268, sowie April 1980: 16 (1980) 229–306; *M. Daly*, Jenseits von Gottvater Sohn & Co., München ⁴1986.

[7] Einen umfassenden Versuch unternahm *J. Moltmann*, Gott in der Schöpfung. Ökologische Schöpfungslehre, München 1985; s. ferner *Ph. Trible*, God and the Rhetoric of Sexuality, Philadelphia 1978.

und Lehre eines dreifaltigen Gottes seitdem zum zentralen und den meisten christlichen Kirchen gemeinsamen Bestand ihres Glaubens.[8] Die Interpretation dieses Bekenntnisses ist nie zur Ruhe gekommen. Seine Grundstruktur aber blieb erstaunlich stabil und scheint der Dreidimensionalität unserer Gotteserfahrung zu entsprechen. Nicht grundlos kehrt die Dreiheit in anderen Religionen und Philosophien zurück. Wenn die Dreifaltigkeit des Einen aber die Ganzheit des Ganzen im Symbol repräsentiert, dann müssen in diesem Symbol auch Mann und Frau sowie deren Versöhnung Heimatrecht erhalten. Damit aber hatte die christliche Tradition ihre Probleme. Wir beziehen uns auf drei Texte. Sie stammen von Augustinus, Ludwig Feuerbach und Matthias Joseph Scheeben.

Eine verpaßte Chance

Den frühen Ansätzen einer Sophia- und Geistchristologie war kein langes Leben beschieden.[9] Danach verblieb das Trinitätssymbol in einem männlich bestimmten Zusammenhang. Gott galt als Vater und Herr; der „Sohn" als (männlicher) Messias. Der Geist war (als Geist des Vaters und des Sohnes, zudem als „pneuma" und „spiritus" übersetzt) seiner weiblichen Benennung beraubt. Immerhin war es in den ersten Jahrhunderten noch möglich, diesen Geist mit weiblichen Analogaten zu umschreiben. Für die westliche Tradition aber hat Augustinus diesen Weg endgültig versperrt.

Anfang der siebziger Jahre schon hat Franz Karl Mayr in ausführlichen Artikeln auf einen Text von Augustinus aus dessen epochemachendem Werk über die Trinität verwiesen.[10] Augustinus wirft dort die von „Gnostikern" veranlaßte Frage auf, ob man nicht in der Dreiheit von Mann (Vater), Frau (Mutter) und Kind ein Abbild der

---

[8] *J. M. Lochman,* Das Glaubensbekenntnis, Gütersloh ²1985; *W. Pannenberg,* Das Glaubensbekenntnis, Gütersloh 1982; *Th. Schneider,* Was wir glauben, Düsseldorf ²1986.

[9] *J. Dunn,* Christology in the Making. An Inquiry into the Origins of the Doctrine of Incarnation, London 1980; *E. Schillebeeckx,* Jesus. Die Geschichte von einem Lebenden, Freiburg 1974, S. 390–457.

[10] *F. K. Mayr,* Familie und Trinität in Augustinus, De Trin. XII, in: Revue des études augustiniennes 18 (1971), S. 51–86; *ders.,* Patriarchalisches Gottesverständnis? Historische Erwägungen zur Trinitätslehre, in: Theologische Quartalschrift 152 (1972) 224–255. Schon zuvor hatte auf die Stelle hingewiesen: *U. Ranke-Heinemann,* Eheliche Partnerschaft, in: M. Schmaus/E. Gössmann (Hrsg.), Die Frau im Aufbruch der Kirche, München 1964, 67–89.

göttlichen Trinität sehen könne, „der Mann selbst stelle gleichsam die Person des Vaters dar, die Person des Sohnes aber sei durch Geburt aus ihm hervorgegangen. Die dritte Person, also der Geist, aber ist nach ihnen gleichsam die Frau, die so vom Mann hervorging (Gen 2,22), daß sie ihrerseits nicht Sohn bzw. Tochter ist, währenddessen der Sohn durch ihre Empfängnis geboren wurde. Der Herr sagte nämlich vom Heiligen Geist, daß er vom Vater ausgehe (Joh 15,26), und doch ist er nicht der Sohn."[11]

Augustinus macht sich die Überlegung nicht leicht. Sinnen- oder leibfeindlich will er nicht argumentieren, obwohl er sich im Argument verrät. Leibliche Metaphern sind nicht einfach abzuweisen; denn dem Reinen ist alles rein. Man gewöhne sich daran, im Körperlichen die Spur des Geistigen zu entdecken, so daß man zur unveränderlichen Wahrheit selber aufsteigen kann, ohne mitzunehmen, was man in den Tiefen verachtet. Gemäß Weish 8,2 mache sich ja Gott die Weisheit „zur Gattin". Die geistige Wahrheit dieser Vorstellung aber müsse – sinngemäß übersetzt – die Vorstellung des mit der Zeugung eines Kindes verbundenen, verderblichen Beischlafs (corruptibilem concubitum) nicht beinhalten. Auch die Analogie der Gattin also kann ins Reine erhoben werden.[12]

Erst recht will Augustinus nicht frauenfeindlich argumentieren. Zunächst macht er das von ihm aufgegriffene Problem von der Frage abhängig, ob Menschen als Einzelpersonen oder ob Mann, Frau und Kind *zusammen* Abbild der Trinität sein können. Die zweite Möglichkeit scheidet für ihn aus. Von seinem Menschenbild her ist das verständlich, weil dieses vom je individuellen menschlichen, aber geschlechtslosen (und im Grunde gemeinschaftsunabhängigen) Geist bestimmt ist. Zwar mache Gott den Menschen nach „unserem" Bild und Gleichnis. Gott ist also kein singuläres Ich. Aber Trinität besage eben einen Gott, nicht drei Götter. Die relationale Dreipersönlichkeit also bleibt zugunsten der einen Substanz ausgeblendet.

Doch ist damit für Augustinus die Frage noch nicht entschieden. Er scheint das Argument zugunsten der Frau weiter voranzutreiben. Denn auch sie – seltsam, das betonen zu müssen – ist Mensch. Auch sie gehört zu Adam, den Gott geschaffen hat. Als Mann und Frau schuf er sie; denn wie der Sohn in Adams Lenden, so war nach Augu-

---

[11] *Augustins* Schrift „De Trinitate libri XV" entwickelt die sog. psychologische Trinitätslehre und hat die westliche Tradition nachhaltig bestimmt. Zitat: XII 5,5 (CCL 50, 359).
[12] De Trin. XII 5,5 (a. a. O. 360).

stinus die Frau in seiner Seite, weder als Gattin noch als Tochter. Das heißt aber: „Wenn auch eine einzige Menschenperson Bild der Trinität sein kann, wie ja auch in der Trinität jede Person Gott ist, warum ist die Frau dann kein Abbild?" Oder in der Formulierung des Augustinus interpretiert Michael Schmaus: Wenn die Frau zur Vollendung des Trinitätsbildes gehört, dann bleibt unerklärlich, wie der Mann ohne Frau nach 1 Kor 11,7 Bild der Trinität sein kann.[13]

Der arglose Leser merkt vielleicht erst jetzt, daß hier noch ein Problem zu verhandeln ist. Die scheinbar frauenfreundliche Argumentation bereitet nur deren Widerlegung vor. Sie lautet: Auch Frauen sind Menschen, aber mehr Mensch ist eben der Mann.

Was Schmaus 1927 „eine tiefsinnige und geistreiche Lösung" nannte, stützte sich auf das genannte Pauluswort: „Der Mann braucht das Haupt nicht zu verhüllen, da er das Abbild und der Abglanz Gottes ist, die Frau aber ist der Abglanz des Mannes." Zwar ist gemäß Gen 1,27f die ganze menschliche Natur nach Gottes Bild geschaffen. Die Frau darf also von diesem Abbild-Sein nicht ausgeschlossen werden. Gottes Abbild aber ist sie nur *zusammen* mit dem Mann. Kommt Augustinus also doch wieder auf die erste, gemeinschaftsbezogene Lösung zurück? Dies gerade nicht, denn diese sehr humane Einschränkung ist nicht auf den Mann hin umkehrbar. „Was aber den Mann betrifft, so ist er Bild Gottes, so vollkommen und so vollständig, wie mit der zur Einheit mit ihm vereinten Frau." Zwar können auch die Frauen Gott betrachten und über ihn nachsinnen. Im besten Teil ihres Geistes (der vernehmenden Vernunft also) sind auch sie Bild Gottes. Bild Gottes sind sie als Neugeschaffene, wo es nicht Mann noch Frau (Gal 3,28), das heißt nach Augustins Auslegung: „wo es kein Geschlecht gibt". Aber in ihrer für Frauen spezifischen Tätigkeit als Hilfe (adiutorium) des Mannes können sie nicht Abbild Gottes sein. Sie beschäftigen sich mit dem Niederen und Zeitlichen, sind vom Mann im Zaume zu halten. Oder wie es Schmaus dann seinerseits vor sechzig Jahren zusammengefaßt hat: „Sofern das Weib mit dem Manne die menschliche Natur besitzt, ist es mit dem Manne Bild Gottes, damit so die ganze menschliche Natur das Bild Gottes sei. Sofern aber das Weib in seiner spezifischen Eigenschaft als Gehilfin des Mannes betrachtet wird, ist es für sich allein kein Bild Gottes. *Wohl aber ist der Mann für sich allein Bild Gottes* so voll und

---

[13] De Trin. XII 7,9 (a. a. O. 364); *M. Schmaus*, Die psychologische Trinitätslehre des heiligen Augustinus, Münster 1927, Neuauflage 1967, 199.

ganz wie in seiner Verbindung mit dem Weibe."[14] Wozu also braucht es noch die Frau, sofern er sich selber helfen kann? Für eine Hermeneutik des christlichen Gottes zumindest kann auf sie verzichtet werden.

Dieses Ergebnis, das sich im Westen über anderthalb Jahrtausende behauptet hat, ist eindeutig. Seine Auswirkungen auf unser Menschenbild sowie auf die politische und religiöse Sozialisation der Frauen können kaum überschätzt werden. Man würde Augustinus jedoch Unrecht tun (und selbst ihn überschätzen), wenn man seinen eigenen geistigen Hintergrund außer acht ließe. In ihm kristallisiert sich nur eine Entwicklung, die er allerdings unübertroffen zur Sprache brachte. Ich verweise auf drei Gesichtspunkte:

1. Auf das Verhängnis einer spiritualisierten und damit *individualistischen* Anthropologie, innerhalb deren sich die Mißachtung der Frau entfalten konnte: Erinnert sei an Plotin, dem Augustin so viel verdankt und in dessen Biographie (von Porphyrius verfaßt) vermerkt wird, er habe sich zeit seines Lebens geschämt, „im Leibe" zu sein.[15] Augustins Rückgriff auf Gedächtnis, Verstand und Wille, in denen sich die Trinität hinreichend abbilden sollte, ist wesentlich durch diese neuplatonische Tradition bestimmt. In ihr allerdings wurden die „sozialen und kommunalen Charakteristiken der menschlichen Person (von der menschlichen Geschlechtlichkeit an bis zur Familiengemeinschaft des Menschen)"[16] mißachtet und der biblische Gedanken vom Menschen als „Mann und Frau" (Gen 1,27) verdrängt. Daß Augustinus im Rahmen eines solchen Menschenbildes zugleich Name und Geschick seiner langjährigen Lebensgefährtin, der Mutter seines Sohnes, aus seinen Schriften verdrängen und sie zur Unperson machen konnte, sei nur am Rande vermerkt.[17]

[14] *Schmaus*, a. a. O. 199 (Hervorhebung von mir), in Interpretation von De Trin. XII 7,10 (a. a. O. 364f).

[15] Plotinos „war die Art von Mann, der sich dessen schämt, im Leibe zu sein; aus solcher Gemütsverfassung wollte er sich nicht herbeilassen, etwas über seine Herkunft, seine Eltern oder seine Heimat zu erzählen" (*Porphyrios,* Über Plotins Leben und über die Ordnung seiner Schriften, in: R. Harder [Übers.], Plotins Schriften Vc: Anhang, Hamburg 1958, 2f).

[16] *F. K. Mayr*, Gottesverständnis, a. a. O. 234.

[17] *P. Brown*, Augustinus von Hippo, übers., bearb. und hrsg. von J. Bernard, Frankfurt ²1982, 52–54. Die Ambivalenz seiner Haltung und der verquere Abschluß dieser Liebesgeschichte kommen im VI. Buch der Bekenntnisse (15,25) zum Ausdruck: „Mittlerweile häuften sich meine Sünden. Man hatte mir die Genossin meines Lagers als Hindernis für die Ehe von der Seite gerissen, sie, die mir ans Herz gewachsen war, und von Schnitt und Wunde vergoß dies Herz von seinem Lebensblut. Sie war heimgekehrt nach Afrika, nicht ohne Dir gelobt zu haben, sie wolle keinem anderen Mann

2. Auf die Problematik (Unchristlichkeit?) der *hierarchischen* Denkfigur, die diese Anthropologie mit den Ideen von Familie, Staat und Gott verbindet: Der stoischen Herrschaft des Geistes über den Leib entspricht die Herrschaft des Mannes über die Frau, über die Familie, die Herrschaft der Herrscher über die Menschen, Gottes über die Welt.[18] Augustinus spiegelt den verschärften Patriarchalismus der Spätantike, in dem sich biblische und hellenistische Einflüsse gegenseitig verstärken. Dieser kulturkritische Hinweis macht eine differenziertere Kritik von Augustins Gottsverständnis auch in sozialkritischem Interesse möglich und notwendig.

3. Auf die sehr frühen *geschichtlichen Wurzeln* von Individualismus, Sinnenfeindlichkeit und religiös sanktionierter Unterordnung: Dies darf bei der heute üblichen Kritik von Bürgertum und Bürgerlichkeit nicht vergessen werden. Zu überlegen ist, welches Erbe das Bürgertum im Rahmen der gesellschaftlichen und ökonomischen Neuordnung Europas wider Willen reproduzierte.[19] Die Erinnerung an die Sozialgeschichte der Frau in Antike und Mittelalter muß hier entlarvend wirken.

Augustins sogenannte psychologische Trinitätslehre prägt trotz ihrer Modifikation durch Thomas von Aquin die Theologie des Westens bis in die Gegenwart. Deshalb bedeutet seine Weichenstellung in der besprochenen Frage eine verpaßte Chance, deren unheilvolle Folgen wir erst seit den siebziger Jahren dieses Jahrhunderts zu begreifen beginnen. Zwar spiegelt Augustinus nur den kulturellen Hintergrund seiner Zeit (im Brennglas seiner Biographie allerdings problematisch konzentriert) wider. Man sollte auch nicht vergessen, daß er den Manichäismus – auf der Ebene der Ontologie und formalen Schöpfungslehre – angegangen und auf die christliche Überzeugung hin überwunden hat, daß alles von Gott Geschaffene gut ist. Faktisch aber blieb das Weibliche, blieben Sinnlichkeit und Materialität gegenüber dem Schönen, Wahren und Guten in der Defensive. Augustins Theologie hat – auf der Ebene der religiösen Symbolbildung – frauenfeindlich gewirkt. Die Trinitätstheologie ist dafür nur ein prominentes Beispiel.

mehr gehören (alium se virum nescituram), und hatte meinen natürlichen Sohn, dessen Mutter sie war, bei mir zurückgelassen" (übers. von J. Bernhart).

[18] *H. Häring*, Die Macht des Bösen. Das Erbe Augustins, Zürich/Gütersloh 1979, 162–180.

[19] Vgl. dazu *H. Blumenberg*, Säkularisierung und Selbstbehauptung, Frankfurt 1974; *H. E. Richter*, Der Gotteskomplex, Hamburg 1979.

Ich weiß nicht, ob unsere Frage seitdem in der christlichen Theologie vom Tisch war. Historische Forschungen könnten wohl noch interessante Details zutage fördern. Sicher hat sie aber in der offiziellen Traditions- und Lehrbildung des Westens bis hin zu den jüngsten dogmatischen Lehrbüchern auch als Problemstellung keine Rolle mehr gespielt. Ein Neuansatz sollte erst im 19. Jahrhundert von religionskritischer Seite erfolgen.

Heimholung des Weiblichen?

Die Symbole des Weiblichen, von Jungfrau und Mutter zumal, waren seitdem auf die Lehre von Kirche und glaubender Seele konzentriert. Sie wurden ausschließlich zum Zeichen der Hingabe, des Dienstes, der Empfänglichkeit und der bloßen Weitergabe eines Lebens, das in Reinheit und ohne alle Befleckung empfangen ist. Frauen nehmen natürlich mit Genugtuung zur Kenntnis, daß auch diese Regel nicht ohne Ausnahme blieb. *Christus* wurde von Anselm von Canterbury (1033–1109), vor allem dann von Juliana von Norwich (ca. 1342–1413) als Frau angerufen. Der Jesuit und Missionar Peter Claver (1580–1654) lehrte seine Schutzbefohlenen, zu Jesus Christus als Vater und Mutter zu beten. Franz von Sales (1567–1622) vergleicht im 5. Buch seiner Philothea – in einem später gestrichenen Satz – Christus am Kreuz mit einer schwangeren Frau, die ihre Geburt erwartet.[20]

Daß der *Geist* immer wieder mit weiblichen Zügen ausgestattet wurde, mag da schon näherliegen. Auf eine männliche Symbolisierung Gottes des *Vaters* hatten diese Ansätze keine nachhaltige Rückwirkung. Auch wo ihm ein Uterus zugesprochen wird, wo er den Sohn also nicht nur zeugt, sondern auch gebiert,[21] kommt kein

---

[20] Einen Überblick zur einschlägigen neueren Literatur bietet *B. Fischer*, „Jesus, unsere Mutter". Neue englische Veröffentlichungen zu einem wiederentdeckten Motiv patristischer und mittelalterlicher Christusfrömmigkeit, in: Geist und Leben 58 (1985) 147–156. Zu Anselm von Canterbury ebd. 151, zu Franz von Sales ebd. 155; ferner: *K. E. Børresen*, Christ notre mère. La théologie de Julienne de Norwich, in: Das Menschenbild des Nikolaus von Kues und der christliche Humanismus, Festschrift R. Haubst, Mainz 1978, 320–329; *E. McLaughlin*, „Christ my Mother". Feminine Naming and Metaphor in Medieval Spirituality, in: Nashota Review 15 (1975) 246f. Vgl. auch den Beitrag von *Ulrike Wiethaus* in diesem Band.

[21] So das Elfte Konzil von Toledo (675). Diese Synode hat allerdings keine allgemeinkirchliche Bedeutung und sollte nicht aufgrund ihrer Aufnahme in den Denzinger (DS 526) überschätzt werden. Sie wird zitiert von *J. Moltmann*, Der mütterliche Vater.

nachhaltiger Verstehensprozeß in Gang, der die männlichen Bilder grundsätzlich durchbricht. Vom kulturellen Kontext her war das auch gar nicht zu erwarten. So bleibt es dabei, daß zur Erhellung der innertrinitarischen *Bezüge* die Beziehung von Mann und Frau, der Mutter zu ihrem Kind, des Kindes zu seiner Mutter, des Gebärens und des Nährens, des weiblichen Schoßes also und der Brust, nie zu ihrem Recht kamen. Damit war eine menschliche Grunderfahrung von zutiefst religiöser Dynamik ausgeklammert.[22]

Es bedurfte vielleicht der radikalen Distanz zur Trinität als Glaubensgeheimnis, wollte man diese zutiefst emotionalen Tabuisierungen durchbrechen. Das heißt aber zugleich: Es bedurfte des ungeschmälerten Verdachts der Sexual- und Leibfeindlichkeit, um diesem Mangel im Rahmen der Trinitätslehre auf die Spur zu kommen. Kein geringerer als der Atheist *Ludwig Feuerbach* (1804–1872) hat die Frage denn auch thematisiert. Er kennt die klassische Trinitätslehre und die von Augustinus erarbeiteten Bilder, überdies natürlich deren Aufnahme durch Hegel. Allerdings gibt er sich in seinem einschlägigen Werk über „das Wesen des Christentums" keine Mühe, sie korrekt wiederzugeben. Zwar nennt er die Grundmetaphern „Geist, Verstand, Gedächtnis, Wille, Liebe"[23]. Das Gedächtnis aber, gut augustinisch Urbild des Vaters, spielt in der weiteren Analyse keine Rolle. Gottes Selbstbesitz vollzieht sich in der Erkenntnis seiner selbst. „Gott denkt, und zwar denkt er sich, erkennt er sich, und das Gedachte, das Erkannte ist Gott selbst" (76). In der anthropologischen Auflösung von Feuerbachs Ansatz heißt das: „Selbstbewußtsein hat für den Menschen ... absolute Bedeutung" (ebd.). Aller-

Überwindet trinitarischer Patripassianismus den theologischen Patriarchalismus? in: Concilium 17 (1981) 209–213, 211; ferner *ders.*, Trinität und Reich Gottes, München 1980, 181.

[22] *W. Bartholomäus*, Mutter und Vater in „Gott". Zur Vorstrukturierung des Symbols „Gott" in früher Erfahrung, in: Katechetische Blätter 106 (1981) 456–464; *K. Stern*, Die Flucht vor dem Weibe. Zur Pathologie des Zeitgeistes, Salzburg 1968. Der Untersuchung wert wäre die Geschichte der neutestamentlichen Begriffe κόλπος/sinus, mit (männlichem bzw. geschlechtsneutralem) „Schoß" oder mit „Brust" übersetzt (z. B. Joh 1,18: der ewige Sohn, der im Schoß des Vaters ruht; vgl. Lk 16,22, Joh 13,22) und κοιλία/venter, mit „Bauch" oder (weiblichem) „Schoß" übersetzt (z. B. Lk 11,27: selig der Leib, der dich getragen; vgl. Joh 7,38: aus dessen Leib werden Ströme lebendigen Wassers fließen).

[23] *Ludwig Feuerbach*, Das Wesen des Christentums (Leipzig 1841), in: Werke in sechs Bänden V, Frankfurt 1976, zit. 76. Die Seitenangaben zu diesem Werk sind im Folgenden unmittelbar im Text vermerkt. Zur Hinführung: *J. Chr. Janowski*, Der Mensch als Maß. Untersuchungen zu Grundgedanken und zur Struktur von Ludwig Feuerbachs Werk, Zürich/Gütersloh 1980; *M. Xhaufflaire*, Feuerbach und die Theologie der Säkularisation, München 1972.

dings ist dieses Absolute a-kosmisch und antikosmisch, weltlos, wie Einsamkeit das Bedürfnis des Denkens, Denken also ein einsamer Akt ist und sich in der Innerlichkeit spiegelt, die zum Wesen der Religion gehört. Jedoch wird diese verleugnete Welt, das Gemeinschaftsbedürfnis des Herzens, unbewußt wieder in Gott gesetzt. In die „stille Einsamkeit des göttlichen Wesens" ist ein zweites Wesen, Gott der Sohn, gesetzt, das Alter ego des Vaters: „Gott ohne Sohn ist *Ich*, Gott mit Sohn ist *Du, Ich* ist *Verstand, Du* ist *Liebe. Liebe* aber *mit Verstand* und *Verstand mit Liebe* ist *Geist; Geist* aber die *Totalität* des Menschen als solchen, der *totale Mensch"* (78).

Die Umgewichtung der innertrinitarischen Verhältnisse ist unübersehbar. Sie läßt sich folgendermaßen zusammenfassen:

1. Seit Augustinus wurde die Trinitätslehre des Westens an einem Modell antiker Individualpsychologie entschlüsselt, das die vorgängigen Metaphern von Zeugung und Hauchung aufnahm, aber als innere Vorgänge begriff. Feuerbach dagegen orientiert sich am Modell der Gemeinschaft, diese Gemeinschaft aber an der Polarität von Ich und Du. Gott ist durch Vater und Sohn Liebe und Freundschaft, „interpersonale" Gemeinsamkeit im modernen Sinn des Wortes. Man kann von einem *sozialen Trinitätsverständnis* sprechen, dem eindeutig ein neuzeitlicher, Ichheit und Subsistenz einschließender Personbegriff zugrunde liegt.[24]

2. Damit erhalten Erkennen und Wollen einen anderen Ort und Stellenwert. Sie werden nicht mehr dem Sohn und dem Geist zugeordnet, die Wahrheit und Liebe sind, sondern dem Vater und dessen Beziehung zum Sohn. Feuerbach findet, der Geist drücke „ja nichts weiter aus als die Liebe der beiden göttlichen Personen zueinander", werde aber „widersinnig genug selbst wieder als ein persönliches, besonderes Wesen gesetzt" (128). Gut idealistisch sieht er Erkennen und Bewußtsein als Grundbestimmung des Subjekts an sich. Das

---

[24] Zur Diskussion s. *Moltmann,* Trinität. Moltmanns Kritik des christlichen Monotheismus (144–168) macht gerade die Grenzen eines „sozialen" Trinitätsverständnisses wider Willen deutlich. Auch die alten Ketzerhüte (Monarchianismus, Sabellianismus, Arianismus, Modalismus, Patripassianismus – gar Monotheismus als neue Kopfbedeckung) können nicht verdecken, daß die neu angebotene Konzeption ihrerseits von einem neuzeitlichen Subjektbegriff her – wenn auch in Reaktion auf ihn – konzipiert ist. Es wäre in diesem Punkt *K. Barth* besser nicht zu folgen, dem seine beleidigenden Anwürfe gegenüber dem Islam gerade nicht zur Ehre gereichen: „das fanatische Geschrei", „Kunstgriff", „Potenzierung alles sonstigen Heidentums", „versucherischer Tiefsinn", „Primitivität" (Kirchliche Dogmatik II/1, Zürich ⁴1958, 504f). Als Metapher unter Metaphern hat das „soziale" Trinitätsverständnis jedoch eine wichtige Funktion.

Erkennen bleibt also auf den Vater bezogen. Die Liebe tritt als Bedürfnis des Herzens hinzu. Der Vater sei „Licht", *der Sohn* hingegen „tellurische Wärme", *„Glut der Liebe"*: „Gott als Sohn erwärmt erst den Menschen; hier wird Gott aus dem Objekt des Auges, des kalten, indifferenten Lichtsinnes, ein Objekt des Gefühls, des Affekts, der Begeisterung, der Entzückung, aber nur weil der Sohn selbst nichts anderes ist als die *Glut der Liebe*, der Begeisterung." In dieser Perspektive gelingt es Feuerbach, die Zeugung des Sohnes durch den Vater und dessen Menschwerdung als Selbsterniedrigung und Entäußerung Gottes zu begreifen: „Der Sohn ergreift das Herz", es ist nichts anderes als „das *göttliche Herz*" (80f).

5. Aus dieser Verschiebung folgt, daß Feuerbach innerhalb der Trinität mit *zwei Personen* auskommt. „Zwei ist das Prinzip und eben damit der vollkommene Ersatz der Vielheit" (ebd.). Im Grunde würde es also ausreichen, von einer Binität Gottes zu sprechen. Der Geist verdankt nach Feuerbachs seine Existenz „nur einem Namen" (79). Natürlich kann Feuerbach religionskritischem Interesse auch diese Reduktion nicht dienen. Jedoch spürt er ein Problem auf, das der Trinitätslehre sicher seit Augustinus anhaftet. Schon er konnte die Personalität des Geistes nicht so überzeugend entschlüsseln wie das Personsein von Vater und Sohn. Eine ähnliche Schwierigkeit taucht auf hermeneutischer Ebene auf, wenn man die Metaphern von „Zeugung" und „Hauchung" vergleicht. Der Sohn ist der Gezeugte, der Geist aber gehaucht. Daß die Probleme im Laufe der späteren Theologiegeschichte durch wachsende Abstraktion nicht behoben, sondern eher noch verschärft wurden, zeigt nur die Schwierigkeit des ursprünglichen, ungeschichtlich-metaphysischen Ansatzes. Im Gefolge von Feuerbachs neuzeitlich-anthropologischer Interpretation aber kommt diese Schwierigkeit nur noch deutlicher ans Licht. Es fehlt sozusagen die dritte der aufeinander bezogenen, subjekthaften Personen.

An diesem Punkt setzt Feuerbachs *Intuition* ein, die uns hier interessiert. Er argumentiert allerdings jetzt nicht mehr trinitätssystematisch, sondern vom Standpunkt seiner Psychologie der Projektion aus, die alle Glaubensinhalte als unerfüllte Bedürfnisse des Menschen entlarvt.[25] Er findet es verständlich, daß sich dieser Liebesbund zwischen Vater und Sohn selber noch einmal als Gegenstand der Anschauung niederschlug, daß die innersten menschlichen Bedürf-

---

[25] *Janowski*, Der Mensch 33–96.

nisse sich hier ein Objekt der Bewunderung und Entzückung schufen. Was aber geschieht, wenn der Geist dazu eine „zu vage und prekäre, eine zu sichtliche bloß poetische Personifikation der gegenseitigen Liebe" (82) bietet? Feuerbach findet, sobald die Frage so gestellt ist, eine naheliegende Antwort. Er findet es ganz in Ordnung, daß man den Himmel entsprechend realistisch und nicht bloß poetisch ergänzt, daß „noch eine dritte, und zwar eine *weibliche Person* in den Himmel aufgenommen wurde" (ebd.).

Im Rahmen einer christlichen Trinitätstheologie mag man vor dieser Wendung des Gedankens schaudern. Denn zwar gilt Maria als in den Himmel aufgenommen, aber gerade nicht in die Trinität, auch nicht als Geistersatz. Die Differenz zwischen Gott und der erhöhten Frau wurde in aller Schärfe durchgehalten. Ferner wuchs die Marienverehrung zwar erst langsam; die Mariologie ist innerhalb der Theologie- und Dogmengeschichte erst ein spätes Produkt.[26] Im Prinzip aber mußte die Mutter Jesu nicht erfunden werden. Es galt vielmehr die Frage zu beantworten, wen sie eigentlich geboren hat.

Doch steht dieser trinitätssystematischen Fragestellung eine religionspsychologische und symboltheoretische gegenüber. Symbolbildungen folgen eben nicht den Gesetzen der formalen Logik, also des reflektierenden Bewußtseins. Sie verarbeiten Erfahrungen, gerade die unaussprechlichen und unausgesprochenen Überschüsse und Mängel unseres Umgangs mit der Wirklichkeit. Das aber hat in der Symbolbildung um Maria seine Wirkung getan. Nicht grundlos erhielt die *Marienverehrung* – als Ergänzung des Glaubens an einen männlichen, von Männergestalten besetzten und auch im Geist vermännlichten Gott – einen zentralen Stellenwert. Ihr komplementärer Charakter ist offenkundig[27] und wird, wie Feuerbach erkannte, im Rahmen der christologischen Fragestellung deutlich: Dem Vater des Gott-Sohnes steht – seit 431 in Ephesus lehramtlich legitimiert – die heilige Jungfrau als dessen Mutter, als „Gottesgebärerin", gegen-

[26] *G. Söll,* Mariologie (Handbuch der Dogmengeschichte III, Fasz. 4), Freiburg 1978; *A. Müller,* Glaubensrede über die Mutter Jesu. Versuch einer Mariologie in heutiger Perspektive, Mainz 1980.
[27] *M. Kassel,* Maria und die menschliche Psyche. Tiefenpsychologische Überlegungen, in: Concilium 19 (1983) 653–659; *A. M. Greeley,* The Mary Myth. On the Femininity of God, New York 1977; deutsch: Maria. Über die weibliche Dimension Gottes, Graz 1979; *R. Radford Ruether,* Das weibliche Wesen Gottes. Ein religiöses Problem von heute, in: Concilium 17 (1981) 217–223; ferner: *Ch. Mulack,* Die Weiblichkeit Gottes. Matriarchale Voraussetzungen des Gottesbildes, Stuttgart/Berlin 1983; *E. Neumann,* Die Große Mutter. Eine Phänomenologie der weiblichen Gestaltungen des Unbewußten, Olten/Freiburg, Sonderausgabe 1985.

über (DS 251), natürlich trotz der auf Leib und Leben bezogenen Symbole in leib- und sinnendistanzierter Brechung: Denn ohne Mann empfängt sie den Sohn, den der Vater ohne Frau zeugt, so daß – es folgt nun wieder Feuerbachs Interpretation – „Maria einen notwendigen, von innen heraus geforderten Gegensatz zum Vater im Schoße der Dreieinigkeit bildet" (83 f).

Dem religionskritischen Interesse Feuerbachs gemäß brauchen wir nicht vom Schoße der Dreieinigkeit, sondern nur von den unabgegoltenen Symbolen und Erfahrungen des menschlichen Herzens zu sprechen, die sich niederschlagen in der Verehrung Marias als Mutter, Jungfrau, Fürsprecherin und Trösterin. Dann schon können wir Feuerbachs Intuition und Vermutung würdigen, daß die ausschließlich patriarchalen Konnotationen von „Vater", „Sohn" und (dem männlichen, als „spiritus" begriffenen) „Geist" außerhalb des offiziellen Gottesbegriffs schon immer durchbrochen waren und deshalb auch auf den Schoß der Dreieinigkeit hin zu durchbrechen sind. Zur Debatte steht dabei nicht das allgemeine Problem, wie die männlich besetzten Symbole für Gott durch weiblich besetzte Symbole aufgefangen, konterkariert oder gegen sie ausgetauscht werden können. Darüber ist die Diskussion schon längst in Gang gekommen und bedarf hier keiner Schützenhilfe mehr. Natürlich kann Gott umfassend als Mann *und* Frau, als Vater *und* Mutter zur Sprache kommen, wenn anders er auch Gott der Frauen bleiben oder gar werden soll.[28]

Überdies bietet sich das trinitarische System besonders an zur gegenseitigen Vermittlung verschiedenartiger und komplementärer Symbole. Man kann etwa männliche und weibliche Züge auf die verschiedenen Personen verteilen und so die Erfahrungen des Männlichen und Weiblichen in eine innere Balance und dynamische Beziehung bringen.[29] Auch dieser Weg ist begonnen. Die Diskussion verweist vor allem auf die weiblichen Konnotationen des semitischen Geistbegriffs (Ruach), des lebensspendenden Hauchs und Atems, vielleicht auch der Weisheit (Sophia). Nicht ohne Grund spielten beide in frühen christologischen Ansätzen eine leider vergessene,

---

[28] *J. C. Engelsman*, The Feminine Dimension in the Divine, Madison 1976; *Ch. Halkes*, Motive für den Protest in der feministischen Theologie gegen Gott den Vater, in: Concilium 17 (1981) 256–262; zu den Theorien einer ursprüngllich matriarchalen Religion ist damit noch nichts gesagt: *H. Göttner-Abendroth*, Die Göttin und ihr Heros, München 1980; *K. Lüthi*, Gottes neue Eva. Wandlungen des Weiblichen, Stuttgart 1978, 161–216; *H. Zinser*, Der Mythos des Mutterrechts, Frankfurt 1981.

[29] *J. Dart*, Balancing Out the Trinity: The Genders of the Godhead, in: The Christian Century 100 (1983) 5, 147–150.

wenn nicht gar verdrängte Rolle.[30] Natürlich müssen also die Erfahrungen des Weiblichen auch innertrinitarisch aufgenommen werden, wenn sie nicht weiterhin (im Zuge einer überbordenden und oft regressiven Marienfrömmigkeit) auf einen sekundären Platz abgedrängt oder (gemäß protestantischer Tradition) überhaupt verschwiegen werden sollen.

Dieses Verschweigen hat gefährliche Folgen, wie Feuerbach in der Verfremdung seiner Analyse präzise sagt: „Wo der Glaube an die Mutter Gottes sinkt, da sinkt der Glaube an den Sohn Gottes und den Gott-Vater. Der Vater ist nur da eine Wahrheit, wo die Mutter eine Wahrheit ist" (85). Das Abschieben auf einen zweiten Platz ist aber auch dann noch nicht vermieden, wenn wir dem Geist frauliche Qualitäten zuerkennen. Es wird zugleich darauf ankommen, die Beziehungen von Vater, Sohn und Geist zu klären, besser noch, die Formalismen der klassischen Trinitätslehre zu überwinden. Entscheidend ist deshalb die Frage, wie die *Beziehung* von Mann und Frau (und damit die Beziehung beider zu ihren Kindern) einer Entschlüsselung des Trinitätssymbols dienen kann.

Die Frau an zweiter Stelle

Diese Beziehungssymbolik könnte in den Augen vieler Theologen jedoch zu einem gefährlichen Unternehmen geraten. Zwar gab Augustinus vor, er habe dagegen keine prinzipiellen Bedenken. Dem Reinen sei, wie wir sahen, alles rein, und die unwandelbare Liebe könne durchaus Gattin des Vaters genannt werden (vgl. Weish 8,2). Nur spreche die Schrift eben eine andere Sprache.

Wie recht er hat. Die Bibel spiegelt durchgängig eine patriarchale, lange noch gegen matriarchale Religionen kämpfende Kultur. Aber auffälligerweise läßt Augustinus den Schlüsselsatz biblischer Anthropologie, daß Gott uns nämlich als Mann *und* Frau erschaffen hat (Gen 1,27), nicht zu seinem Recht kommen. Die geschlechtliche Bipolarität kommt also bei der Interpretation des Trinitätssymbols nicht zum Tragen. Statt dessen ordnet er Gen 1,27 jener wirkmächtigeren, durch und durch patriarchalen Schriftstelle unter, derzufolge die Frau der Seite des Mannes entnommen ist (Gen 2,22). Nun

---

[30] *F. Christ*, Jesus Sophia, Die Sophia-Christologie bei den Synoptikern, Zürich 1970; *P. Schoonenberg*, Toekomst voor een Geestchristologie? in: Meedenken met Edward Schillebeeckx, Festschrift E. Schillebeeckx, Baarn 1983, 146–157.

müssen wir uns heute davor hüten, der erstgenannten Stelle zuviel feministische Beweiskraft aufzubürden.[31] Nach den selbstgesetzten Regeln aber – allein das gelte, was die Schrift sagt – hätte Augustinus auch zu einem anderen Ergebnis kommen können.

Matthias Joseph Scheeben (1835–1888), katholischer Theologe in Köln, hat in seinen „Mysterien des Christentums" (1865) einen solchen – nach eigenem Urteil bis dahin einmaligen – Versuch unternommen und ihn 1875 in seiner Gotteslehre wiederholt. Er beginnt 1865 mit der Analogie der *Familie* (Vater – Mutter – Kind). Seine – sozusagen erste – These lautet damals: „Wie in Gott der Sohn allein vom Vater ausgeht und der Hl. Geist als die Frucht, die Krone und das Siegel ihrer Einheit erscheint, so sollte in der Menschheit zuerst das Weib vom Manne alleine ausgehen und das Kind die Frucht und die Krone der Vereinigung des Mannes mit dem Weibe bilden."[32] Hier wird also – unter der Voraussetzung, daß Gott-Vater sich im Mann abbildet – der Sohn mit der Frau und der Geist mit dem Kind verglichen. Dieser Spur sollten spätere Dogmatiker folgen;[33] eine

---

[31] Zur Diskussion s. *J. Moltmann*, Schöpfung 228 f. Moltmann verweist allerdings auch auf den wichtigen Artikel von *Ph. A. Bird*, „Male and Female he created them": Gen 1:27 b in the Context of the Priestly Account of Creation, in: Harvard Theological Review 74 (1981) 129–159; ferner: *F. Crüsemann/H. Thyen*, Als Mann und Frau geschaffen. Exegetische Studien zur Rolle der Frau, Gelnhausen/Berlin 1978.

[32] *M. J. Scheeben*, Die Mysterien des Christentums, hrsg. von J. Höfer, Freiburg 1941, zit. 155 (im Text zitiert mit „M"); *ders.*, Handbuch der katholischen Dogmatik II: Gotteslehre oder die Theologie im engeren Sinne, hrsg. von M. Schmaus, Freiburg ³1948 (im Text zitiert mit „D II"); zur Hinführung: *E. Paul*, Matthias Scheeben, Graz 1976; *ders.*, Denkweg und Denkform der Theologie von Matthias Joseph Scheeben, München 1970.

[33] *H. Doms*, Vom Sinn und Zweck der Ehe, Breslau 1935, übernimmt die Asymmetrie von Scheebens Argumentation: „Adam wird erschaffen mit der absoluten Bestimmung, Bild Gottes zu sein. Eva wird erschaffen nicht mit absoluter Bestimmung, sondern aus Liebe zu Adam" (26). Solche Zuordnung wird jedes Frauenherz erfreuen. Siehe ferner *M. Böckeler*, Das große Zeichen. Die Frau als Symbol der göttlichen Wirklichkeit, Salzburg 1940; *M. Schmaus* (Katholische Dogmatik I/1, München 1948, 578) läßt der Trias Vater – Sohn – Geist die Trias Vater – Mutter – Kind entsprechen. So läßt sich für ihn „der Vergleichspunkt, auf den es ankommt, die Hauchung des Heiligen Geistes durch die Tat der Liebe und die Zeugung des Kindes durch die innigste Vereinigung von Mann und Frau und als Siegel und Gewähr ihrer Liebe trotz der großen und wesentlichen Unstimmigkeiten des Vergleichs deutlich sehen". *Scheeben* beruft sich, wie später dann *J. Moltmann* (Trinität 216; Schöpfung 240), auf die 31. (d. h. die fünfte „theologische") Rede, Nr. 10 und 11, des *Gregor von Nazianz* (Grégoire de Nazianze, Discours 27–31 [SC 250, Paris 1978], 292/3 – 296/7; vgl. PG 36, 149). Vater, Sohn und Geist werden dort mit Adam, Eva und Seth in Bezug gebracht. Auf diese Stelle beruft sich ferner der orthodoxe Theologe *D. Staniloae*, Orthodoxe Dogmatik. Mit einem Geleitwort von Jürgen Moltmann, Zürich/Gütersloh 1985. Jedoch sollte der Stellenwert dieses Vergleichs bei Gregor nicht überhöht werden. Überdies sind heute die anthropologischen Voraussetzungen nicht mehr gegeben, um mit diesem Bild ausge-

Verbindung zur Sophia-Christologie legt sich nahe. Doch werden nicht alle Frauen mit dieser Lösung glücklich sein, denn die Abhängigkeit und Herkunft der Frau vom väterlich-männlichen Prinzip wird so nur verstärkt. Gen 2,22 ist ähnlich wie bei Augustinus eine Schlüsselstelle geblieben.

Aber auch Scheeben ist über diese Lösung nicht rundum glücklich. Er sieht im Bild der Frau nicht nur diese „Parallele", sondern auch eine „Antithese" (M 154) zu den göttlichen Hervorgängen. Welche? Man kann dafür Verständnis haben, daß die Frau nur mit Mühe zum Bild des Sohnes wird, der als Mensch eindeutig männlichen Geschlechts ist. Zudem bietet sich für ihn der Sohn der Eltern als Metapher an. So ordnet auch Scheeben im weiteren Verlauf seiner Betrachtung – und 1875 dann endgültig – die Frau dem Geist zu. Seine Gründe liegen aber nicht in einer positiven Parallele, sondern eher in den negativen Voraussetzungen seiner theologischen Tradition. Bild des Geistes kann für ihn – das ist nun die zweite These – keine andere menschliche Person sein „als die Braut, die als Gattin und Mutter . . . als Bindeglied zwischen Vater und Sohn erscheint" (D II 431). Als Gattin und Mutter stellt sie die Mitteilung der menschlichen Natur dar. Damit aber beginnen für Scheeben die Probleme. Sehr einfach kann man fragen, warum denn der Geist in der Trinität (anders als die Mutter in der Familie) an dritter und nicht an zweiter Stelle genannt wird. Scheebens Antwort lautet, Gott der Vater zeuge den Sohn eben „jungfräulich", das heißt ganz aus eigener Kraft. Bei der menschlichen Zeugung dagegen bedürfe es neben dem aktiven eben auch eines passiven Prinzips. Dieses vorherrschend passive Prinzip aber sei die Frau (M 155). Eignet sich die Frau also nur bedingt als göttliches Symbol?

Genau hier liegt auch für Scheeben das eigentliche, seit Väterzeiten unüberwindliche Problem des Fleisches: „Die Fortpflanzung der Natur geschieht nur im Fleisch und durch das Fleisch. Das Weib repräsentiert aber als Gattin und Mutter diese Art der Fortpflanzung eben vonseiten ihrer Unvollkommenheit" (M 158). So kann die Mutter nicht wie der Vater einer göttlichen Person den Namen leihen. Sie erinnert „zu sehr an das materiell Sinnliche" (D II 432): ihr Name läßt sich deshalb nicht wie der des Vaters „ohne weiteres steigern und purifizieren" (M 158 f); denn ihre Funktion bliebe notwendig mit Sexualität verbunden. „Nur dann, wenn das Weib, ohne Gattin und

---

rechnet die Konsubstantialität (darum geht es bei Gregor) verschiedener Personen zu erklären (vgl. *Moltmann*, Trinität 216).

Mutter zu sein, als Jungfrau den Brennpunkt der Liebe in der Familie zwischen Vater und Sohn bilden könnte, würde es nicht bloß halb, sondern ganz, nicht bloß in seinem Ursprung", also aus der Seite Adams, „sondern auch in seinem Wesen den Heiligen Geist repräsentieren" (M 159).

So muß dieser Name „bräutlich" sein; es geht um „die ideale ethische Stellung der Braut in der menschlichen Familie" (D II 432). Sie muß also *jungfräulich,* sexuell unberührt bleiben. Nur die gottgeweihten Jungfrauen, letztlich Maria als Jungfrau der Jungfrauen, prägen somit das Wesen des Heiligen Geistes aus (M 159 f).

Die Kritik dieser durch und durch traditionellen, aber sexistischen Gedankenführung sei auf zwei Randbemerkungen beschränkt: Die Abwertung von natürlicher Zeugung und Mutterschaft macht es den Kritikern schwer, das Ideal der Jungfräulichkeit als religiöses Symbol des Glaubens und der Verfügbarkeit zu unterscheiden vom fragwürdigen Kontrastprogramm einer biologisierten Leibdistanz. Man leistet dadurch auch einer guten Marienverehrung keinen Dienst.

Ferner wird gerade in Scheebens Gedankenführung klar, daß Mutterschaft und Empfängnis *asymmetrisch* begriffen werden gegenüber Vaterschaft und Zeugung, weil die Vaterschaft einem aktiven und unabhängigen, die Mutterschaft aber einem passiven und prinzipiell abhängigen Prinzip gleichgesetzt und damit eine Überordnung des Mannes über die Frau unbefragt legitimiert wird. Wir haben es also – man betrachte die Selektion der Argumente – mit einer Ideologiebildung zu tun.

So sei diese Linie hier nicht weiter verfolgt. Die aristotelische und dann thomanische Anthropologie spielt ebenso mit wie die metaphysische Vorordnung des Geistes vor der Materie, des Aktes gegenüber aller passiven Potentialität sowie schließlich das Mißtrauen gegen alles Fleischliche und Sinnliche, alles zusammen versiegelt im Glauben an einen männlichen Gott. So brauchen wir also Scheebens Aussagen nicht weiter zu verfolgen,

gemäß denen die Frau nur zwischen Vater und Sohn vermittelt (M 155), also in der Liebe aufgeht und nichts Eigenes erbringt;

gemäß denen die Größe der Frau ausgerechnet darin besteht, daß sie im Unterschied zu den Tieren „Männin" (Gen 2,23) genannt wird (M 158);

gemäß denen ausgerechnet der Name der Frau „alle Unvollkommenheiten" in den Sinn ruft, die „mit den menschlichen Fortpflanzungsverhältnissen verbunden sind" (M 158);

gemäß denen deshalb auch „nur der Sohn, nicht die Tochter das dem Vater vollkommen gleiche Produkt der Zeugung" ist (D II 428). Es liegt mir fern, aus diesen Ausführungen Scheeben persönlich einen Vorwurf zu machen. Er unternahm immerhin den mutigen Versuch, „diese Idee der übernatürlichen, verklärten Weiblichkeit" in die Symbolwelt der Trinität zurückzuholen (M 160). Erst dieses Unternehmen aber konnte die Katastrophe deutlich machen, die sich inzwischen im Umgang mit den Frauen im Rahmen religiöser Symbolik ereignet hat. Ungewollt macht er klar, daß auch die wachsende Marienverehrung im 19. Jahrhundert nur als Ersatz dienen konnte, daß auch sie die Abwertung der Frauen gegenüber den Männern nur verschleierte und zugleich legitimierte, daß sie schließlich in den neuscholastisch erstarrten Kirchenstrukturen eine unerläßliche stabilisierende Rolle spielt.[34] Offensichtlich hilft es also nichts, die Symbolik des Weiblichen einfach und irgendwie in die Trinität zurückzuholen. Sie muß zuvor zu sich selber zurückgebracht sein. Anders gesagt, die Symbolik des Weiblichen muß in das Beziehungsgefüge der Trinitätssymbolik gestaltend eingreifen können. Wir kommen darauf später zurück.

Vorerst bleibt aber die Frage, warum Scheeben dennoch versuchte, diese ehedem abgewiesene Idee zu beleben. Gerade die von Scheeben beigefügten Texte des Thomas von Aquin (M 160–164) zeigen, daß man über den Geist der Liebe sprechen konnte, ohne die Frau oder das Weibliche zu nennen: über die Liebe und deren innerstes Band, über Hauch und Kuß, Erguß und Glut. Sie alle konnten unter wenigstens verbaler Abstraktion von Mann und Frau genannt werden. Hätte es also nicht genügt, wie Thomas von Aquin von Freundschaft zu sprechen?[35] Unter dem Gewicht der Tradition führte die neue Analogie ja nur dazu, die Ursprungs- und Abhängigkeitsverhältnisse innerhalb der Trinität zu akzeptieren, den Geist also auf Vater und Sohn hin zu funktionalisieren, und die Fleischlichkeit der

---

[34] *M. J. Scheeben,* Immakulata und päpstliche Unfehlbarkeit. Sedes Sapientiae und Cathedra Sapientiae, neu hrsg. von J. Schmitz, Paderborn 1954. Die Schrift erschien 1870. Je mehr, so Scheeben, sich die Schlange in ihrer Häßlichkeit offenbart, „desto näher sind wir der Zeit, wo die Menschheit unter dem Schutz der unbefleckten Jungfrau und im Glanze der unfehlbaren Lehrautorität des Hl. Stuhles" alle Segnungen der Dogmen der Immaculata sowie der Unfehlbarkeit genießen wird (87). Offen und vital wirkte die weibliche Symbolik noch bei den Kirchenvätern im Rahmen ihres Kirchenverständnisses: *H. Rahner,* Symbole der Kirche, Salzburg 1964, 140–161: Die gebärende Kirche.

[35] Nur drei Stellen aus der Summa theologiae I–II seien genannt: q.26 a.4; q.28 a.2; q.65 a.5. Siehe auch *A. Jensen* (Anm. 55).

Frau gegen die Geistigkeit des Vatergottes hervorzuheben. Bei Scheeben zeigt sich allerdings noch ein zweiter Zusammenhang, der für unseren Gedankengang von Bedeutung ist. Es handelt sich um das spezifische Frauenbild, das sich im 18. und 19. Jahrhundert in Westeuropa im Rahmen neuer sozialer Entwicklungen ausgebildet hatte.

Hegerin und Pflegerin

Fragen wir genauer, was Scheeben unter Lieben versteht, warum sich ihm das Symbol der Frau als Gattin und Mutter, schließlich als bräutliche Jungfrau so nahelegt. Verständlicherweise hat Liebe für Scheeben mit den Beziehungen von Vater, Mutter und Kind zu tun. Liebe schafft Leben, Gemeinschaft und widersteht dem Tod. Allerdings scheint die Liebe des väterlichen Mannes eine andere zu sein als diejenige der mütterlichen Frau, auf die sich Scheeben konzentriert. Die Frau nämlich repräsentiert für ihn nicht eine schöpferische, sondern eine bloß hegende, *vermittelnde Liebe*. Sie gibt sich auf, verschwindet hinter Gebendem und Nehmendem, gibt sich in der Liebe der andern auf. Die Frau ist also Repräsentantin „der Liebe und der Zärtlichkeit" (M 159), bildet den „Brennpunkt der Liebe", versinnbildet „das Liebesband zwischen Vater und Sohn" (ebd.). Als Mutter schafft sie, wie wir sahen, Leben gerade nicht, und ihr Anteil an der Zeugung des Sohnes ist ein Zeichen der Unvollkommenheit. So hat sie nicht mehr als eine „Zwischenstellung" zwischen Vater und Sohn, nicht mehr als eine helfende „Funktion als Hegerin und Pflegerin, Erwärmerin und Beleberin des Gezeugten". So ist sie auf die beiden göttlichen Männer hin funktionalisiert, „Mittlerin des innigen Verkehrs zwischen Vater und Sohn" (D II 432). Es liebt in ihr.

Damit ist nicht nur die Frau auf den zweiten Platz verwiesen. Die so verstandene Frau verliert nicht nur ihre Identität – so wie der Geist keinen Personennamen hat – und ist nicht nur ganz auf Vater und Sohn entleert, sondern sie wird auch Repräsentantin einer halbierten, einer bloß sekundären und verinnerlichten Liebe, die nur in einem Abhängigkeitsverhältnis ihren Sinn haben kann. Scheeben hat wohl sein Ideal von Liebe zur Sprache gebracht. Es ist aber nicht das Ideal der umfassenden Gemeinschaft und Gemeinsamkeit, in der neues Leben entsteht, in der jeder und jede zu sich selber findet, sondern das Ideal der Einordnung und Unterordnung, die die Herrschaft des Übergeordneten fordert und legitimiert. Liebe verwirklicht sich für

Scheeben innerkirchlich deshalb in einem „kindlichen Abhängigkeitsverhältnis", nur da, „wo die Mutterschaft der Kirche repräsentiert ist durch *einen* allgemeinen Vater, den wir ebenso wahrhaft unseren ‚Heiligen Vater' nennen können, wie wir die Kirche unsere ‚Heilige Mutter' nennen"[36]. Nur von diesem halbierten und im Grunde entpersonalisierten Liebesverhältnis her wird verständlich, daß der Geist auf den Vater hin funktionalisiert, die Mutter Kirche vom Heiligen Vater repräsentiert, das Ideal der Frau auf eine bloß dienende, zärtliche und verinnerlichte Fürsorge hin verfremdet ist, die dem Manne nicht mehr ansteht. So geht es um die Häuslichkeit des Hegens, um die Innerlichkeit der Wärme, um die Hut dessen, was letztlich des Vaters ist und seine Stelle einnehmen wird. Vor der Tochter ist nicht grundlos ein Vorhang des Schweigens ausgebreitet. Sie hat im Spiel dieser Symbolbildung keine religiöse Identität.

Kommen wir noch einmal auf Feuerbach zurück. Zwar bleibt er von der differenzierten Argumentation Scheebens weit entfernt, darüber täuscht auch nicht sein genialischer Schwung hinweg. Doch bestätigt er in Beobachtung und Kritik zwei Grundlinien, auf die wir bei Scheeben gestoßen sind.

Zum einen bildet sich in der christlichen Tradition des Westens eine gefährliche *Distanz zu Sexualität* und Sinnlichkeit, als deren Repräsentantinnen die Frauen gelten. Ihre Rehabilitation auf der Ebene der Ethik und einer normativen Anthropologie bleibt religiös wirkungslos, solange sie auf der Ebene der Symbolbildung weiterhin als Mütter funktionalisiert, als Gattinnen und Töchter aber verschwiegen werden. Zwar kann man für das 19. Jahrhundert nicht mit Feuerbach allgemein behaupten, daß „die Vermischung des Mannes und des Weibes den Christen etwas Unheiliges, Sündhaftes" sei (82). Wohl aber bleibt die weltlich durch Sakrament und Institutionen legitimierte Sexualität religiös tabuisiert. In der katholischen Tradition genießt das asketische (genauer: das asketisch interpretierte) Ideal der unbefleckten Jungfrau nach wie vor den Vorzug. Sie wird für Feuerbach zum Typus der menschenfeindlichen Askese.[37] Das überkommene, immer noch asketisch überfremdete Ideal der Marienverehrung kann deshalb die frauenfremde Symbolik der Trinitätslehre nur unangemessen ersetzen.

---

[36] *M. J. Scheeben*, Immakulata 65.
[37] *G. Bachl*, Die Analogie des Weiblichen in der Trinität, in: Theologisch-praktische Quartalschrift 124 (1976) 127–140; 136.

Zum andern bestätigt auch Scheeben die Verbindung von Trinität und Maria, die sich Feuerbach im Rahmen seiner psychologischen Rekonstruktion nahelegt. Jenseits seiner trinitätsimmanenten Argumentation zieht auch er eine Linie zu Maria, der vor allen anderen vom Geist Beseelten, dem Urbild bräutlicher und jungfräulicher Hingabe (M 160), die den Geist charakterisiert.

Doch Feuerbach erweist sich nicht nur als Kritiker und Entlarver der religiösen Psychologie. Zusammen mit Scheeben erweist er sich auch als Kind derselben Epoche. Auch Feuerbach etwa reduziert die Liebe zur *empfangenden Passivität*. Diese Reduktion schafft in Feuerbachs Diskurs ja zunächst, wie wir sahen, eine Schwierigkeit. Die Zweizahl genügt. Denn wenn Liebe als reines Aufnehmen verstanden und das Schaffen zur herrschaftlichen einsamen Tat verfremdet wird, dann setzt die Liebe nicht mehr zwei Personen voraus. Sobald also die klassische Polarität von *gegenseitigem* Geben und Empfangen aufgegeben ist, erfüllt sich die Liebe schon in der *Existenz* des Sohnes, nicht erst in dessen liebender Antwort. Für Feuerbach ist deshalb, wie wir sahen, anders als bei Augustinus das Ich Verstand und mit Bewußtsein gleichgesetzt, das Du aber Liebe. Die zweite Person besagt deshalb schon Zweiheit, Wärme, „Glut der Liebe", damit auch Gottes Selbstentäußerung, Demut und Selbsterniedrigung. „Der Sohn Gottes ist das milde, sanfte Wesen, das weibliche Gemüt Gottes." Die dualistische Aufsplitterung ist perfekt. Gott als Vater ist nur (!) Zeuger, der Sohn ist gezeugt, nur „das leidende, empfangende Wesen". In Feuerbachs psychologischer Entschlüsselung aber heißt das: „Der Sohn ist das weibliche Abhängigkeitsgefühl in Gott" (83), also „halb Mann, halb Weib, indem er noch nicht das volle, rigorose Selbständigkeitsbewußtsein hat, welches den Mann charakterisiert" (84). Im Grund entlarvt Feuerbach so sein Unvermögen, den Mann (als der Gottes Sohn symbolisiert ist) anders als in einer herrschaftlichen, nicht untergeordneten, nicht auf einen anderen bezogenen Position zu denken. Er trifft sich damit mit Scheeben, der die Frau höchstens als Symbol der dritten göttlichen Person akzeptabel fand.

Eine zweite Parallele aber schließt sich hier um so auffälliger an. Auch Feuerbach greift zurück auf ein idealisiertes Bild der Frau als Mutter. „Die höchste und tiefste Liebe ist die Mutterliebe" (85). Der Sohn ist eben ohne die Mutter nicht zu denken. Wie die Liebe des Sohnes zur Mutter „die *erste* Liebe des männlichen Wesens zum weiblichen" ist und aller späteren Liebe ihre religiöse Weihe gibt (84), wie der Sohn von Feuerbach geradezu als „die Sehnsucht nach der Mutter" definiert werden kann (85), so kann sein weiblich liebevolles Herz nur in einem „weiblichen Leibe" seinen Ausdruck finden (ebd.). Gottes Sohn also wird Mensch als Sohn einer Frau, weil er selbst noch nicht Mann und selbständig ist. Die Frau allerdings – als Tochter in diesem Erklärungsschema ein ortloses Nichts – wird vom Sohn her verstanden. Ihre Definition erhält sie ausschließlich als dessen Mutter.

Diese psychologisierende Ontologie der Sohnschaft sowie die einseitige Fixierung des Sohnes auf seine Mutter (vom Vater ist hier plötzlich keine Rede mehr) verweist auf den Kern des Problems.[38] Während der Sohn nämlich in der Abfolge menschlicher Generationen zum Vater wird, Repräsentant von Licht, Selbständigkeit und Verstand, bleibt die Frau, als Mutter zu ihrer Vollendung kommend, auf den Sohn fixiert. Er läßt sie früher oder später hinter sich. Gemäß der Analyse von Gottfried Bachl erscheint sie als „der leiden-liebende, empfangende, herzbetonte, leidenschaftliche" Mensch. Zu ihr gehören Geduld und Teilnahme.[39] Etwas ungeschminkter von Feuerbach an anderer Stelle formuliert: „Das Weib repräsentiert das Fleisch, der Mann den Geist; d. h. der Mann ist der Kopf, das Weib der Bauch der Menschheit."[40] Was bleibt ihr anderes übrig, als im Gang der Geschichte sich immer neu zurückzuziehen und allein zu bleiben, sobald die Söhne sich ihr eigenes Weib nehmen – ihre heilige Mutterliebe gegen eine fleischlichere Liebe zur Gattin eintauschen. Die Mutter bleibt zurück, im täglichen Leben wie am Kreuze Jesu. Sie ist „untröstlich; die Mutter ist die Schmerzensreiche" (85).

Gegen diese Aussage wäre nichts einzuwenden, wenn Feuerbach nicht zugleich behaupten würde, der Vater tröste sich über den Verlust des Sohnes; er habe „ein stoisches Prinzip in sich" (ebd.). Gesagt ist mit dieser Behauptung nur, daß die Männer sich in die Gemeinschaft des Lebens, den Schmerz der Trennung, ihre bleibende Rolle als Väter nicht mehr einlassen. Was der Frau zugemutet ist, scheint für sie nicht zu gelten. Sie lassen sich nicht von ihren Söhnen und Töchtern her definieren. Dies aber ist für eine christliche Trinitätssymbolik eine tödliche Voraussetzung.

---

[38] *Bachl*, Analogie, hat dazu reichliches Material gesammelt. Die intensive Verarbeitung müßte noch erfolgen.

[39] *Bachl*, Analogie 133 f.

[40] Sämtliche Werke, hrsg. von W. Bolin und F. Jodl, II, Stuttgart 1954, 348; zit. bei *Bachl*, Analogie 133 Anm. 46.

Bei allen Unterschieden zwischen katholischer und liberalprotestantischer Abkunft, zwischen dem epochemachenden Religionskritiker und dem konservativen Pristertheologen ist doch diese Übereinkunft erstaunlich. Das Ideal der hingebungsvollen, sich selbst verzehrenden Mutter setzt sich bei beiden durch, dies gerade im Durchbruch durch die klassische Tradition. Bei Scheeben ließe sich zeigen, daß erst dieses Frauenbild die Rückkehr zu einer seit Augustinus abgewiesenen und immerhin noch reichlich modifizierten Metaphorik ermöglichte. Die Frau als hingebungsvolle Mutter beschreiben heißt nämlich auch hinweisen auf ein Ideal, das in der bürgerlichen Familie des 19. Jahrhunderts seinen Höhepunkt erreichte und aus der Sozialisierung von Frauen in diesem und dem vorangehenden Jahrhundert zu erklären ist.

Mutterliebe privat

Elisabeth Badinter hat in ihrem Buch über die „Mutterliebe" die Geschichte dieses Gefühls vornehmlich im französischen Kulturraum verfolgt.[41] Wenn sie recht hat, war dieses Gefühl im städtischen Frankreich des 17. Jahrhunderts nicht mehr anwesend, wurde erst vom 18. Jahrhundert an wieder postuliert, in ökonomischen, philosophischen, später dann in medizinischen Zusammenhängen begründet und schließlich auch durchgesetzt. Eine Schlüsselrolle spielte dabei Jean Jacques Rousseaus Bildungsroman „Emile" (1762). Natürlich vollzieht sich diese Entwicklung in einem Zusammenhang, der auch den Rechten und Erwartungen der Frauen entgegenkommt. Die eigenständige Gattenwahl setzt sich durch; Frauen können nicht mehr als Eigentum des Mannes betrachtet werden; Zärtlichkeit, Freundschaft und Intimität erhalten in der Ehe ihr Heimatrecht.[42] Es scheint, als werde hier endlich der Ausgleich gewährt für die Tatsache, daß die Frauen in einer langen, etwa vom 13. bis zum 16. Jahr-

[41] *E. Badinter*, Die Mutterliebe. Geschichte eines Gefühls vom 17. Jahrhundert bis heute, München 1981; die Seitenangaben zu diesem Werk sind im Folgenden unmittelbar im Text vermerkt; vgl. *dies.*, Emilie, Emilie. Weiblicher Lebensentwurf im 18. Jahrhundert, München 1984.

[42] *N. Luhmann*, Liebe als Passion. Zur Codierung von Intimität, Frankfurt 1982; *Ch. Lasch*, Geborgenheit. Die Bedrohung der Familie in der modernen Welt, München ²1981.

hundert dauernden Entwicklung von vielen Sektoren des öffentlichen Lebens ausgeschlossen wurden und in der neu aufkommenden Stadtkultur keine Mitsprache erhielten.

Es gibt also Grund genug, diese Entwicklung zu loben, zumal da sie mit einer anderen bahnbrechenden Entwicklung Hand in Hand gegangen ist. Die Kindheit wurde entdeckt; die Kinder waren zum Gegenstand der Erziehung geworden, zum Objekt der elterlichen Sorge und Verantwortung.[43] Dieser Weg kam ebenfalls im 19. Jahrhundert zum Ziel.

Nun kann es in unserem Zusammenhang nicht um die Frage gehen, ob die Mutterliebe ein angeborener Instinkt sei und der Frauen höchstes Glück bedeute, ob nicht auch die Mutter vor aller Sorge für andere zu sich kommen, zu der von Feuerbach den Männern vorbehaltenen Selbständigkeit gelangen muß. Unser Problem beginnt mit der seltsamen Tatsache, daß, wenn E. Badinter recht hat, die Sorge für die Kinder von den Männern entdeckt, dann aber den Frauen übertragen wurde. Nicht zuletzt durch Rousseau, der seine eigenen Kinder ins Kinderheim steckte, wurde das Stillen wieder populär, als höchstes Glück der Frauen propagiert. Die Psychoanalyse des 20. Jahrhunderts spiegelt zudem nur das Ende eines einseitigen Prozesses, wenn sie in den Müttern den entscheidenden prägenden Faktor in der Heranbildung der Kinder entdeckt, diese aber zugleich in eine vaterlose Gesellschaft entlassen sieht.[44]

Kritiker warnen zu Recht davor, diese These zu verallgemeinern. Denn die Mütter der Unterschicht sowie der bäuerlichen Familien konnten für diese ausführliche Sorge kaum Zeit aufbringen. Kinder wurden dort zur Belastung. Unter den Intellektuellen blieb die treu sorgende Frau lange noch die Ausnahme; die Aristokratinnen konnten sich nach wie vor Ammen, Kindermädchen und Hauslehrer halten. Die Frauen des wohlhabenden Bürgertums aber waren es, die als erste „das Kind als ihre persönliche Angelegenheit auffaßten, als etwas, wodurch ihr Frauendasein einen Sinn bekommt" (172). Wohl deshalb, weil sie am perfektesten von öffentlicher Verantwortung entlastet waren? Die Bürgersfrau zog jedenfalls Nutzen aus dieser neuen Situation. Ihre Lebensaufgabe wird wieder deutlich. „Für ihren Ehemann ist sie nicht mehr wie früher ‚ein Kind' unter seinen

[43] W. Bartholomäus, Einführung in die Religionspädagogik, München 1983, 24–29; G. Bockwoldt, Religionspädagogik. Eine Problemgeschichte, Stuttgart 1977.
[44] Y. Spiegel, Gottvater in vaterloser Gesellschaft, in: Concilium 17 (1981)) 174–180; A. Mitscherlich, Auf dem Weg zur vaterlosen Gesellschaft, Frankfurt 1963.

Kindern." Sie erreicht jetzt zum ersten Mal ihre eigene Autorität gegenüber ihrem Mann und gegenüber den Kindern; sie wird zur Erzieherin par excellence.

Aber sie erkauft diese neu errungene Position, indem sie – und nicht der Mann – ihre Liebe bis hin zur völligen Selbstaufopferung für Mann und Kinder geben muß. Sublimer als früher ist sie jetzt durch Ehegatten und Kinder definiert. Ihr Ziel hat zu sein: liebenswürdige Mädchen, hingebungsvolle Ehefrauen, aufmerksame Mütter (211). Und je mehr die Rolle des Vaters ins Wanken gerät, desto stärker hat sie auch hier verantwortungsvoll einzuspringen. Sie legt die Brücke zum Vater. „Die Mutter erscheint" – so in deutlicher Parallelität zu Scheeben – „als notwendige Vermittlerin zwischen ihm und dem Kind" (254). So zahlt die Frau – und nicht nur diejenige des Bürgertums, sondern alle, die in den Sog dieser bürgerlichen Gesellschaftsordnung geraten – einen hohen Preis. Was als ihr Vorrecht und ihre besondere Fähigkeit gilt, funktioniert in Konvention und Moral vor allem als ihre gegenüber Gott und ihrem Mann offenzulegende Pflicht.

E. Badinter faßt das Problem im Blick auf Rousseau so zusammen: „Die Frauen fühlen sich in wachsendem Maße für ihre Kinder verantwortlich. Deshalb fühlten sie sich, wenn sie ihre Pflicht nicht mehr wahrnehmen konnten, schuldig. In diesem Sinn hat Rousseau einen ganz wichtigen Sieg errungen. Das Schuldgefühl hat ins Herz der Frauen Eingang gefunden" (187f).

Wie diese Entwicklung im einzelnen auch zu unterscheiden, nach katholischen und evangelischen Idealbildungen zu differenzieren und nach verschiedenen Gesellschaftsschichten aufzugliedern ist, das Ideal setzt sich durch und legt die Frauen in ihrer Spiegel-, Dienst- und Opferfunktion von innen her fest. Sie repräsentieren die Privatheit des neuen Zeitalters. Ihr Ideal wird zum verpflichtenden Code, der sich in philosophischen, literarischen und poetischen Texten fixiert, die neue Situation spiegelt und zugleich legitimiert. Die Frau erscheint nicht mehr als Hexe oder weltenthobene Heilige; sie ist jetzt in ihrer Emotionalität, als Gattin und Mutter gezähmt, in ihren religiösen Pflichten eingebunden.[45]

[45] *H. Döbler*, Hexenwahn. Die Geschichte einer Verfolgung, Bergisch Gladbach 1979. Auf die „Privatisierung" der Frau auch in leitenden, sogenannten öffentlichen Gemeindefunktionen zu früheren Zeiten macht die niederländische Theologin A. Korte in ihren Untersuchungen über die Humanistin A. M. Schurman (1607–1678) nachdrücklich aufmerksam. Insofern hatte die bisher gezeichnete Entwicklung ihre Anknüpfungspunkte: *A. Korte*, Een gemeenschap waarin te geloven valt. Over de spiri-

Daß sich dieses Ungleichgewicht im Verlaufe des 19. Jahrhunderts vor allem für die Unterschichten verschärfte, braucht hier nicht ausgeführt zu werden. Die Familie schrumpft zur Kernfamilie zusammen, innerhalb deren keine Entlastung oder Funktionsverteilung mehr möglich ist. Die Industrialisierung sorgt dafür, daß mehr und mehr Frauen für den Unterhalt der Familie mit aufkommen müssen und doch für Kinderpflege und -erziehung verantwortlich bleiben.[46] Wem einmal diese Auswirkungen klargeworden sind, der kann diese Idealbildung fraulichen Dienens und Sorgens wohl nicht mehr unbesehen übernehmen. Schlimm für Mann und Frau aber war seitdem die Tatsache, daß die Liebe selber auf Werte des Gefühls zentriert war und vom aktiven, schöpferischen Handeln getrennt wurde. Schließlich war die Symbolik der Liebe, wie wir sahen, auch bei der Entschlüsselung der Trinitätssymbolik verengt, von der Totalität schaffenden Kraft entfremdet. Feuerbach und Scheeben dokumentieren diese Problematik in ihrer Weise.

Hier nun zeigt sich eine merkwürdige *Paradoxie*. Die Wiederentdeckung des Weiblichen in der religiösen Symbolbildung – Feuerbach und Scheeben sind dafür nur Symptome – geht mit dem Rückzug der Religion aus der Öffentlichkeit Hand in Hand. Allerdings umschreibt diese Formel einen sehr komplexen Prozeß. Religion hat ja weder im 19. noch im 20. Jahrhundert ihre praktische Funktion, wohl aber ihren öffentlichen und über die Öffentlichkeit vermittelten Anspruch von Wahrheit, einer Werte- und Sinninstanz verloren. Wenn Religion nun als Privatsache gilt, so geht sie jetzt – von Feuerbach präzis und folgerichtig analysiert – ihren Weg über das Herz, über Gemüt und Gewissen, über die unbewußten Wege psychischer Projektion. Ihr Wahrheitsgehalt muß damit noch nicht verraten sein, wohl aber macht er sich nicht mehr in öffentlicher Argumentation geltend. Religion nimmt also mehr und mehr – Frucht der Aufklärung – den Weg über die Kinder und – über die Frauen.

tuele en politieke dimensies van het geloof van vrouwen aan de hand van de ‚ommekeer‘ van Anna Maria van Schurman en Mary Daly, Doktoraalskriptie Theologische faculteit Nijmegen 1985; ferner *dies*, Anna Maria van Schurman en de eenheid van leer en leven, in: Werkschrift voor Leerhuis en Liturgie 6 (1985/86) 2, 90–98.

[46] *A. Kuhn/G. Schneider* (Hrsg.), Frauen in der Geschichte I–VIII, Düsseldorf 1979 ff; *A. Kall*, Katholische Frauenbewegung in Deutschland. Eine Untersuchung zur Gründung katholischer Frauenvereine in Deutschland, Paderborn 1983 (z. B. 84 f). Wichtige Hinweise erhielt ich durch die Historikerin *P. Peeters* sowie durch ihre Kandidatsarbeit: Tussen Eva en Maria. Het beeld van de vrouw in de ogen van de kerkelijke hiërarchie 1925–1940, Nijmegen 1978; s. ferner *E. Dane*, Macht der Mütter? in: Kursbuch 76, Berlin 1984, 76–85.

Die Privatisierung der Religion ging also mit der *Feminisierung* des Glaubens Hand in Hand. Für die Jahre 1800–1860 Nordamerikas liegt eine Untersuchung vor.[47] Je mehr der Wolkenkratzer, der Wirtschaftsboß und die demokratische Selbstbestimmung zu Wahrzeichen des Landes wurden, desto mehr wurden die Frauen zu Hüterinnen früherer Werte. Die amerikanischen Kirchen wurden sanfter und flexibler. Um die Jahrhundertmitte gewannen die Ideen eines Vater-Mutter-Gottes und eines weiblichen Erlösers an Bedeutung. Eine verinnerlichte Gottesbeziehung zeigt sich in Gebeten und Liedern sowie im missionarischen, die Bereitschaft zum Sterben einschließenden Impuls, der viele Frauen erfaßte. Eine Fallstudie untersucht die religiösen Aktivitäten von Frauen im Lille des späten 19. Jahrhunderts.[48] Auch hier werden die Frauen in neuer Zeit zu Hüterinnen alter, nun verinnerlichter Werte. Sie wenden sich Wundern und Wundererzählungen zu, verehren das Allerheiligste Herz Jesu, entfalten karitative Aktivitäten, beten für die großen Anliegen von Männern und Priestern, gegen Revolution und Materialismus und erfahren sich in ihrer Hingabe und ihrem Leiden als das unverzichtbare Herz einer immer kälter werdenden Gesellschaft. Wenn sich in dieser Zeit zudem in ganz Europa ein noch lange anhaltender Aufschwung in religiösen und karitativen Tätigkeiten von Frauen zeigen läßt, dann bedeutet das nicht nur, daß die Frauen damals schon das klassische Schema von Öffentlichkeit und Privatheit zu durchbrechen suchten. Man muß auch sehen, daß Religion zur Domäne von Frauen nur unter dem Vorzeichen ihrer Unterordnung und ihrer sorgenden Mutterfunktion wurde.[49] Sie sorgten für Haus, Kinder und eine auch für Männer erträgliche Atmosphäre.

Diese aber konnten sich um so besser ihren Männeraufgaben zuwenden: der Gestaltung von Welt und Gesellschaft, dem Handel und der Kolonialisierung fremder Kontinente, der Politik, der Industrialisierung und schließlich auch dem Krieg . . .

---

[47] *B. Welter,* The Feminization of American Religion, 1800–1860, in: M. Hartmann/L. Banner (Hrsg.), Clio's Consciousness Raised, New York 1974, 137–157.
[48] *B. G. Smith,* Religion on the Rise of Domesticity: Ladies of the Nord in the Nineteenth Century, in: Marxist Perspectives, Summer 1979, 56–82.
[49] *M. Vicinus* (Hrsg.), Suffer and be still. Women in the Victorian Age, Indiana 1984; ferner die beiden Dokumentationsbände von *R. Radford Ruether,* Women and Religion in America, New York 1981/1983; *H. P. Bahrdt,* Wandlungen der Familie, in: D. Claessens/P. Milhoffer (Hrsg.), Familiensoziologie. Ein Reader als Einführung, Königstein ⁵1980, 144–156; *P. Milhoffer,* Frauenrolle und Familienrecht, ebd. 157–178.

Gott als Frau?

Was hat uns dieser Exkurs – teils Kulturkritik, teils Anschauungsunterricht – gebracht? Gewiß, er war weder umfassend noch zwingend genug. Meines Wissens fehlen noch soziologische Studien, die Bild und Funktion von Frauen sowie deren religiöse Sozialisierung für die Umfelder von Feuerbach und Scheeben dokumentieren. Doch ist jetzt schon der Kontext deutlich, in dem die religiöse Mediatisierung und Instrumentalisierung der Frau als sorgende Mutter ihren Sinn erhält. Wer Frauen nur vom Vater her und auf den Sohn hin begreift, sie deshalb bewußt als die jeweils dritte Person hinter Vätern und Söhnen verortet, wer also der gleichzuordnenden Polarität von Frau und Mann in der religiösen Symbolbildung kein Recht einräumt, der ordnet, was er als Mutterliebe begreift, dem Lebensbeginn nach und isoliert damit das Symbol der Zeugung zur lieblosen, herrscherlichen Geste. Er ideologisiert damit die männliche Vorherrschaft in der Öffentlichkeit von Kirche und Gesellschaft auf höchster und tiefster Ebene zugleich. Feministische Kritik nennt eine solche Denkstruktur sexistisch. Zwar haben sich weder die Analysen Feuerbachs noch der Vorschlag Scheebens durchgesetzt. Das Gewicht der vorgängigen antiken Symbol- und Sprachbildung war zu groß.[50] Auch kann ihnen nicht persönlich zum Vorwurf gemacht werden, daß sie das komplexe Problem nicht durchschauten oder gar auflösten. Tatsache aber ist, daß ihre Vorschläge das Symptom einer Ideologie waren, die sich damals in der westlichen Kultur schon auf breiter Front, nicht nur in den Kirchen, durchgesetzt hatte und bis heute noch nicht überwunden ist. Die Frau konnte als gezähmtes, domestiziertes Wesen, als Symbolträgerin der Innerlichkeit und Anonymität in die Morphologie Gottes aufgenommen werden.

Es ist nicht einfach, aus dem Gesagten eindeutige *Folgerungen* zu ziehen, zumal dazu eine gründliche Kenntnis feministischer Diskussionen nötig wäre. Auch feministische Theologie ist sich einiger in der Kritik als im Neuansatz. So mag es bei folgenden Hinweisen bleiben.

1. Viele Frauen entdecken den *Geist* – nun aus anderen als aus Scheebens Gründen – neu als die alttestamentliche Ruach. Gegenüber dem männlich geprägten Gottesbild unserer Tradition sehen sie in ihr einen angemessenen, sozusagen internen Ausgleich. Die Drei-

---

[50] *R. van der Haegen,* Een feministisch ondervragen van symbolische structuren, in: A. Weiler/G. Bekelaar, Vrouwen en maatschappij, Baarn 1984, 32–41; *R. Lemaire-Mertens,* Aanwezigheid als een vorm van afwezigheid, ebd. 83–97.

gliedrigkeit des christlichen Gottesbildes ermöglicht einen aus der Tradition legitimierten Ausweg.[51]

Dem kann nicht widersprochen werden. Allerdings haben wir mit einer geschlechtlichen Umbenennung der dritten Person nicht viel erreicht, solange nicht zugleich die traditionellen Verhältnisbestimmungen von Vater, Sohn und Geist in die Diskussion einbezogen werden. Die göttliche Ruach dürfte nicht mehr zur Legitimation patriarchalischer Verhältnisse einem männlichen Ursprungsgott nachgeordnet sein.

2. Neues Interesse hat bei Theologinnen die sehr frühe, bald ausgetrocknete Tradition der *Sophia*-Christologie gefunden, an deren Stelle eine Logos-Christologie getreten ist.[52] Ihr zufolge werden Person und Sache Jesu mit dem Symbolfeld der Weisheit und deren weiblichen Konnotationen beschrieben. Aber neben den Konsequenzen eines solchen Christusbildes müssen auch dessen Voraussetzungen durchdacht und kritisiert werden. Nicht grundlos war damals schon eine Geistchristologie dem Druck eines männlich indizierten Gottesbildes gewichen. Christus selber wurde als Abbild des Vaters zum Herrn. Es ist zu befürchten, daß auch heute ein solch isolierter Ansatz nicht über eine vorläufige und inkonsequente Korrektur hinauskommt.

3. So läuft das Problem doch wieder auf die *Benennung Gottes* selber in ihrem Ursprung zu. Hier liegt eine der ursprünglichen Intuitionen feministischer Theologie, allerdings auch eine ihrer strategischen Grundentscheidungen. Soll Gott ausschließlich als Göttin erfahren, soll sie als Vater und Mutter doppelt benannt werden, oder kann (gemildert durch einen weiblichen Geist) ihre väterliche Konnotation bleiben?[53] Es scheint mir unerläßlich, daß wir uns vor solchen Entscheidungen auch im Westen wieder des Geheimnisses und des Unaussprechlichen erinnern, das wir im Glauben benennen, ohne es durchschauen zu können. Allein in dieser Ehrfurcht wird

[51] Einen interessanten Überblick über die nordamerikanische Diskussion bietet *J. Dart*, Balancing; *G. K. Kaltenbrunner*, Ist der Heilige Geist weiblich? in: Una Sancta 32 (1977) 273–280; *M. Meyer*, Das „Mutter-Amt" des Heiligen Geistes in der Theologie Zinzendorfs, in: Evangelische Theologie 43 (1983) 415–422; nuanciert reagiert *G. Bloesch*, Is the Bible Sexist? Crossway 1982; s. ferner *Engelsman*, Feminine Dimension (Anm. 28).

[52] Siehe *U. Gerber*, Feministische Theologie (Anm. 5) 569; *B. Fischer*, Jesus (Anm. 20).

[53] *V. R. Mollenkott*, Gott eine Frau? Vergessene Gottesbilder der Bibel, München 1985; *E. Moltmann-Wendel* (Hrsg.), Frau und Religion. Gotteserfahrungen im Patriarchat, Frankfurt 1983; *Ch. Mulack*, Weiblichkeit.

es uns gelingen, von der Fixierung auf unsere anthropomorphen Bilder wegzukommen, die alten Verengungen zu durchbrechen und sie nicht gegen neue einzutauschen. Allein so können wir auch der feministischen Fragestellung die wahre Dimension und den nötigen Spielraum zurückgeben.[54] Die Symbole und Metaphern unserer Gotteserfahrung sind nämlich nicht beliebig austauschbar und können nicht von außen, durch Sprache und Denken, kontrolliert werden. Sie gehen unserer Reflexion, auch der christlichen Normierung, notwendigerweise voraus. Die Kontrolle religiöser Erfahrung wäre das Ende von Religion überhaupt.

4. Wir kommen deshalb noch einmal auf die *Zuordnung* der drei „göttlichen Personen" zurück. Es kann nicht so sein, daß Sohn und Geist den ursprunglosen Gott ergänzen. Gerade deshalb können sie auch nicht aus ihm abgeleitet und ihm wie auch immer untergeordnet werden. Es kommt deshalb alles darauf an, daß wir – in der Zeit, da der Geist schon ausgegossen ist (Joel 2,28–32; Apg 2,17) – *im* Geist, in der Gegenwart von Versöhnung und Heil, unsere Gotteserfahrung beginnen lassen. Die Ruach, die über dem Chaos ruht, ist die nie objektivierbare Gegenwart Gottes. Sie ist der nötige Raum des Lebens. Sie erschließt sich nach christlicher Überzeugung in der Nachfolge Jesu, der von Geist und Wahrheit getragen ist.

In der Polarität von Christus und Geist ist Gott zu Hause: vielleicht als väterlich und mütterlich, vor allem aber, wie Anne Jensen im Blick auf die ostkirchliche Theologie verdeutlicht, jenseits allen Sexismus als der Menschen Freund, „groß im Erbarmen und reich an Güte . . . und Gott allen Trostes"[55]. Dies würde das Ende aller (auch innertrinitarischen) Überordnung bedeuten, auch Kritik aller Vorordnung des einen vor dem anderen Geschlecht (Gal 3,28).

Ob damit der klassischen oder einer sozialen Trinitätslehre die Zukunft gehört, ist damit nicht entschieden. Jedenfalls hätte ich Bedenken, Mann, Frau, Kind erneut einzelnen Personen zuzuordnen. Der Geist verweist ebenso auf die Gemeinschaft der Liebe wie Gott als Vater oder Mutter, als die Versöhnung des Alls selbst. Auch die Tochter muß zum Namen Gottes werden können, wie überhaupt

[54] *C. Halkes,* Gott hat nicht nur starke Söhne. Grundzüge einer feministischen Theologie, Gütersloh 1983; *M. Daly,* Jenseits. Dieser Gesichtspunkt kann nur im Zusammenhang einer (feministisch) ganzheitlichen Anthropologie entfaltet werden, auf die hier nicht eingegangen werden kann.

[55] *A. Jensen,* Wie patriarchalisch ist die Ostkirche? Frauenfragen in der orthodoxen Theologie, in: Una Sancta 40 (1985) 130–145.

im Geist Gott viele, eben unsere in sein Geheimnis verweisenden Namen erhalten darf. Sie alle sind legitim geworden, seitdem sie in Leben und Tod Jesu aufgenommen sind.

Allerdings, auch dies bleibt Theorie und wird von einer späteren Generation als Ideologie entlarvt werden, wenn nicht die Praxis einer Gemeinschaft beginnt, in der auch Frauen und Kinder mit den Männern versöhnt sein können. Das hat für uns Männer kritische, aber doch wohl auch befreiende Konsequenzen. Nicht umsonst verkündete eine Frau, daß Gott die Mächtigen von ihren Thronen stürzt (Lk 1,52). Marienverehrung verträgt sich deshalb schlecht mit den Thronen, deren es auch in der Kirche noch so viele gibt und deren Inhaber immer noch meinen, sie seien nötig zur Repräsentation unserer Geheimnisse.

Die Weiblichkeit Gottes
Zu Christa Mulacks Programmatik der Neubestimmung des Göttlichen
Doris Brockmann

Ihre Dissertation „Die Weiblichkeit Gottes. Matriarchale Voraussetzungen des Gottesbildes"[1] will Christa Mulack verstanden wissen „als ein Stück Befreiung des Göttlichen und Menschlichen gleichermaßen" (10 f). Die Befreiung, um die es geht, läßt sich allgemein bestimmen als die Überwindung der Begrenzungen, die das patriarchale Denken produziert. Das theoretische Instrumentarium für den Aufweis der Bedingungen dieser Befreiung findet Mulack „in der Psychotherapie Jungscher Prägung" (11). Entsprechend der Jungschen Konzeption, daß die Selbstbefreiung des Menschen über „die Bewußtwerdung des Schattens, den eine einseitige Bewußtseinshaltung im Unbewußten wirft" (11), verläuft, konstatiert Mulack hinsichtlich „des Göttlichen", „daß im Schatten Gottes wiedergefunden werden kann, was das über Gott reflektierende männliche Bewußtsein aus dem männlichen Gottesbild ausgesondert hat" (11).

In dieser Feststellung, die zugleich auch als Postulat zu lesen ist, artikuliert sich bereits implizit, was im Fortlauf ihrer Arbeit fundiert wird und ich als These wie folgt benennen möchte: Mulack unterstellt ein für Gott und Mensch gleichermaßen gültiges psychisches Strukturgefüge, dessen innere Beziehungen auf das Idealziel von Anima- resp. Animusintegriertheit, das heißt Selbstbewußtwerdung und Ganzheit, hin ausgerichtet bzw. auszurichten sind.

Der Vorwurf eines Gottdenkens innerhalb der Grenzen unhinterfragter Projektionsmechanismen, den Mulack gegen die männlich bestimmten Theologien erhebt, ist gegen sie selbst zu wenden, und zwar in zweifacher Hinsicht: Erstens insofern sie die tiefenpsycholo-

---

[1] *Christa Mulack,* Die Weiblichkeit Gottes. Matriarchale Voraussetzungen des Gottesbildes, Stuttgart ³1984. Im Folgenden wird aus dieser Arbeit durch direkten Nachweis der entsprechenden Seitenangabe im Text zitiert.

gische Konzeption Jungs nicht allein auf das Subjekt, das „Gott"
sagt, sondern auf diesen selbst anwendet, das heißt, sie unterstellt ihn
den Gesetzmäßigkeiten, die diese Konzeption als für jeden Menschen
gültige nachzuweisen und verbindlich zu machen sucht. Zweitens
insofern sie die von ihr aufgezeigten Weiblichkeitsideale als Attribute
des „wahrhaft Göttlichen" (17), das heißt des Gottes, der nicht mehr
in dem durch männliche Projektion einseitig bestimmten Bild zur
Erscheinung kommt, ausweist.

Die Benennung dieses „Göttlichen" erarbeitet Mulack in der kritischen Untersuchung des kabbalistischen Gottesbildes (vgl. 22–40,
168–261), das sie insofern als geeigneten Gegenstand für ihre femin-
stisch-theologische Reflexion betrachtet, als ihm folgende Merkmale
eignen (vgl. 9): Geprägtheit durch männliche Vorstellungen; Rückge-
bundenheit an biblische Aussagen; Einbeziehung weiblicher Dimensionen; Zusammenhang zwischen dem Weiblichen und dem Bösen;
Dominanz des Männlichen über das Weibliche; Anerkennung sowohl seitens jüdischer als auch christlicher Mystiker. Die Untersuchung führt zu dem Ergebnis, daß die Ursprünge der Sefiroth-Lehre[2]
aus vorpatriarchaler Zeit herzuleiten sind, in der eine geschlechtsspezifische Zuordnung des Symbolgehalts der einzelnen Sefiroth bestimmend war und galt, die mit der „Machtergreifung männlichen Denkens" (240) in ihr direktes Gegenteil verkehrt worden ist. Mit anderen
Worten: Das Resultat der Analyse besteht in dem „Nachweis, daß es
sich bei dem Sefiroth-Baum um das Modell einer *Göttin* handelt, es
also der matriarchalen Bewußtseinsebene angehört, und die Verkeh-
rungen dadurch zustande gekommen sind, daß das Modell ohne
weitere Überlegungen auf eine männliche Gottheit übertragen
wurde" (241).

Zur inhaltlichen Bestimmung der für sie zentralen Begriffe „männlich" und „weiblich" gelangt Mulack im positiven Rekurs auf Erklä-
rungsansätze aus der Anthropologie (M. Mead), der Psychologie
(E. Neumann), der Archäologie (J. Mellaart/U. Mann) und der
Mythologie (J. Bachofen/E. Fromm),[3] deren Daten und Ergebnisse,
in ihrer Gesamtheit betrachtet, es ermöglichen, „ein relativ objektives
Bild über die Geschlechterunterschiede" (12) zu gewinnen. Was an

---

[2] Die kabbalistische Lehre über die zehn Schöpfungspotenzen bzw. emanierten Wir-
kungskräfte Gottes.
[3] Die Angaben in den Klammern sind als Hinweise auf jene Autoren zu verstehen, auf
deren Forschungsergebnisse sich Mulack in der *Hauptsache* stützt.

der vorgenommenen Auswahl der Ansätze auffällt, ist, daß sie geeignet sind, sowohl die These von einem ursprünglich vorhandenen Matriarchat als auch die Annahme einer Existenz und Feststellbarkeit transkulturell und -historisch gültiger Geschlechtsspezifika zu belegen und zu untermauern.

Das in dieser Weise erarbeitete Verständnis der Tradition und Bedeutung geschlechtsspezifischer Eigenheiten einerseits, die kritisch-korrektive Auseinandersetzung mit dem kabbalistischen Gottesbild, die der Intention unterstellt ist, „die weibliche Schattenhälfte der Gottheit aus dem Dunkel der Unbewußtheit zu befreien" (264), andererseits bilden die Grundlage, von der aus Mulack den „Weg des Weiblichen ans Licht des Bewußtseins Jesu" (263) nachzuzeichnen versucht. Sie entfaltet eine tiefenpsychologische Deutung der Lebensgeschichte Jesu, deren Verlauf sie als „mühevollen Wandlungsprozeß" (264) beschreibt, innerhalb dessen Jesus „von der Verdrängung der Anima über eine Auseinandersetzung mit ihr bis hin zur Animaintegriertheit" (264) gelangt. Die Initiation und den Antrieb dieses Prozesses definiert Mulack über Jesu Begegnungen mit Frauen (z. B. seiner Mutter, der Samariterin, der Ehebrecherin, Maria und Martha), deren Verhalten ihn zur Konfrontation mit dem eigenen Weiblichen provoziert. Indem Jesus – „dem vollkommensten Abbild Gottes, als das ihn die christliche Lehre sieht" (264) – die Animaintergration gelingt, realisiert er bzw. realisiert sich in ihm das von Mulack umschriebene Ideal des „wahrhaft Göttlichen". Es gilt: „So aber, wie nur Mann *und* Frau gemeinsam *den Menschen* abgeben, kann auch das Göttliche nur aus der polaren Einheit von Männlichem und Weiblichen bestehen" (9).

Was denn *das* Weibliche, was *das* Männliche sei

Die Studie „Mann und Weib" von Margaret Mead nimmt Mulack zu einer ersten Grundlage, von der aus sie ihre Bestimmungen des „typisch Weiblichen" bzw. „typisch Männlichen" zu entfalten und zu begründen sucht. Dabei bezieht sie sich ausschließlich auf die Ausführungen über „biologische Regelmäßigkeiten",[4] die Mead als in jeder Kultur vorfindbare Grunddaten für die Entwicklung der Geschlechterdifferenzierung ausweist, und stellt folgende drei Unter-

---

[4] *Margaret Mead*, Mann und Weib. Das Verhältnis der Geschlechter in einer sich wandelnden Welt, Hamburg [12]1979, 118.

schiede weiblich-männlicher Geschlechtsspezifik heraus: „Empfänglichkeit versus Wirksamkeit" (vgl. 44 ff), „Retention versus Expansion" (vgl. 46 ff), „Sein versus Handeln" (vgl. 48 f). Diese Unterschiede, deren transkulturelle Gültigkeit auch Mulack behauptet, führt Mead letztlich allein auf das Verhalten und die Einstellung der stillenden Mutter gegenüber ihrem Kind zurück. Entsprechend den von Mulack aufgestellten Begriffspaaren bedeutet dies:

Die für das Weibliche kennzeichnende Eigenschaft der „Empfänglichkeit" resultiert aus der Erfahrung des unbedingten Angenommensein des kleinen Mädchens, das beim Gestilltwerden „ein Bild stillschweigenden, komplementären Verhaltens innerhalb seines eigenen Geschlechts empfängt",[5] und zwar durch die spezifische Haltung seiner Mutter, die um die gemeinsame Geschlechtsidentität weiß und dies auch zum Ausdruck bringt. Das Stillen des weiblichen Kindes ist ein Vorgang der direkten Entsprechung zwischen dem Tun des Kindes, das heißt dem passiven An-/Aufnehmen der Nahrung, und dem Reagieren der Mutter, das heißt ihrer unmittelbaren Annahme des Kindes, die aus dem Wissen um die gemeinsame Geschlechtsidentität resultiert und dem Mädchen zur Grundlage einer unkomplizierten Selbstannahme wird. Demgegenüber bedingt das Wissen um die Andersgeschlechtlichkeit ihres Sohnes einen für diesen mühevollen Entwicklungsprozeß, durch den allein er zur Identifikation mit seinem eigenen Geschlecht gelangt: „Für den Knaben aber muß die mütterliche Feststellung unweigerlich lauten: ,Das ist für ihn alles anders'. Aufnehmen ist für das männliche Wesen nicht dasselbe wie für das weibliche. Es ist, in die Begriffswelt der Erwachsenen übersetzt, eine Umkehrung der männlichen und weiblichen Rolle, in der ,ich, die Frau, eindringe, und er empfängt. Bevor er ein Mann ist, muß er einen Wechsel von diesem passiven Einverleiben weg vollziehen'."[6] Dem kleinen Jungen wird die Anstrengung einer Differenzierung von der ihm nahestehenden Person und ihren Verhaltensweisen abverlangt; die Annahme seiner geschlechtlichen Identität muß er sich erst erarbeiten. Die Bestätigung seines Soseins erfährt er nur über die eigene Aktivität, seine „Wirksamkeit" und seine „Expansion" in die Außenwelt, in der zu schaffen ihm allein die Möglichkeit zur eigenen Identifikation bietet. Die so bestimmte Angewiesenheit auf die eigene persönliche Leistung ist zurückzuführen auf die ursprüngliche Erfahrung des „Sich-nicht-identifizieren-Dürfens" (50) mit der

[5] Ebd.
[6] Ebd.

Mutter einerseits, das Wissen um die Gebärfähigkeit der Frauen, das heißt um das eigene Unvermögen, neues Leben hervorzubringen, andererseits: „Der Mann muß sich seine Aufgaben suchen, an denen er seine Produktivität beweisen kann, der Frau kommt sie zu in ihrem Sosein und kann vom Mann doch nie erreicht werden; denn was ist die Erschaffung von Kultur- und Konsumgütern gegen die *Erschaffung* eines Menschen?" (46, Hervorhebung D. B.). Die weibliche „Produktivität" wie die Rolle der Frau insgesamt sind nicht an die Notwendigkeit zur Extraversion gebunden. Aufgrund der in der ersten Lebensphase gemachten Erfahrung des unmittelbaren Sich-identifizieren-Könnens erübrigt es sich für das Mädchen bzw. die Frau, durch nach außen gerichtetes unermüdliches Tätigsein zur Selbstannahme zu gelangen, weil diese bereits mit jener Erfahrung zugrunde gelegt und gegeben ist, das heißt, nicht als Produkt eigener Anstrengung realisiert wird. „Rezeptivität" und „Retention" sind die bestimmenden geschlechtsspezifischen Eigenschaften des Weiblichen, dessen Wesen – im Gegensatz zur männlichen Seinsweise des „Werdens" und „Handelns" – im „Sein" besteht. Zusammenfassend läßt sich Meads Deutung der Geschlechterdifferenzierung auf den Grundsatz bringen: „. . . die Mutter-Kind-Situation schafft einen vollkommenen Zusammenhang, in dem Mädchen lernen, zu sein, und die Knaben, daß sie handeln müssen."[7]

Gegenüber einem solchen Verständnis merkt Marielouise Janssen-Jurreit zu Recht an: „Das ist nichts anderes als die Übernahme Freudscher Aktivitäts- und Passivitätsschemata, die ewige Gegenüberstellung von ‚Sein' und ‚Handeln', das unverbindlich Geplänkelhafte, das zusammen mit exotisch anmutenden Fakten über Naturvölker der ganzen Richtung der tiefenpsychologisch inspirierten Anthropologie und Ethnologie so viele Leser verschaffte."[8] Mulack, die den Ansatz Meads kritiklos rezipiert, reflektiert zwar auf die Problematik des traditionell vorgegebenen Deutungsmusters der geschlechtsspezifischen Zuordnung von „Aktivität" und „Passivität", bleibt ihm faktisch aber selber verhaftet. Denn mit der Ersetzung des Begriffspaars „Aktivität – Passivität" durch „Empfänglichkeit versus Wirksamkeit" und mit der Bestimmung einer weiblichen Form der Aktivität, die sie als „rezeptiv-aktiv" (44) bezeichnet,

---

[7] Ebd. 119.
[8] *Marielouise Janssen-Jurreit*, Sexismus. Über die Abtreibung der Frauenfrage, Frankfurt ²1980, 479 f.

überwindet sie dieses Deutungsmuster nur scheinbar, genauer, sie greift lediglich auf eine andere Begrifflichkeit zurück, die um so fragwürdiger erscheint, als sie auf einen biologistischen Erklärungsansatz verweist.

Nicht minder fragwürdig sind die Voraussetzungen, von denen Mead und in ihrer Folge auch Mulack zur Bestimmung der geschlechtsspezifischen Differenzierung ausgehen. Beide machen „die Stillpraxis zur monokausalen Erklärungsgrundlage für die Entwicklung des Individuums"[9]. Wiewohl sie die Bedeutung der sozio-kulturellen Bedingtheit der Geschlechterrollen nicht leugnen, führen sie deren jeweilige Ausprägungen letztlich allein auf das mütterliche Stillverhalten zurück, das so zur Grunddeterminanten der geschlechtsspezifischen Entwicklung wird und schließlich auch zu deren Grundkonstanten, insofern eine immer und überall sich gleichbleibende Stillpraxis vorausgesetzt wird. Damit ist natürlich zugleich die Möglichkeit einer Herleitung transkulturell gültiger Geschlechterunterschiede gegeben.

Die Reduktion des Erklärungsansatzes auf die Stillpraxis vereinfacht die tatsächliche Komplexität der diese Unterschiede bedingenden Einflußfaktoren; seine Eindimensionalität führt dazu, daß nur sehr allgemeine Aussagen zur Geschlechtsspezifik gemacht werden können, die traditionelle Stereotypen aufgreifen und verfestigen. Dieses Verhaftetsein in vorgegebenen Deutungsmustern scheint Mulack vollends zu verkennen, wenn sie in der Zusammenfassung des anthropologischen Erklärungsansatzes zu der Schlußfolgerung gelangt, daß „nunmehr die transkulturelle Natur der geschlechtsspezifischen Unterschiede feststeht und sie nicht mehr als ‚Ideologie‘ abgetan werden können" (51). Wie berechtigt der Ideologievorwurf gegen den oben skizzierten Ansatz ist, begründet sich aus den ihm eignenden Charakteristika, wie der Undifferenziertheit der Betrachtungsweise, der Monokausalität des Begründungszusammenhangs und der Festschreibung von Geschlechterrollenklischees. Insbesondere das Beharren auf einem transkulturell und -historisch gültigen Idealtypus mütterlichen Verhaltens, der mit Hilfe der ausgezeichneten Studie „Die Mutterliebe" von Elisabeth Badinter[10] fundiert zu kritisieren wäre, zeugt von der Unreflektiertheit und Vorurteilsbeladenheit des vorgestellten Ansatzes.

[9] Ebd. 479.
[10] *Elisabeth Badinter*, Die Mutterliebe. Geschichte eines Gefühls vom 17. Jahrhundert bis heute, München 1984.

Die zweite und für Mulack letztlich zentrale Grundlage bildet der Begründungszusammenhang, den die Jung-Schule hinsichtlich der Geschlechterpolarität entfaltet und der sich wie eine bestätigende und ergänzende Fortführung der anthropologischen Deutung liest.

Auch Erich Neumann setzt in seiner Erklärung bei der ursprünglichen Mutter-Kind-Beziehung an und leitet aus ihr die für das Weibliche bestimmende „psychische Haltung des sich Identifizierens" (113) und der Ganzheitsbezogenheit einerseits, die für das Männliche bestimmende Haltung „des sich Unterscheidens" (113) und der Ichbezogenheit andererseits ab. Die „Urbeziehung"[11] ist für das weibliche Kind eine Beziehung gegenseitiger und umfassender Identifikation mit der Mutter und originärer Ort weiblicher Selbstfindung, deren weitere Ausprägung in und vermittels einer auf Totalität ausgerichteten Bezogenheit zur Umwelt erfolgt. „Diese Grundsituation des Weiblichen, daß Selbstfindung und Urbeziehung übereinstimmen, gibt ihm von vornherein den Vorzug einer natürlichen Ganzheit und Geschlossenheit, der dem Männlichen abgeht."[12] Der Junge hingegen erfährt in der Urbeziehung die Mutter „als Fremd-Du und anderes"[13]. Ihre gegenseitige Bezogenheit ist gebrochen und nötigt ihn zur Differenzierung und Distanzierung und damit zu der Anstrengung einer forcierten Bewußtseins- und Ich-Bildung und -Bezogenheit, über die er zur Selbstfindung, zur Identifikation mit dem Männlichen gelangt. „Daß sich die Urbeziehung, die Identifizierung mit dem Du, als ‚falsch' herausstellt, ist eine Urerfahrung des Männlichen. Sie bleibt in der Tendenz zur Objektivierung mit ihrem notwendigen Gegenüberstehen, zur Bezogenheit aus der Distanz in der Bewußtseinswelt des Logos, wie in der Tendenz, sich nicht unbewußt mit einem Du identifizieren zu wollen, wirksam."[14]

Entsprechend der so definierten „Psychologie des Weiblichen" ist die dem „matriarchalen Bewußtsein"[15] zugehörige Denkform „synthetisch-ganzheitlich" (113), subjektbezogen und durch „das Gesetz des Sowohl-als-Auch" (113) bestimmt, während die der „Psychologie des Männlichen" analoge Denkform des „patriarchalen Bewußt-

---

[11] *Erich Neumann,* Zur Psychologie des Weiblichen, Frankfurt 1983, 10: „Unter ‚Urbeziehung' zur Mutter verstehen wir die Gesamtheit der Beziehungen, die das Kleinkind an der Mutter erfährt, bevor es zu einer abgegrenzten Persönlichkeit mit einem im Ich zentrierten Bewußtsein wird."
[12] Ebd. 14.
[13] Ebd. 10.
[14] Ebd. 13.
[15] Vgl. ebd. 59 ff.

seins"[15] analytisch, gegensatz- und objektbezogen ausgerichtet ist, sie gehorcht dem Gesetz des „Entweder-Oder" (108). Diese „Unterscheidung weiblicher und männlicher Bewußtseinshaltung" (78) entfaltet Neumann auf der Folie der Anima-Animus-Theorie Carl Gustav Jungs.

Jung geht von der psychischen Zweigeschlechtlichkeit jedes Menschen aus, derzufolge dem Mann ein weiblicher (Anima), der Frau ein männlicher Seelenteil (Animus) zukommt. Anima und Animus fungieren als Vermittler zwischen dem Bewußten und dem Unbewußten.[16] Hinsichtlich ihrer Struktur sind im wesentlichen drei Ebenen zu unterscheiden:

Die oberste Anima-/Animus-Schicht beinhaltet die konkret-individuellen Erfahrungen eines Mannes/einer Frau mit dem jeweils anderen Geschlecht. Darunter lagern die Erfahrungsinhalte des persönlich Weiblichen eines Mannes bzw. des persönlich Männlichen einer Frau. In der tiefsten Anima-Schicht findet sich jener Inhaltskomplex überpersönlicher Erfahrungen, den Jung als „ererbtes kollektives Bild der Frau im Unbewußten des Mannes"[17] bezeichnet. Die unterste Animus-Schicht umschreibt Neumann als eine „Animus-Geist-Schicht",[18] in ihr „ist das Männliche transpersonal und numinos, es hat göttlichen, dämonischen und gottmenschlichen Charakter und stellt eine Art Natur-Geist dar, der in keiner Weise rationalisierbar und bewußtseinsnah ist, sondern in dem das Gefühlsmäßig-Emotionale, das Dämonische, Musikalisch-Wortlose und Erotische dominiert. Diese Animus-Welt findet man überall da, wo das Weibliche träumt, wünscht, phantasiert und innerlich bei sich ist."[19]

Die logische Unklarheit, daß in der tiefsten Animus-Schicht der weiblichen Psyche gerade als typisch weiblich klassifizierte Dispositionen vorherrschen, thematisiert Mulack nicht. Sie übernimmt die von Neumann gegebene Charakterisierung und ergänzt: „In dieser tiefsten Schicht des männlichen Seelenbildes der Frau herrscht keineswegs das typisch Männliche vor, hier ist eine Tiefe erreicht, in der beide Pole aufgehoben sind zugunsten des Weiblichen, hier ist nichts mehr zu spüren von jenem Logoshaften, mit dem Jung den

[16] Vgl. *Emma Jung*, Ein Beitrag zum Problem des Animus, in: C. G. Jung, Wirklichkeit der Seele. Anwendungen und Fortschritte der neueren Psychologie, Zürich 1947, 300.
[17] *Carl Gustav Jung*, Die Beziehungen zwischen dem Ich und dem Unbewußten, in: ders., Gesammelte Werke VII, Zürich/Stuttgart 1971, 206.
[18] *Erich Neumann*, Zur Psychologie des Weiblichen, 72.
[19] Ebd.

Animus gleichsetzt. Hier herrscht wieder das Eros-Prinzip, das alles miteinander verbindet und Trennungen aufhebt. Hier regiert das weibliche Sowohl-Als-auch. In dieser Schicht sind nach den Worten Neumanns: ‚Göttlich-Väterliches und Göttlich-Mütterliches zusammengeschlossen'" (74).

Die so gefaßten Definitionen der dritten Animus-Schicht scheinen selbst einem allgemeinem Gesetz des Sowohl-Als-Auch unterstellt, behaupten sie doch sowohl das maßgebliche Vorhandensein eines „transpersonalen", „numinosen", „göttlichen" Männlichen als auch die Dominanz des für das Weibliche charakteristischen Eros-Prinzips und schließlich auch die Gegebenheit androgynen Seins. Eine solche Begriffsbestimmung, die unkritisch all die Dimensionen miteinander vermengt, auf deren Differenzierung das Klassifikationsschema Jungs gerade abzielt, macht die von ihm entwickelte Animus-Kategorie zu einem alles und damit nichts sagenden Begriff und deshalb faktisch obsolet. Dies merkt auch Mulack an, ohne freilich zu erläutern, warum sie dennoch an dieser Kategorie festhält. In zweifacher Weise lassen sich Intention und Funktion der von Neumann und ihr gegebenen Umschreibung deuten: Sie dient zum einem dem Aufweis einer verborgenen psychischen Überlegenheit der Frau, die anscheinend nicht durchgängig der kompensatorisch-korrigierenden Hilfe ihres Animus bedarf und in dessen tiefster Schicht das ihr Eigentliche besitzt. Denn während der Mann „auf allen Ebenen der Animaerscheinung" (74) auf „die ihn ergänzende weibliche Hälfte" (74) angewiesen ist, „wird bei der Frau in der tiefsten Animusschicht nur das bestätigt, was sie bereits in ihrer Bewußtseinshaltung realisiert hat" (74). Zum anderen dient diese Bestimmung einer absoluten Bestätigung und zugleich Festschreibung von vorab definierten psychischen und bewußtseinsmäßigen Dispositionen des Weiblichen, indem diese als in der verborgensten Seelenschicht vorhandene Konstanten ausgewiesen werden.

Beide genannten Aspekte klingen in Mulacks Schlußfolgerung an: „Das Innen und Außen der weiblichen Psyche scheint sich in harmonischer Weise zu entsprechen, während das der männlichen Psyche durch ein scharfes Gegensatzverhältnis gekennzeichnet ist" (74).

Vor dem Hintergrund des für die Jung-Psychologie zentralen Ideals der Ganzheit und harmonischen Integriertheit gelesen, kann die Beschreibung der dritten Animus-Schicht nur im Sinne einer Aufwertung bzw. Höherbewertung des Weiblichen gegenüber dem Männlichen interpretiert werden. Und darauf läuft Mulacks Ansatz insgesamt hinaus. Dem Weiblichen – charakterisiert durch seine wesenhafte Bezogenheit auf Emotionalität, Lebenserhaltung, Umwelt, Irrationalität, Ganzheitlichkeit, das Unbewußte, Instinkthafte etc. – schreibt sie nicht allein eine Überlegenheit hinsichtlich dessen psychischer und bewußtseinsmäßiger Struktur zu, sondern auch die Qualität, zu „wahrem Menschsein" (= ganzheitlichem Menschsein) hinzuführen bzw. zu erlösen: „In der gegenwärtigen Gesellschaft bedeutet also Ganzwerdung für Frau *und* Mann eine Hinwendung zum Weiblichen" (71). Und weiter unten: „Die Erlösung des Menschen ist nur dann möglich, wenn er der Stimme der Anima folgt, die ihm den Weg zum Selbst weist" (112).

Die „Aufgabe des Weiblichen" (85) bestimmt sie dahingehend: „Statt der Anerkennung scheint es vielmehr um die Erlösung des Mannes von seiner Eigenart zu gehen, um seine Befreiung aus dem einseitig männlichen Ich-Bewußtsein, in dem er sich selbst gefangenhält" (85). Für den Mann „genügt es nicht, ein Mann zu sein. Statt dessen muß er *Mensch* werden, und das kann er nur mit Hilfe des Weiblichen, indem er zu diesem zurückkehrt, das heißt durch Verlassen des spaltenden Ich-Bewußtseins, Auslieferung an die Anima und Gewinnung weiblicher Kategorien der Synthese – des Sowohl-Als-auch" (114).

Die Aufwertung des Weiblichen entwickelt Mulack in der Entgegensetzung zur generell als negativ klassifizierten männlich-patriarchalen Eigenart und Kultur, die sich allein unter dem Gesetz der „Vernichtung" (101) zu erhalten und zu verändern vermag: „Die Welt des Männlichen ist eine Ich-Welt, deren Besitzergreifung durch Kampf und Unterdrückung geschieht, durch Abwertung und Umwertung" (107).

Mit diesem Schwarz-Weiß-Schema der Bestimmungen bleibt Mulacks Interpretation der Geschlechterpolarität selber dem kritisierten Gesetz des „patriarchalen Bewußtseins" unterworfen. Sie erschöpft sich in der Gegenüberstellung zwischen dem guten, erlösenden Weiblichen und dem schlechten, unterdrückenden Männlichen und folgt darin ganz dem Diktat des „Entweder-Oder", dessen Überwindung sie kategorisch einfordert. Mulacks Beantwortung der Frage, was denn das Weibliche, was das Männliche sei, gelangt über eine Reformulierung von Geschlechterrollenklischees nicht hinaus, sie kann es auch gar nicht, und zwar deshalb nicht, weil sie sie in der prinzipiellen Bejahung der traditionellen geschlechtsontologischen Stereotypen gründet. Der feministische Index der Beantwortung beschränkt sich auf das Prinzip der Um- bzw. Neubewertung, deren Ergebnis die Dichotomie zwischen positivem Weiblichen und negativem Männlichen ist. Ein solches Klassifikationsschema ist einfach, aber eben zu einfach. Es ignoriert all jene Zwischenstufen, Abweichungen und Widersprüche, die sich auch und gerade unter den Bedingungen patriarchaler Herrschaft herausgebildet haben und herausbilden und in denen ein Potential steckt, das die Entfaltung eines Verständnisses von Weiblichkeit und Männlichkeit ermöglicht, das sich jenseits der traditionellen Bestimmungen wie auch jenseits eines rigiden Spaltungs- und Gegensatzdenkens verortet.

Auf eine gesonderte Darstellung der archäologischen (vgl. 117–122) und mythologischen (vgl. 123–166) Aussagen zur Geschlechterpolarität, die Mulack zur Verifikation der These vom matriarchalen Ursprung jeder Kultur anführt, kann hier insofern verzichtet werden, als sie keine wesentlichen neuen Aspekte zur Frage nach dem spezifisch Weiblichen liefern, sondern letztlich nur einer Wiederholung und Bestätigung der zuvor entfalteten anthropologischen und psychologischen Aussagen dienen, die das Fundament für Mulacks theologische Reflexion, das heißt für ihre Bestimmung der „Weiblichkeit Gottes", bilden.[20]

Vom „patriarchalen Götzen" zur ‚androgyn-weiblichen' „Gottheit"

Mulacks Untersuchung des kabbalistischen Gottesbildes ist als eine Archäologie des in ihm verdrängten Weiblichen motiviert. Sie sucht die untersten Schichten des im Alten Testament reflektierten Gottdenkens, insbesondere in dessen jüdisch-mystischer Auslegung, freizulegen. Mit der von ihr eingenommenen Perspektive, das heißt dem Verständnis von der ursprünglich matriarchalen Verfaßtheit einer jeden Kultur sowie von der generellen Überlegenheit und Positivität weiblicher Eigenheiten, ist dabei das aufzufindende Ergebnis bereits vorgegeben.

Im Blick auf die Sefiroth-Lehre bedeutet dies, daß die Chochma, die göttliche Weisheit und an allem Anfang stehende Schöpfungskraft, die Kosmos, Welt und Mensch ins Leben ruft, ein ursprünglich

---

[20] Einzelne Aspekte der archäologischen und mythologischen Aussagen, die für diese Bestimmung relevant sind (z. B. die Reflexion auf „Jahwe", die „Große Göttin" etc.), werden in den hier folgenden beiden Abschnitten thematisiert.

weibliches Symbol und Prinzip darstellt. Im Blick auf den alttestamentlich verkündeten Gott Israels bedeutet es, daß er als eine Projektion des patriarchalen Bewußtseins, als Überhöhung männlichen Selbstbehauptungs- und Herrschaftsanspruchs zu verstehen und zu entlarven ist.

Das bei der Bestimmung der Geschlechterdifferenz bereits deutlich gewordene Interpretationsmuster undifferenzierten Schwarz-Weiß-Denkens erfährt hier seine theologische Umsetzung in Form einer als Eisegese vollzogenen Exegese. Sie fördert ein Gottesbild zutage, in dem Jahwe als „tyrannischer Stammesgott" (144) erscheint, der „sich nur in Form von Unmenschlichkeit äußert. Eine bewahrende Macht scheint er nicht zu haben" (144). „Seine größten Feinde sind weibliche Gottheiten, deren Kulte er drastisch bekämpft, indem er sein ganzes Volk zurück in die Knechtschaft schickt, womit er sein wahres Gesicht zeigt, denn die Freiheit des Menschen scheint ihm von Anfang an ein Greuel zu sein" (144).

Von welcher Freiheit hier die Rede ist, läßt sich aus dem Deutungskontext erschließen. Gemeint ist zum einen die Freiheit *vom* Gesetzesgehorsam, der konstitutiv zur patriarchalen Ordnung gehört und von ihr apodiktisch eingefordert wird. Sie verlangt unbedingten Gehorsam gegenüber den selbst gesetzten, von der männlichen Vernunft hervorgebrachten Normen und Rechten, die sich von dem für das Matriarchat gültigen „Naturrecht" (182) markant unterscheiden. Diesem gelten die „natürlichen Bedürfnisse, insbesondere aber (das) Schutzbedürfnis des physisch Schwächeren" (165), und nicht subjektiv behauptete Stärke und willkürliche Setzungen, wie sie vom männlich-autoritären Machtwillen diktiert werden, als oberste Norm. Nach matriarchalem Denken „ist die Natur die große Gesetzgeberin des Menschen" (182), die in Fülle schenkt und ihm zur Aufgabe gibt, das von ihr Hervorgebrachte zu bewahren. Das „Naturrecht" konkretisiert sich im Bild der Mutter-Kind-Beziehung, die gekennzeichnet ist durch die selbst- und bedingungslose, nicht zu erwirkende mütterliche Zuwendung und Fürsorge für das Kind, während nach „patriarchalischem Recht" (182) ihm diese nur unter der Bedingung zuteil werden, daß es vorgegebene Erwartungen erfüllt (vgl. 135 f). So ist auch Jahwes Liebe eine bedingte, mit der er Gehorsam belohnt und die er denen entzieht, die seine Gesetze mißachten. Ihm geht es „nicht mehr um die Aufrechterhaltung der Natur- und Lebensordnung, sondern um die Durchsetzung des Gehorsams gegenüber *seiner* Ordnung" (150).

Dies sucht Mulack exemplarisch am Eßverbot der Paradieserzählung aufzuzeigen (vgl. 142 f). Danach impliziert das Verbot erstens eine Trennung zwischen dem Baum der Erkenntnis und dem Lebensbaum, die ursprünglich eine Einheit gebildet haben: „Dies nun war im Matriarchat garantiert, denn dort richteten sich Gut und Böse nach dem Leben und waren keine willkürlichen Setzungen, wie dies später der Fall war" (143). Zweitens stellt sie heraus, daß die Mißachtung des Verbots zum Tode führt, der nunmehr als Droh- und Druckmittel erscheint, eine Vorstellung, die dem religiösen Verständnis des matriarchalen Bewußtseins völlig fremd und entgegengesetzt ist, weil dieses in seinem Glauben an Wiedergeburt keine Angst vor dem Sterben oder dem Tod kennt. Und drittens weist sie darauf hin: „Gehorsam gegen Jahwes Verbot ist wichtiger als Erkenntnis" (142). Und zwar als die Erkenntnis im Sinne des delphischen „Erkenne dich selbst!" (vgl. 143). Der Möglichkeit zu einer solchen Selbsterkenntnis sucht Jahwe energisch entgegenzutreten, und darin wird er erkennbar „als jenes Ich-Bewußtsein, das sich auf Kosten anderer Anteile der Psyche entwickelt, gegen die es ankämpft, die es unterdrückt und auszumerzen sucht" (143).

Damit ist bereits benannt, was Freiheit hier zum anderen heißt, nämlich die Freiheit zur Selbsterkenntnis und -befreiung, das heißt zur Ganzwerdung. Sie meint – konsequent zu Ende gedacht – letztlich die Befreiung von allen Göttern oder, anders, die Vergottung des Menschen, denn: „Wenn der Mensch seine Ganzheit erlangt hat, ist er göttlich" (259 f). Die Tendenz zur Überhöhung des Menschen ins Göttliche tritt in Mulacks Ausführungen an mehreren Stellen zutage, und zwar vorrangig in bezug auf das Weibliche, so z. B. wenn sie für die Frau konstatiert: „Nichts Geringeres darf sie fordern als die Anerkennung ihres Gebärens als einer göttlichen Tätigkeit" (157).

Mulacks Interpretation der alttestamentlichen Gottesvorstellung(en) geht vollends in den (kritisierten) patriarchalen Projektionsmustern auf, und zwar insofern sie nur auf als männlich bestimmte Gottesbilder (Vater, Herrscher, Gesetzgeber etc.) rekurriert und dabei implizit voraussetzt, daß diese tatsächlich den aussagen, den auszusagen sie beanspruchen, bzw. daß der Gott des Alten Testaments wirklich der ist, als der er in den Hervorbringungen androzentrischer Bewußtseinsgeschichte zur Erscheinung kommt. Indem sie selber Jahwe auf das Bild eines „patriarchalischen Götzen" (9) fixiert, bleibt sie im ideologischen Netz eben dieser Hervorbringungen gefangen, das heißt, sie bewahrheitet das, was sie eigentlich als Projektion entlarven will.

Die der Interpretation zugrunde liegende Selektion männlich geprägter Gottesbilder und -symbole, die sie in den alttestamentlichen Schriften vorgegeben findet, läßt sich biblisch hinterfragen im Aufweis jener Bilder, die auch und gerade nach dem Klassifikationsschema Mulacks als weiblich konnotiert gelten können, wie z. B. die Umschreibungen für Jahwe, der wie eine Mutter sein Volk liebt und nährt (Hos 11,4), es schützt und behütet (Dtn 32,10), tröstet (Jes 66,13)) und sich seiner erbarmt (Jes 49,13).[21] Ein solcher Aufweis kann und soll nicht die Funktion einer Leugnung der faktisch gegebenen androzentrischen Vereinseitigung des alttestamentlichen Gottesbildes haben. Seine Notwendigkeit und sein Ziel bestehen vielmehr darin, die bereits innerbiblisch angelegte Kritik an eben dieser Vereinseitigung und interessengeleiteten Vereinnahmung zu erhellen.

Die so angezeigte Konfrontation des traditionellen, männlich bestimmten Gottesbildes mit Aussageweisen, die sich ihm nicht integrieren lassen, macht seine Unzulänglichkeit und Unangemessenheit transparent. Sie ermöglicht es, den Blick freizusetzen nicht nur auf die patriarchalen Engführungen, sondern auch auf die prinzipielle Inadäquatheit allen Gott-Sagens, das nicht einzuholen vermag, was es begrifflich festzulegen sucht. Die Vielfalt der Bilder, in denen die biblische Verkündigung den aussagt, der als Schöpfer menschlicher Freiheit geglaubt wird, verweist auf die Unmöglichkeit *einer* und jeder definitorischen Bestimmung. In der ihm notwendig eignenden Selbstbeschränkung kann der theologische Diskurs seinen Gegenstand nicht darin begründen, aus der Vielfalt der hervorgebrachten Gottesbilder einige wenige auszuwählen und zu bewahrheiten, sondern allein darin, sie herzuleiten und zu erklären, sie kritisch zu hinterfragen und zu dekonstruieren. Dies leistet der von Mulack entfaltete Ansatz nur bedingt. Indem sie die männlichen Projektionen affirmiert, das heißt Jahwe als wirklich den begreift, als den ihn patriarchale Auslegungsgeschichte zur Vorstellung bringt, gelangt sie in ihrer Kritik nicht zur Reflexion auf die Differenzen zwischen dem biblisch bezeugten Gott Jahwe und den Versuchen, ihn zu benennen, und darum auch nicht über eine generelle Ablehnung Jahwe hinaus.

---

[21] Vgl. darüber hinaus: Dtn 7,7–8; Rt 2,12; Ps 91,4; Jes 40,11; 42, 14; Jer 31,2–5.20; Hos 11,8–9.

Diese Kritik, die ihre Beurteilungskriterien in dem bereits skizzierten Klassifikationsschema von der prinzipiellen Positivität des Weiblichen einerseits, der prinzipiellen Negativität des Männlichen andererseits findet, mündet in die Konstruktion weiblich bestimmter Gottesbilder. Das Grundmuster hierfür bildet die Vorstellung von der „Großen Mutter", der höchsten Gottheit in matriarchalen Kulturen. Ihr ordnet Mulack folgende Charakteristika zu: ein Liebesgebot, das in den verwandtschaftlichen Beziehungen, vorrangig der Mutter-Kind-Beziehung, begründet wird; den Verzicht auf absoluten Herrschaftsanspruch (kein Verbot, auch andere Götter zu verehren) sowie auf starren Gesetzesgehorsam und aggressiv-kriegerische Machtausübung und -bezeugung; eine bedingungslose Zuwendung zum Menschen, insbesondere zu den Schwächsten der Gesellschaft. Relikte dieser matriarchalen Tradition lassen sich, nach Mulack, in der elohistischen Überlieferung ent-decken. Elohim erscheint hier im Bild einer „gynandrischen Gottheit" (145). „Seine starke Affinität zum Weiblichen ist auffallend. Gerade sie aber geht Jahwe völlig ab" (145).

Noch eindeutiger als für die elohistische Tradition findet Mulack die ursprünglich matriarchale Geprägtheit in der Weisheitstradition belegt. Sie zeichnet deren Entwicklung im ägyptischen und jüdischen Denken sowie bei Philo und den Synoptikern nach (vgl. 181 ff), konzentriert ihre Überlegungen jedoch auf das kabbalistische Weisheitsverständnis. Als Ergebnis ihrer Untersuchung stellt sie fest: „Wir sehen also in der Weisheit ein den Kosmos durchwaltendes ewiges weibliches Prinzip, dessen Gott sich erst bewußt werden mußte, bevor er durch sie schöpferisch tätig sein konnte" (176).

„Bewußtwerdung" ist hier ganz im Sinne des Jungschen Verständnisses von dem zur Animaintegriertheit bzw. Ganzheit führenden Bewußtwerdungsprozeß zu verstehen. Denn Mulack interpretiert die Beziehung zwischen Gott und der Weisheit analog dem Verhältnis des Mannes zu seiner Anima. Sie versteht die Weisheit also als das unbewußte Weibliche Gottes. Der Vollzug einer solchen „Bewußtwerdung" scheint ihr durch die an verschiedenen Stellen des Weisheitsbuches erwähnte Synusie Gottes mit der Weisheit belegt. Im Blick auf Weis 8,2 f und 9,10 folgert sie: „Demnach findet auch in Gott der Vorgang einer Animaintegration statt. Für Gott und Mensch hat die Weisheit gleichermaßen Offenbarungscharakter" (178).

Freilich kann dies nicht auf Jahwe zutreffen, insofern er als Repräsentant einer verabsolutierten männlichen Kultur erscheint, die sich gerade und einzig über die Verdrängung des Weiblichen konstituiert, und insofern er erkennbar wird „als jenes Ich-Bewußtsein, das sich *auf Kosten* anderer Anteile der Psyche entwickelt, gegen die es ankämpft, die es unterdrückt und auszumerzen sucht" (143).

Wo jene „Anteile" zugelassen und wirksam werden, das heißt, wo der Selbstoffenbarung der Weisheit, die „das Lebensprinzip schlechthin" (176) verkörpert, Raum gewährt wird, kann sich ganzheitliche Integriertheit des Göttlichen, kann sich „wahrhaft Göttliche(s)" (17) realisieren. Es erscheint dann als „jenes Unbekannte, das eben *nicht* mit dem Männlichen identisch ist, da es jenseits aller Geschlechtertrennung steht und seit jeher in Ermangelung eines besseren Bildes als Androgyn bzw. Mutter und Sohn dargestellt wird" (217).

Die Realität des so zu umschreibenden Göttlichen läßt sich, nach Mulack, für die ursprünglich matriarchalen Kulturen nachweisen. Wohl konzentriert sich die in ihnen vorherrschende religiöse Verehrung auf die „Große Göttin", doch impliziert dies weder eine Verabsolutierung des Weiblichen (vgl. 165 ff, 224) noch die Fixierung auf ein einseitig weiblich bestimmtes Gottesbild. Die Veranschaulichung des Göttlichen gründet hier in der Vorstellung der Mutter-Sohn-Beziehung und schließt damit eine absolut gesetzte geschlechtsspezifische Vereinseitigung des Gottesbildes aus; sie ist auf die Vorstellung androgynen Seins hin orientiert.

Im Blick auf dieses Gottesverständnis wird deutlich, daß „Gott anscheinend nur durch das weibliche Prinzip geoffenbart werden kann, weil es allein in der Lage ist, Gegensätze zu vereinigen und Ganzheit darzustellen" (180).

In dieser „Tatsache des umfassenderen Weiblichen" (240) liegt auch begründet, warum die Rede von der „Weiblichkeit Gottes" nicht auf die Etablierung eines einseitig weiblich bestimmten und absolut zu setzenden Gottesbildes abzielt, das an die Stelle des vorherrschenden männlich bestimmten Gottesbildes treten soll. Darauf kann sie gar nicht hinauslaufen, insofern sie das Weibliche als das Prinzip versteht, das Ganzheitlichkeit repräsentiert und zu ihr hinführt, das Gegensätze nicht schafft, sondern aufhebt.

Mulacks Überlegungen zur „Weiblichkeit Gottes" münden nicht in die Forderung nach einer Restitution der matriarchalen „Großen Göttin". Die interpretierend entfaltete Erinnerung an diese dient vielmehr der zu entwerfenden Vorstellung einer „Gottheit" (260), in der die oben skizzierte „androgyne Weiblichkeit" (252) zur Erscheinung kommt und die für den Menschen den Grund und die „Aufforderung zur Ganzheit und Vollkommenheit" (260), die sie selbst verkörpert, darstellt: „Statt eines Gottes brauchen wir nunmehr eine ‚Gottheit' wie sie nach Gebser der vierdimensionalen Bewußtseinsstufe[22] entspricht. Erst mit ihr kann die Religion wieder zu einem sinnvollen Angebot der Selbstfindung werden" (260).

Der integrierte Jesus als der Messias oder: „Wenn der Mensch seine Ganzheit erlangt hat, ist er göttlich."

Die Manifestation der „Weiblichkeit Gottes" im christlichen Glauben sucht Mulack auf dem Weg einer tiefenpsychologischen (Re-) Konstruktion der Lebensgeschichte von Jesus, „dem vollkommensten Abbild Gottes, als das ihn die christliche Lehre sieht" (264), aufzuzeigen. Ihr Vorgehen legitimiert sie dabei über folgende Ableitung: „Wie jeder andere Mensch auch, war Jesus ‚dem Gesetz unterworfen' (Gal 4,4), und *so* (Hervorhebung D. B.) gelten auch für ihn jene psychologischen Gesetze, mit denen wir uns bisher befaßt haben" (264).

Diese Begründung erscheint in zweifacher Hinsicht problematisch. Denn erstens zielt die zitierte Stelle – wie der Galaterbrief insgesamt – darauf ab, gerade die durch Jesus verwirklichte Aufhebung des Unterworfenseins unter „das Gesetz" zu verkünden.[23] Zweitens erscheint die Bezugnahme auf Gal 4,4 insofern fragwürdig, als sie für „Gesetz" jenes Verständnis unterstellt, das Mulack in ihrer Konzeption voraus-setzt. Der neutestamentliche Gesetzesbegriff wird in seiner Bedeutung tiefenpsychologisch aufgeschlüsselt und letztlich dazu benutzt, die zeitlose und allgemeine Gültigkeit der von Jung aufgestellten Gesetze über die Entwicklung des Individuums zu behaupten.

Nicht die Tatsache, *daß* Mulack den tiefenpsychologischen Ansatz Jungs für eine biblische Hermeneutik anzuwenden sucht, soll hier und im Folgenden kritisiert werden, sondern die Art und Weise, *wie*

---

[22] Gebser „nennt die neue Bewußtseinsform das ‚Integrale Bewußtsein', das überwiegend mit Neumanns Beschreibung des matriarchalen Bewußtseins übereinstimmt" (258). Vgl.: *Jean Gebser*, Ursprung und Gegenwart, 1. Teil, in: ders., Gesamtausgabe II, Schaffhausen 1978, 290 (Angabe nach *Mulack* 357).

[23] Insofern der Galaterbrief die Freiheit des Christen vom Gesetzesgehorsam zu seinem zentralen Inhalt hat, böte er eine geeignete Basis für Mulacks Kritik am patriarchalen Gesetzesdenken.

sie das tut. Nämlich indem sie ihm einen absoluten Geltungsanspruch unterlegt, das heißt die „psychologischen Gesetze" zum alleinigen Deutungsmuster erhebt und ihre Wirksamkeit und Geltung sowohl für die biblischen Zeugnisse als auch aus ihnen zu begründen sucht, deren Inhalt sie schließlich auf das Problem psychischer Ganzwerdung reduziert. Als symptomatisches Beispiel für die Totalisierung der eingenommenen Perspektive kann das folgende Zitat gelten: „Bis hinein in die Sterbe- und Todesszene verfolgt Johannes *seine* (Hervorhebung D. B.) Idee der Animaintegration" (312).

In dieser Behauptung tritt zutage, was als Voraussetzung und zugleich auch als Produkt von Mulacks gesamter Auslegung der neutestamentlichen Texte beschrieben werden kann, nämlich daß sie das Anliegen der Verfasser dieser Texte mit ihrem eigenen Interpretationsinteresse, den „Weg des Weiblichen ans Licht des Bewußtseins Jesu" (263) nachzuzeichnen, identifiziert. Das Johannesevangelium stellt sie deshalb in den Mittelpunkt ihrer Betrachtung, weil sie im Blick auf dessen Überlieferung vermutet, daß Johannes sie „selbst nach psychologischen Gesichtspunkten – wenn auch möglicherweise unbewußt – sortiert hat. Bei ihm wird der Weg Jesu von der Verdrängung der Anima über eine Auseinandersetzung mit ihr bis hin zur Animaintegration sichtbar" (264).

Das Aufzeigen dieses Weges geht einher mit einer Aufwertung der neutestamentlichen Frauengestalten, insofern und weil ihre Begegnung mit Jesus diesen zur Konfrontation mit dem eigenen Weiblichen und dessen zunehmender Integration führen.

Darüber hinaus sucht Mulack generell die Manifestationen des Weiblichen und deren Bedeutung im Neuen Testament zu entdecken, wobei es ihr primär um das Ausdrucks-, letztlich jedoch Identitätsverhältnis zwischen Weiblichem und Göttlichem geht. Im Blick darauf fördert ihre Interpretation des Verkündigungsberichtes von der Geburt Jesu (Mt 1,18–24; Lk 1,26–38) einen ersten Beleg zutage. Die Empfängnis vom Heiligen Geist, das heißt von „der göttlich-weiblichen Ruach" (271), deutet sie als Ausdruck für eine vom Männlichen unabhängige „geistige Neugeburt" (271), die auf die ursprünglich weiblich-göttliche „Schöpferkraft" (271) verweist und die Bedeutung der väterlichen Zeugung relativiert. Diese Sicht führt sie zu der Folgerung, daß in der Maria-Jesus-Beziehung eine „Wiedererstehung des uralten mythischen Bildes von Mutter und Sohn" (271) erkennbar wird, mit anderen Worten eine Fortführung der matriarchalen Vorstellungen von den „Muttergottheiten mit ihren Sohngeliebten" (271), die das „Sinnbild für *das Göttliche, die Liebe*" (271), darstellen.

In den Verkündigungsberichten von der Geburt Jesu findet Mulack somit eine Bestätigung für die Präsenz und Bedeutung sowohl des „göttlichen Weiblichen" (272), dessen Manifestation als Ruach der weiblichen Chochma der Weisheitstradition direkt entspricht, als auch des „menschlichen Weiblichen" (272), hier verkörpert durch Maria, im Kontext der neutestamentlichen Verkündigung. Der Aufweis der zentralen Stellung, die der Mutter Jesu in den beiden Perikopen zugewiesen wird, ist zu verstehen als eine erste Profilierung ihrer These: „In der Christusbotschaft nun wird die Frau nicht ausgeschlossen, sondern hereingenommen, ja zum Fundament gemacht, auf dem diese Botschaft aufbaut. Auf ihr ruht das Christus-Ereignis in mehrfacher Weise, wie noch herauszustellen sein wird" (267).

„Christus-Ereignis" meint hier nichts anderes als das idealtypische Gelingen des Bewußtwerdungs- und Wandlungsprozesses Jesu, der ihn zur Ganzheit und zu einer besonderen Zuwendung zum Weiblichen führt. Das heißt: Mulack formuliert die christologische Frage als die Frage nach psychischer Integriertheit. Die Ganzwerdung Jesu erscheint als Bedingung für seine „Messiaswerdung" und zugleich als mit ihr identisch.

Dies wird in Mulacks Interpretation der von Johannes überlieferten Begegnung Jesu mit der Samariterin (Jo 4,6–42) verdeutlicht. Sie markiert den Abschluß des psychischen Entwicklungsprozesses, dessen Verlauf hier zunächst skizziert werden soll:

An seinen Anfang stellt Mulack die von der Ruach initiierte Versuchung Jesu durch den Teufel (Mt 4,1 ff), die sie als Versuchung zu den drei patriarchalen Ismen – Materialismus, Imperialismus, Empirismus (vgl. 276) – versteht: „Bevor er zur Ganzheit . . . gelangen kann, muß er sich der Gefahren einseitiger Männlichkeit bewußt werden" (275).

Jesu Sieg über den Teufel ist vorerst nur ein bedingter: „Noch gelingt es Jesus nicht, den Schatten seiner Männlichkeit als zu ihm gehörig zu erkennen. Das Männlich-Böse verharrt in der Abspaltung, wird in die Wüste geschickt" (277).

Der Bericht von der Hochzeit zu Kana (Joh 2,1–12) dokumentiert Jesu ersten Machterweis, der allein auf die Intervention seiner Mutter Maria zurückzuführen ist: „Wie zu matriarchalischer Zeit verhilft auch hier die Mutter dem Sohn zur Macht" (278). Für Jesus selbst zählt hier jedoch primär nur der Gesetzesgehorsam gegenüber dem Vater, dem allein er sich verpflichtet weiß. „Das geistig Weibliche wird noch gegen seinen Willen, das heißt im Gegensatz zu seinem Bewußtsein, wirksam. Die Aufgabe der Integration liegt noch vor ihm. Gestellt wurde sie ihm bei seiner Taufe, als sich die weibliche Ruach auf ihn senkte, nachdem er sich selbst hatte ins Wasser tauchen lassen. Himmlisch-Weibliches und Irdisch-Weibliches, das sind die beiden Potenzen, aus denen einst die Schöpfung erstand und aus denen nun die Neu-Schöpfung ersteht, aus der der Mensch neu geboren werden soll" (279 f).

Die nur im Johannesevangelium auf den Bericht von der Hochzeit zu Kana unmittelbar folgende und an den Anfang von Jesu öffentlichem Auftreten gestellte Beschreibung der Tempelaustreibung (Joh 2,13–22) ist zugleich eine Beschreibung von Jesu „Fortschreiten zu einer höheren Bewußtseinsebene" (281), das sich über und als die Loslösung von der Mutter und die Befreiung des eigenen Weiblichen realisiert: „Jesus macht sich auf, das Symbol des Weiblichen zu befreien, psychologisch gesprochen seine Anima, die zuvor noch auf die Mutter projiziert war. Aus dieser Mutterbeziehung, ihrem Eingeschlossensein im Unbewußten bzw. in der matriarchalen Bewußtseinshälfte muß er den weiblichen Teil seiner Psyche befreien und in sein Bewußtsein integrieren" (282).

Mit der „Reinigung" (283) des Gotteshauses, das als ursprünglich matriarchales Symbol des Weiblichen zugleich als Projektionsträger seiner Anima erkennbar wird (vgl. 283 f), vollzieht Jesus eine symbolische Handlung, die sich gegen die „‚Vergewaltigung' des Gotteshauses" (283), die „nur eines der vielen Bilder der Vergewaltigung des Weiblichen in der Patriarchatsgesellschaft (ist)" (283), richtet.

Die Begegnung mit der kanaanäischen Frau (Mt 15,21–28) führt Jesus in eine weitere Konfrontation mit seiner Anima und zur Erkenntnis des Schattens seiner Männlichkeit. Denn anstatt sich seiner Beleidigung („Hündin") zu widersetzen, „identifiziert sie (die Kanaanäerin, D. B.) sich mit seinen lästernden Worten und hält ihm damit einen Spiegel vor, in dem er nun seine eigene Seele, die Bosheit *seines* Herzens anschauen kann. Seine eigenen Worte kehren zu ihm zurück. Erst nachdem er seine *eigene* Anima als Hündin erkannt hat, ist er bereit, dem Weiblichen Genüge zu tun" (286).

Indem er sich auf das Weibliche einläßt, dem „Verlangen" (Mt 15,28) der Frau entspricht, „lernt der Menschensohn, was es heißt, den Menschen das Heil zu bringen" (287). Und er „lernt", wer dieses Heils am meisten bedarf, nämlich die Verachteten, Entrechteten, Schwachen, mithin jene, denen nach matriarchalem Recht besonderer Schutz zu gewähren ist.

Daß Hinwendung zu den Schwachen auch meint, sie in ihrer „geistigen Bedürftigkeit" (292) wahrzunehmen und zu „heilen", verdeutlicht die bereits erwähnte Perikope vom Zusammentreffen Jesu mit der Samariterin. Diese – als Frau, Konkubine und Heidin – in besonderer Weise gesellschaftlich Mißachtete führt mit ihrem Wissen um die gemeinsame religiöse Tradition und mit ihrer unerschütterlichen Hoffnung auf den Messias Jesus zur Vergegenwärtigung der „geistige(n) Dimension des Weiblichen" (302) und zur Erkenntnis der alle Unterschiede und zeitliche Begrenzungen überschreitenden „geistigen Wahrheiten" (292): „Gott ist Geist, und nur dieser Geistigkeit bedarf es, um sich ihm zu nähern" (292). Durch die Samariterin, deren „Geistigkeit" sich im Gespräch mit Jesus manifestiert, „wurde seine einseitige Haltung endgültig kompensiert. Er, der bei der kanaanäischen Frau noch wußte: Ich bin nur zu den verlorenen Schafen des Hauses Israels gekommen, wird nun der samaritanischen Frau zum Messias, zum Erlöser" (293).

Die hier konstruierte Zusammenführung, genauer: Gleichsetzung von „Messiaswerdung" und psychischer Ganzwerdung grenzt den christologischen Gehalt der neutestamentlichen Verkündigung auf den Bereich individualpsychologischer Problematik ein. Diese Problematik wird der neutestamentlichen Verkündigung nicht lediglich als mögliche Interpretationsfolie unterlegt, vielmehr sucht Mulack sie als deren eigentliche Intention aus- und nachzuweisen.

Ihr Ansatz erscheint im Sinne einer impliziten bzw. funktionalen Christologie klassifizierbar. Indem er deren Verstehenszugang verabsolutiert, gelangt er faktisch jedoch nicht über die Wahrnehmung des irdischen Jesus hinaus. Was er mithin nur leistet, ist die Entfaltung einer tiefenpsychologischen Jesulogie, in deren Mittelpunkt der als beispielhaftes Verhaltensmodell verstandene ganzheitliche Mensch Jesus steht. Diese Jesulogie kann zum Ort für die Reflexion auf die Göttlichkeit Jesu deshalb werden, weil Mulack vom Verhältnis der Identität zwischen Ganzheit und Göttlichkeit ausgeht, das sie eindeutig in der Behauptung bestimmt: „Wenn der Mensch seine Ganzheit erlangt hat, ist er göttlich" (259 f). Die Fundierung dieses Verständnisses scheint durch die kabbalistische Sefiroth-Lehre mit ihrer Deutung des Sefiroth-Baumes als „Baum Gottes", „Weltenbaum" und „Seelenbaum" (32)[24] vorgegeben. Die Sefiroth-Lehre thematisiert sowohl Dimensionen des Seelischen als auch den Zusammenhang von ganzheitlichem Menschsein und Göttlichkeit: „Wie bereits zu Beginn dieser Arbeit erwähnt wurde, handelt es sich bei der Sefiroth-Lehre auch um die ‚Wissenschaft der Seele'; sie muß daher psychologischen Erkenntnissen entsprechen. Nur wenn sie das tut . . . wird man gewahr, was die Identität von Göttlichem und Menschlichem besagt, die ja die Grundlage dieser Lehre ist" (168).

Die von Mulack vorgenommene tiefenpsychologisch-jesulogische Reduktion sowohl der Christologie als aber auch der Soteriologie relativiert den Gehalt des christlichen Bekenntnisses zu Jesus als dem Christus, in dessen Leben, Tod und Auferstehung sich die einmalige und endgültige Selbstmitteilung Gottes ereignet hat. Gegen die Exklusivität dieser Offenbarung behauptet sie die potentielle Göttlichkeit eines jeden Individuums, die sich im Gelingen seines Individuationsprozesses realisiert. In diesem Prozeß erlangt der Mensch seine Ganzheit, das heißt, er schafft sich sein „Heil". Der Gedanke der Theosoterik wird hier konsequent durch die Vorstellung der Autosoterik des an seiner Freiheit unermüdlich arbeitenden (bürgerlichen) Subjekts ersetzt.

Das Erlösungshandeln des Gekreuzigten und seine Rechtfertigung in der Auferstehung deutet Mulack einzig im Blick auf die von Jesus vollzogene Animaintegration und seine sich daraus ergebende besondere Hinwendung zum Weiblichen: „Die Realisierung der eigenen Weiblichkeit und das damit verbundene Eintreten für weibliche Werte – das war es, was ihn ans Kreuz brachte" (307).

Hinsichtlich des Johannesevangeliums erscheint ihr die Darstellung von Jesus als dem „Durchbohrten" (313) auffällig. Indem sie diese auf die „priesterschriftliche Terminologie, nach der die Frau als ‚Durchbohrte' bzw. ‚Durchlochte' bezeichnet wird" (313), zurückbezieht, gelangt sie zu der Schlußfolgerung: „Auf diesem Hintergrund könnte man das Kreuzigungsgeschehen nach Johannes als eine ‚Initiation des Männlichen' bezeichnen, in der es die Geschlechtsmerkmale des Weiblichen erhält und so zum göttlichen (= ganzheitlichen) Menschen wird, der nicht mehr im Tode bleibt, sondern zum Erstling der Auferstehung wird" (314).

---

[24] Mulack zitiert hier aus: *Gershom Scholem*, Zur Kabbala und ihrer Symbolik, Frankfurt ³1981, 123.

Die Bedeutung der Auferstehung erhellt Mulack auf der Interpretationsfolie der matriarchalen Wandlungs- und Wiedergeburtsmysterien und setzt sie ihnen analog. Das heißt, sie begreift die Auferstehung Jesu als Durch- und Fortsetzung matriarchaler Reinkarnationsvorstellungen in der patriarchalen Kultur.

Dieser Versuch, das „Christus-Ereignis" in eine Kontinuität zur matriarchalen Tradition zu setzen, erstreckt sich auch auf Mulacks Deutung des Gottesbildes Jesu. Ihrzufolge ist der, den Jesus „Vater" nennt, nicht der im Alten Testament verkündete Gott der Väter: „Der Vater Jesu erinnert in seinem ganzen Verhalten auffallend an die Große Mutter: Er läßt seine Sonne aufgehen über Böse und Gute und läßt regnen über Gerechte und Ungerechte (Mt 5,45)" (332). Jesus stellt „diesen *schenkenden* Gott, der auf die Bedürfnisse der Menschen eingeht, . . . dem *fordernden* Gott seiner Zeit gegenüber, der sich eindeutig an männlichen Werten orientiert" (332). Sein „Vatergott" (332) bemißt seine liebende Zuwendung an die Menschen nicht nach den in starrem Gesetzesgehorsam erbrachten Leistungen, sondern schenkt sie vielmehr und gerade den Schwachen und Rechtlosen.

Die in der Darstellung von Mulacks Deutung der alttestamentlichen Gottesbilder herausgearbeitete Kritik ist auch gegen ihre Interpretation des Gottesbildes Jesu zu wenden. Denn auch diese bleibt einzig daran orientiert, die Offenbarungsreden Jesu auf der Grundlage des Oppositionsschemas vom positiven Weiblichen (bzw. matriarchalen Prinzip) und negativen Männlichen (bzw. patriarchalen Prinzip) selektiv zu ordnen. Sie führt schließlich und notwendig zur Bewahrheitung dessen, was ihr als Interesse und Ausgangsverständnis unterlegt ist: zum *Wissen* der „Weiblichkeit Gottes".

Gott als Mutter in mittelalterlicher Spiritualität
Methodologische Überlegungen zu Caroline Walker Bynums Buch „Jesus as Mother"
Ulrike Wiethaus

Die Wiederentdeckung weiblicher Metaphern Gottes in christlicher Tradition und die parallel sich entwickelnde Suche nach feministischer Spiritualität innerhalb und außerhalb des Christentums machen Texte wie Caroline Walker Bynums „Jesus as Mother", erschienen sowohl als Aufsatz in der „Harvard Theological Review" als auch als Kapitel eines Buches mit gleichnamigem Titel, in dem verschiedene Arbeiten der Autorin zu Themen der Spiritualität im 12. und 13. Jahrhundert zusammengestellt sind, zu aufregender und anregender Lektüre.[1] In der Tat wird der Beitrag denn auch in einer Buchrezension der Fachzeitschrift „Church History" als einer der „gedanklich anregendsten Beiträge zur Literatur über spirituelle Traditionen des Mittelalters" gepriesen, und der Verfasserin werden „große Belesenheit, ein wohlabgewogener Blickpunkt und eine geschickte Textanalyse" bescheinigt.[2]

1. Caroline Bynum geht von der Frage aus, warum in hochmittelalterlicher Spiritualität zunehmend weibliche Metaphern für die Beschreibung Gottes oder Jesu benutzt wurden. Traditionelle Antworten weisen auf die Entwicklung sogenannter „affektiver" oder „femininer" Spiritualität hin, die sich auf das grammatisch weibliche Geschlecht der Seele (lateinisch: anima) und einer symbolisch verstandenen sexuellen Vereinigung Gottes mit der Seele nach dem Vorbild des Hohenliedes bezieht. Der neu entstehende Marienkult und eine generelle Tendenz, menschliche Gefühlsbeziehungen wie Freundschaft oder die Liebe zwischen Eltern und Kind in die theolo-

---

[1] *Caroline Walker Bynum*, Jesus as Mother, Berkeley 1982; ihr dem Buch vorausgeganger Artikel wurde in: Harvard Theological Review 70 (1977) 257–284, publiziert.
[2] *Bernard McGuinn*, Buchrezension, in: Church History 52 (1983) 497–498.

gische Sprache aufzunehmen, rundeten das Bild affektiver Spiritualität ab und schienen als Kontext für eine Erklärung weiblicher Symbolik auszureichen. Caroline Bynum entdeckte jedoch, daß diese Theorien den überaus häufigen Gebrauch von Bildern der Mütterlichkeit und Weiblichkeit für kirchliche Amtsträger in Positionen großer Autorität nicht erklären konnten, obwohl die weiblich-mütterlichen Metaphern für Jesus bzw. für Gott und für den höhergestellten Klerus sich stark ähnelten und auch zu gleicher Zeit entstanden. Die „männliche" Autorität der realen Äbte, Bischöfe und Apostel stand in krassem Widerspruch zu den Konnotationen einer „weiblich-emotionalen" Sprache.

Auf die Kernfrage, warum nun gerade *Zisterzienseräbte* mehr und mehr Spielarten der Muttersymbolik für eine Beschreibung ihres Amtes und der Eigenschaften Gottes benutzten, findet Bynum im wesentlichen zwei Antworten, die über die traditionellen Theorien affektiver Spiritualität hinausgehen. Sie stellt fest (und bietet ausführliche Quellenzitate dazu), daß aufgrund der zunehmenden Rekrutierung Erwachsener für das Ordensleben anstelle der sonst üblicheren Aufnahme und Erziehung junger Menschen (der sogenannten Oblaten, die oft schon im Alter von sechs Jahren ein Leben im Kloster begannen) sich die seelsorgerischen und pädagogischen Aufgaben eines Abtes von Grund auf änderten. Nicht straffe autoritäre Führung der schon von Kindheit an an Ordensregel, Glaubensinhalte und Herrschaftsstrukturen gewöhnten Oblaten, sondern einfühlsame, fürsorgliche und verbal explizite Leitung ist gefragt, und Gott bzw. Gottes Sohn werden als legitimierende Vorbilder ebenso um diese neuen Verhaltensweisen „bereichert". Während dieser Gedanke das Kernstück des in der „Harvard Theological Review" veröffentlichten Artikels bildet, bietet die Autorin in einer erweiterten Fassung, Teil ihres Buches „Jesus as Mother", zusätzlich eine Modifikation des Begriffes „affektive Spiritualität" an. Im 12. Jahrhundert bereiten ein größeres Bewußtsein der Menschlichkeit Jesu, die die Brücke zwischen Gott und Mensch und damit den Zugang zum Heil garantiert, eine neue Sensibilität für den Menschen als Geschöpf nach dem Bilde Gottes und ein ungebrochener Heilsoptimismus den Boden für eine Sprache, die Geborgenheit, Gefühl und Wärme ausstrahlt. Bynum kontrastiert dieses Verständnis Jesu mit der spätmittelalterlichen Tendenz, das *Leiden* Christi und (im Kontext des Mütterlichen) das Geburtssymbol pessimistisch als Trennung und Entfremdung zu erleben.

2. Aber warum und wie wird dann zu diesem Zwecke im 12. Jahrhundert gerade die Mutter als Metapher benutzt? Und sagt der Gebrauch dieser Metapher etwas über die Situation der Mutter oder Frau als solcher im 12. Jahrhundert aus? Diese Fragen führen zu dem Teil der Nachforschungen Bynums, der für einen feministischen Ansatz am bedeutendsten ist. Sie isoliert in den Texten der von ihr gewählten Schriftsteller[3] die zwei häufigsten Bildgruppen des Mütterlichen: Variationen über das Symbol der weiblichen Brust in ihrer Funktion des Nährens und im übertragenen Sinne des Lebensspendens und zum anderen über den Schoß als umhüllende und schützende Höhle, Zärtlichkeit und liebevolle Wärme repräsentierend. Beide Bildgruppen symbolisieren Beziehungen der Abhängigkeit, des Einverleibens, der Verschmelzung und stehen insofern für das „Weibliche", während im Gegensatz dazu Vatersymbole das „Männliche" schlechthin, Autorität, Strenge und Disziplin repräsentieren. Bynum argumentiert, daß diese Bilder in ihrer übergroßen Einfachheit keineswegs Aufschluß über die Stellung der Frau, der Familie oder der Kindeserziehung geben, sondern lediglich im Kontext des Klosterlebens der Schreiber entschlüsselt werden dürfen.

Aber genau dieser Forderung, die vorschneller Euphorie oder heftiger Ablehnung von seiten mehr oder weniger feministischer Historiker/innen vorbeugen will, wird Bynum selbst in der erweiterten Buchfassung untreu. In der „Harvard Theological Review" werden noch die vollkommene Isolation der Mönche von Frauen und die Erfahrung eines intimen Familienlebens, die einem erwachsenen Novizen im Gegensatz zum vielleicht sechsjährigen Oblaten zumeist möglich war, als Bedingung zum unbefangenen Gebrauch der Muttermetaphern genannt. In der Buchfassung dagegen benutzt Bynum ein Spektrum von Nonnen verschiedenster Orden, Beguinen, Heiligen und Reklusen aus drei Jahrhunderten, um die Spiritualität der (männlichen) Zisterzienseräbte im 12. Jahrhundert schärfer zu konturieren, ohne auf die fundamentalen Unterschiede im Erfahrungskontext *weiblicher* religiöser Schriftsteller im Vergleich zu männlichen Verfassern einzugehen und ohne sorgfältig zwischen den einzelnen Frauen selbst zu unterscheiden. Daß dabei Bilder und Metaphern aus ihrem Kontext gerissen und somit entstellt werden und um so weniger die eigene Bedeutung preisgeben können, also im

---

[3] Bernhard von Clairvaux, Aelred von Rievaulx, Guerric von Igny, Isaac von Stella, Adam von Perseigne, Helinand von Froidmont, Wilhelm von St. Thierry und der Benediktiner Anselm von Canterbury. Zitiert in ihrem Buch: Jesus as Mother 112.

Grunde daher gerade nicht dazu dienen, den Zisterziensergebrauch der Muttermetaphern zu erhellen, reflektiert die Autorin nicht. Die Interpretation dieses Faux pas als unbewußte Wiederholung allzu gut bekannter Verdrängung spezifisch weiblicher Leistungen in westlicher Kultur liegt nur zu nahe. Dies bestätigt indirekt auch ein Blick in das letzte Kapitel ihres Buches, das die Mystikerinnen des Klosters Helfta diskutiert. So seien zum Beispiel die objektiv gegebene rechtliche Machtlosigkeit der Frauen und die eingeschränkten Möglichkeiten, sich eine Rolle in der religiösen Hierarchie zu wählen, eher positiv zu bewerten, weil sie den Frauen weniger Gelegenheit zur Sünde geben. Gertrud von Helfta und Mechthild von Hackeborn wird trotz ihrer Isolation von kirchlichen Machtstrukturen „power and serenity" in ihrer Seelsorgearbeit bescheinigt.[4]

Es scheint mir, daß Bynum im Vergleich von Männer- und Frauensprache zwar im Ansatz feministische und „ideologiekritische" Interpretationsarbeit leistet, dies auch in ihrem Aufsatz über die Zisterzienseräbte des 12. Jahrhunderts zu einem Großteil durchhält, aber in ihrer Diskussion über die Helfta-Gruppe und in dem Vergleich von Zisterziensermetaphern und den Mutterbildern der weiblichen Schriftsteller paradoxerweise die Relation zwischen sozialer Stellung, Situation der klösterlichen Existenz und Bildersprache verwischt oder erst gar nicht beachtet. Warum z. B. ist Gertruds und Mechthild von Hackeborns Jesusbild das eines Herrschers, eines Regenten und Richters und weniger das eines Liebhabers? Und warum ist es gerade umgekehrt in der Sprache Mechthilds von Magdeburg? Warum bezieht sich der sonst so gefühlvolle Bernhard von Clairvaux, der in Mutterbrust- und Mutterschoßmetaphern schwelgt, aber dann zu größter Blutrünstigkeit während der Kreuzzüge aufrufen kann, gerade auf den Richter und Herrscher Jesus Christus, während das gleiche Bild Gertrud in das isolierte und kontemplative Leben des Frauenklosters bannt? Und übt im Vergleich zu Gertrud Mechthild von Magdeburg nicht mehr Einfluß auf ihre Umgebung aus, obwohl sie ein vergleichsweise machtloses Jesusbild – das des Bräutigams – zum Vorbild hat und auch sich selbst oft mit negativen Eigenschaften beschreibt?

---

[4] 227. Leider kann ich hier nicht genauer auf das Problem der sozialen Stellung der Nonnen eingehen. Zwar kontrastiert Bynum „power and serenity" mit der für Frauen sich verschlechternden Situation in der Kirche, aber sie ignoriert völlig das isolierte In-Sich-Kreisen der Visionen und die Egozentrik in der Beziehung zwischen Nonne und göttlichem Liebhaber, die meiner Meinung nach auf die Isolierung nach außen und die

3. Mir scheint, daß sich viel Konfusion vermeiden ließe, wenn den jeweiligen Bildern ein genauer, historisch zutreffender Kontext zugeordnet würde. Anstatt, wie es die Autorin tut, den Sprung von den inneren Strukturen des Zisterzienserklosterlebens hin zu einem sehr allgemein gehaltenen Abriß des Wechsels in der Frömmigkeit des 12. Jahrhunderts zu wagen, wäre es angebrachter, zum Beispiel genauer die Beziehung zwischen dem Orden der Zisterzienser und den zu ihm drängenden Fluß religiös veranlagter Frauen zu untersuchen. Dann ist Bynums These nicht mehr haltbar, daß die Mönche zum Großteil dank ihrer Isolation von Frauen so unbeschwert und detailliert Muttermetaphern benutzen konnten. Zu Derek Bakers Aufsatzsammlung „Medieval Women" steuerte Sally Thompson einen Aufsatz über Zisterziensernonnen des 12. und frühen 13. Jahrhunderts bei, der wie schon R. W. Southern in seinem Buch „Western Society and the Church in the Middle Ages" den großen Erfolg der Zisterzienserreformideen unter adligen Frauen herausstreicht. Die meisten Klostergründungen der Mönche zogen Siedlungen von gleichgesinnten Frauen nach sich, sehr zum Ärgernis der Mönche. Es brauchte mehr als ein Jahrhundert zäher Integrationsversuche der Frauen in Zusammenarbeit mit der Kirche, bis 1213 die Frauenorden offiziell anerkannt wurden; erst 1191 wurden sie überhaupt von den Zisterziensern selbst erwähnt.[5] Ein anderer Berührungspunkt zwischen den Mönchen und Frauen betrifft die Stiftung von Ländereien für den Unterhalt der Zisterzienser. Wie viele Stifter waren tatsächlich Frauen (Southern zitiert eine spanische Adlige, die ihr ganzes Vermögen dem Orden vermachte), und wieweit wurden sie in den Klöstern verehrt? Gertrud von Helfta z. B., deren Kloster nach der Zisterzienserregel lebte (eine Tatsache, die von Bynum nicht beachtet wird), beschäftigt sich in ihren Visionen ausgiebig mit dem Schicksal der männlichen Stifter und zeichnet ein überaus positives Charakterbild von ihnen. Eine weitere These Bynums bedarf der Korrektur, daß nämlich die steigende Popularität der Muttersymbolik Gottes plötzlich die Vater-, Richter- oder Königsrolle Gottes abgelöst hätte. Gerade Bernhard von Clairvaux benutzt eine sehr „maskuline" Bilderfolge, um zu den Kreuzzügen aufzurufen.[6] Diametral entgegen-

soziale Wirkungslosigkeit hinweisen. Ist die „power" nicht nur eingebildet? Und die „serenity" die eines abgeschnittenen Wasserarms?
[5] Siehe *R. W. Southern*, Western Society and the Church .., New York 1970, 316–318. 250–272; *Derek Baker*, Medieval Women, Oxford 1978.
[6] So z. B. in seinem Brief an die Bayern, zitiert in: *A. J. Luddy*, Life and Teaching of St. Bernard, Dublin 1927, 528.

gesetzte Frömmigkeitsformen können nebeneinander weiterbestehen, was für den Historiker bedeutet, daß zum einen Metaphern eher lose verbunden und ohne Anspruch auf Widerspruchslosigkeit benutzt wurden und daß zum anderen ein Bild nur in Beziehung zu vergleichbaren anderen Bildern verstanden werden kann. Licht auf die Muttermetapher der Zisterzienser werfen also gerade nicht Frauen wie die Reklusin Juliana von Norwich aus dem 14. Jahrhundert, sondern eher Texte wie Bernhards Briefe an Papst Eugen oder Schenkungsbriefe u. ä. der Zisterzienser. Erst wenn ähnlich detaillierte Arbeit für andere zeitgenössische Orden und Schriftsteller wie zum Beispiel Peter Abaelard, der sich intensiv mit der Struktur und Rolle des ihm unterstellten Frauenklosters beschäftigte und sowohl für sich selbst als auch für die Nonnen männliche und weibliche Metaphern benutzte,[7] geleistet worden ist, kann der Versuch unternommen werden, affektive Spiritualität des 12. Jahrhunderts mit dem Gebrauch „feminisierter" Sprache in Beziehung zu bringen und dies wiederum in Beziehung etwa zu bestimmten Orden wie den Zisterziensern (um Bynums Beispiel wiederaufzunehmen) zu setzen.

4. Abschließend noch eine Bemerkung zu dem Phänomen der Inversion. Bynum meint festzustellen, daß die Gewohnheit der Kirchenväter, außergewöhnlichen Frauen als Lob männliche Tapferkeit oder Männlichkeit als solche zu bescheinigen, sich im Mittelalter umkehrte: Nun war es an den Mönchen, sich selbst als weiblich, töricht, unmännlich auszugeben, um der verdorbenen Gesellschaft den Spiegel wahrer Tugend vorzuhalten. Aber wiederum gilt, daß der Bruch sich nicht so eindeutig und einseitig vollzog: Unter den weiblichen Schriftstellern ist im 12. und selbst im 13. Jahrhundert die Idee männlicher Tapferkeit in bezug auf eigenes Verhalten nichts Fremdes. Herrad von Landsberg illustriert in ihren Bilderbogen, wie es gemeint ist: Ihre Kriegerinnen tragen wohl eine Soldatenrüstung und kämpfen „wie ein Mann" gegen die Sünden, aber die Rüstung ist über den bodenlangen, sich bauschenden Gewändern angelegt. Die Ikonographie schlägt keine Geschlechtsumwandlung vor, sondern eher bewußt gewählte Metaphorik. Was sich hier geändert hat, sind der Kontext und die Autorschaft: Frauen nehmen männliche Attribute für sich selbst in Anspruch und sind nicht nur Objekt männlicher

---

[7] Siehe The Letters of Abelard and Heloise, Ed. Betty Radice, New York 1974, 83 und 198.

Wertungen. So benutzen auch Mechthild von Hackeborn und Hildegard von Bingen das Bild des Kriegers, und noch Mechthild von Magdeburg kann an die Seele schreiben: „Du bist ein mannhafter Mann in deinem Streit und Hader ... Dein Schwert ist die edle Rose Jesu Christ ... Dein Schild ist die weiße Lilie Maria."[8] An anderer Stelle bittet sie Gott um ein heiliges Waffenkleid, damit die Seele gegen ihre Feinde kämpfen kann.[9] Allerdings überwiegen bei weitem Bilder und Allegorien, die im Einklang oder zumindest nicht im Gegensatz zum Geschlecht der Verfasserin stehen, und wie schon der Vergleich von Schwert und Schild mit Lilie und Rose und, auf einer weiteren Ebene, mit Jesus und Maria andeutet, ruft das „Transvestiten"-Motiv nach Vergleichen im größeren Kontext.

Wenn wir jedoch nach den Auswirkungen und der Bedeutung der Inversion und der feminisierten Sprache für Mönche und religiös lebende Frauen fragen, so fällt als erstes auf, daß Frauen, gleichgültig welche der verfügbaren Kombinationen sie wählen (Gott als Mutter/ Frau als Tochter; Gott als militärischer Befehlshaber/Frau bzw. Seele als Krieger; Gott als Liebhaber/Frau als Braut; Gott als Kind/Frau als Mutter; Maria als Schwester, Mutter, Kaiserin, Göttin/Frau als Anbetende), bis auf den selteneren Fall der Figuration „Seele als Krieger/Gott als Befehlshaber" nie ihre eigene geschlechtliche Identität aufgeben, sondern diese oft sogar von höchster Instanz bestätigt wird. Gehen wir davon aus, daß die mittelalterliche Gesellschaft hingegen von patriarchalischen Werten bestimmt war und das Männerbild sich immer durch militärische „Tugenden" auszeichnete (das gilt im allgemeinen auch für die Minnekultur), so überrascht um so mehr, daß in der Hälfte aller Kombinationen der Mönch in „Opposition" zum eigenen Geschlecht oder zumindest in einer gewissen Distanz steht (im Falle der Kombination „Gott als Mutter/Mönch als Kind). Es ergeben sich für ihn folgende Muster: Gott als Mutter/ Mönch als Kind; Gott als Liebhaber/Mönch bzw. Seele als Braut; Gott als Kind/Mönch als Mutter; Gott als Kaiser bzw. Befehlshaber/ Mönch als Soldat; Maria als Geliebte oder Mutter/Mönch als Troubadour, Anbetender oder Schutzsuchender. Der Vollständigkeit halber sollte noch erwähnt werden, daß die häufig zitierten misogynen Texte der Mönche ihnen natürlich ebenso wie die Marienverehrung oder das feudale Gottesbild wiederum eine ungebrochene

<hr />

[8] *Mechthild von Magdeburg*, Das fließende Licht der Gottheit, übers. und ediert von Margot Schmidt, Einsiedeln 1955, 100.
[9] Ebd. 364.

Identifikation mit ihrer eigenen Männlichkeit garantieren,[10] wenn auch über den Umweg des idealisierten Kampfes um Keuschheit.

Die feministische Frage nach der Bedeutung dieser Strukturen für die Religiosität derjenigen mittelalterlichen Frauen und Männer, deren Texte uns überliefert sind, profitiert jetzt von den Einsichten und Fehlern, die Caroline Bynum in ihren Beiträgen präsentierte. Drei Koordinaten scheinen mir ausschlaggebend zu sein: zum einen ein sorgfältig abgestecktes kontextuelles Umfeld, das sowohl den benutzten Text mit seiner Vielfalt von Beziehungskombinationen und Bildfigurationen als auch die Position des Autors innerhalb seiner sozialen Gruppe mit einschließt, zum anderen die Untersuchung des Verhältnisses dieser „Peer group" in Beziehung zur umfassenderen Gesellschaftsstruktur. Letzteres kann auch als die Frage nach dem Sitz der Macht formuliert werden. Seit der überzeugenden Arbeit Shulamith Shahars über Frauen als den „vierten Stand" der mittelalterlichen Gesellschaft[11] ist es – drittens – unumgänglich, davon auszugehen, daß der Sprache der Mystikerinnen, selbst wenn sie scheinbar gleiche Wörter benutzt oder Zusammenhänge beschreibt, die auch bei einem zeitgenössischen männlichen Autor zu finden sind, dennoch andere Erfahrungen zugrunde liegen. Nach Shahar unterscheiden sich in jedem Stand die Frauen grundsätzlich von ihren männlichen Pendants, was rechtliche Grundlagen betrifft. Dies wirkt sich bis in die kleinsten Details ihres Lebens aus, beginnt bei der Geburt und reicht von der Erziehung über „Berufswahl", Verheiratung, Erbrecht, Altersversorgung bis hin zur Grabstätte. Als weiteres Interpretationselement, um es noch einmal klar zu sagen, muß also die existentiell vom Manne sich unterscheidende Erfahrungsdimension der Frau miteinbezogen werden, um die Rolle und Aussagekraft einer „Verweiblichung" der Sprache voll zu verstehen.

---

[10] Ein Ausspruch Bernhards mag stellvertretend für viele andere zitiert werden: „Immer mit einer Frau zusammenzusein und *nicht* mit ihr Geschlechtsverkehr zu haben ist schwieriger, als die Toten zu erwecken. Ihr seid nicht fähig, das Leichtere zu vollbringen: meint ihr, ich werde glauben, daß ihr das Schwierigere zu tun in der Lage seid?" in: Sermones in Cantica LXV (PL 183, 1091).

[11] *Shulamith Shahar*, The Fourth Estate, London 1983; deutsch: Die Frau im Mittelalter, Königstein 1981; Fischer-Taschenbuch 1983.

Frau – Sexus – Macht
Eine feministisch-theologische Relecture des Hoseabuches
Marie-Theres Wacker

Durchweg gilt feministischer Kritik das Alte Testament als Dokument des Patriarchats: Der Gott Israels ist ein männlich bestimmter Gott und ein Gott der Männer; Frauen haben in der Öffentlichkeit des Alten Israel, in Recht, Politik, Religion, nur in Ausnahmefällen – so etwa der Richterin Debora (Ri 4–5) oder der Prophetin Hulda (2 Kön 22) – eigenständige Artikulationsmöglichkeiten. Dieses Urteil wird kaum grundsätzlich in Frage gestellt werden können, hilft feministischer wie feministisch-theologischer Auseinandersetzung mit vergangenen und gegenwärtigen Formen von Frauendiskriminierung und -unterdrückung aber nur dann weiter, wenn es nicht in eine pauschale Diffamierung des Alten Testaments einmündet, sondern herausfordert zu einer Analyse der Voraussetzungen und Mechanismen, die in der Geschichte des Alten Israel dem Patriarchat Vorschub geleistet haben. Denn nach dem Alten Testament selbst ist der Zusammenhang einer primär männlich bestimmten Gottesvorstellung in Entsprechung zu einer von Männern beherrschten Gesellschaft nicht einfachhin gegeben, sondern wird in immer wieder neuen Auseinandersetzungen Israels mit seiner eigenen Vergangenheit und Gegenwart und darin zweifellos auch mit Frauenmacht und Frauenreligion herausgebildet.

In diesen Auseinandersetzungen spielt der Prophet Hosea eine herausragende Rolle: am Anfang der Schriftprophetie in Israel thematisiert er zum ersten Mal das Verhältnis Israels zu seinem Gott Jahwe als eine Liebes- bzw. Ehebeziehung, die der weibliche Part durch „Hurerei" und „Ehebruch" gefährdet. Dem Mann Hosea wird also die gestörte Beziehung zwischen Israel und Jahwe abbildbar in einem Konflikt zwischen Frau und Mann oder auch zwischen Mutter, Vater und Kindern. Die Frage nach dem Antagonismus von

Männlich und Weiblich und dessen Bezug auf das Sprechen von Gott und Mensch, eine Grundfrage feministisch-theologischer Analyse und Theoriebildung, ist damit an das Buch Hosea nicht von außen herangetragen, ergibt sich vielmehr aus der Konstellation der Texte selbst und reizt zur Nachfrage.

Entsprechend dieser feministisch-theologischen Grundfrage wird nach einem – notgedrungen summarisch bleibenden – ersten Einblick in das Buch Hosea (I) zunächst herausgearbeitet, wie sich der hoseanischen Prophetie der Antagonismus zwischen Frauen und Männern konkret darstellt (II) und sodann ein entsprechender Antagonismus Weiblich – Männlich auch für die Rede von Gott und den Göttern im Hoseabuch aufgewiesen (III), den auch die abschließend betrachteten, auf den ersten Blick in eine andere Richtung weisenden Texte des Buches (IV) letztlich nicht aufheben können.[1] Insofern ist das Hoseabuch eine „recht stroherne Epistel" für die *Woman's Bible* . . .

I. „Hurerei" als Leitkategorie hoseanischer Polemik

Hoseas Prophetie beginnt mit einem Paukenschlag:
„Geh, nimm Dir ein Hurenweib und Hurenkinder,
denn ganz und gar hurerisch wendet sich das Land
von hinter Jahwe her weg."[2]

---

[1] In dieser Skepsis trifft sich meine Gesamteinschätzung Hoseas bzw. des Hoseabuches (vgl. dazu Anm. 3) mit der von *Helgard Balz-Cochois,* deren Monographie über „Gomer. Der Höhenkult Israels im Selbstverständnis der Volksfrömmigkeit. Untersuchungen zu Hosea 4,1–5,7" (Frankfurt 1982) gerade für eine feministisch-theologische Bearbeitung des Hoseabuches nahezu unerschöpfliche Anregungen bietet (und von der Autorin selbst auch feministisch-theologisch weitergedacht wurde, vgl. *dies.,* Gomer oder die Macht der Astarte. Versuch einer feministischen Interpretation von Hos 1–4, in: Evangelische Theologie 42 [1982] 37–65). Die Monographie enthält eine Fülle von Details und Darstellungen von Zusammenhängen, nuanciert dargeboten und keiner gängigen Theorie nachgeschrieben, vielmehr abgewogen auf dem Hintergrund der gelebten Erfahrung einer Situation, die bei aller Verschiedenheit zu der der Zeit des Hosea wertvolle Anregungen zur Durcharbeitung des antiken Zusammenhangs gegeben hat: die Situation eines afrikanischen Dorfes in Kamerun, „in welchem Christliches und Traditionelles sich in ‚natürlicher' Weise vermischen oder auch unverbunden nebeneinander fortbestehen" (Gomer 17). Unerschöpfliches Material und anregende Interpretationen bietet auch *Urs Winter,* Frau und Göttin, Fribourg/Göttingen 1983.

[2] Mit „ganz und gar hurerisch" ist (in Übernahme der Formel bei *Jörg Jeremias,* Der Prophet Hosea [ATD 24,1, Neubearbeitung], Göttingen 1983, 24) die Figura etymologica *zānōh tiznäh* wiedergegeben, in dieser Form des Verbums *zānäh* ein Hapax legomenon. Die (hier in Verbindung mit *meachᵉre jhwh* vorliegende) Constructio praegnans, bei der in der Übersetzung ein Verb der Bewegung zu ergänzen ist,

Die Beziehung eines Mannes zu seiner Frau (und seinen Kindern) wird damit gleich von vornherein ins Zentrum gerückt und gibt die Perspektive an, unter der das Buch Hosea insgesamt gelesen werden soll. In der Tat ist der Vorwurf der „Hurerei" eine Schlüsselkategorie der hoseanischen Prophetie,[3] mit der sich ihre großen Themen einander zuordnen lassen.

1. *„Denn Jahwe haben sie verlassen, um Hurerei zu bewahren."*[4] – „Hurerei" ist in Hoseas Augen zuallererst der Kult Israels. Dies zunächst in einem sehr konkreten Sinn: Israel feiert Feste mit Tieropfern und Räucherwerk, mit Orakelbefragung und berauschenden Getränken (Hos 4,11–12), auf baumbestandenen Höhen, die in der Sommerhitze angenehm schattig sind (4,13 a). Während dieser gottesdienstlichen Feste, als ihr integraler Bestandteil neben den Opfern und unter maßgeblicher Beteiligung des männlichen und weiblichen Kultpersonals, finden auch sexuelle Kontakte zwischen den anwesenden Männern und Frauen statt (4,13 b–14) – für Hosea eine solche Ungeheuerlichkeit, daß er sie sich mit immer nur den gleichen Worten von der Seele reden muß.[5] Denn sie verweist auf das

---

erscheint häufiger bei Hosea *(H. W. Wolff,* Hosea [BK XIV,1], Neukirchen ³1976, 7, nennt noch Hos 2,17.20; 3,5; 12,7 und schreibt sie Hosea selbst zu). – Wenn *Wolff,* Hosea 6, schon in seiner Übersetzung das plastische Bild des von Jahwe weghurenden Landes abschwächt („Denn das Land läuft der Hure gleich von Jahwe weg"), trägt er zu früh seine (entmythologisierende) Deutung ein.

[3] Wenn im Folgenden die Termini „Hoseabuch", „hoseanische Prophetie" und „Hosea" benutzt werden, dann drückt sich darin die Überlieferungssituation der Worte Hoseas aus: Nach der Zerstörung Samarias 722 v. Chr. kam das hoseanische Material ins Südreich Juda und wurde dort bis in die nachexilische Zeit hinein wohl mehrmals bearbeitet bis zur jetzigen Gestalt des *Hoseabuches.* Die *hoseanische Prophetie* lebt von der jetzigen Zusammenstellung des Materials in größeren Redeeinheiten, die möglicherweise z. T. schon 722 v. Chr. vorlagen, also von direkten Schülern Hoseas gestaltet wurden. Ob auf *Hosea selbst* nur jeweils kurze Logia zurückgehen (so etwa *G. Fohrer,* Vom Werden und Verstehen des Alten Testaments, Gütersloh 1986, 176) oder längere Reden, die von Schülern in „Auftrittsskizzen . . . alsbald nach dem Verkündigungsvorgang" niedergelegt wurden *(Wolff,* Hosea XXV), braucht hier nicht entschieden zu werden – beiden Positionen ist gemeinsam, daß sie mit insgesamt relativ wenig nicht-hoseanischem Material rechnen und die Grenze zwischen „Hosea" und „hoseanischer Prophetie" zu Recht fließend halten. Im Folgenden wird auf detaillierte Literarkritik verzichtet; im einzelnen vgl. jedoch zu den jeweils aufgenommenen Stellen des Hoseabuches.

[4] Hos 4,10. Zur Verbindung von *lischmor* (4,10) und *zenuth* bzw. einem konjizierten *zᵉnunim* (4,11) vgl. etwa *Wolff,* Hosea 89; *Jeremias,* Hosea 63 Anm. 6.

[5] In der Anklage Hos 4,9–14 ist allein siebenmal vom „Huren" die Rede (4,10/11.12².13.14²), inklusive der für Hosea (und danach Ezechiel) typischen Abstraktbildung *zᵉnunim.* Wiederholung ist ein hoseanisches Stilmittel: *Wolff,* Hosea XVII.

Grundübel in Israels Verhältnis zu seinem Gott Jahwe und ist sein vielleicht sprechendster Ausdruck: In Israels rauschenden Kultfeiern ist für Hosea nicht Jahwe gemeint, sondern Baal; indem man nämlich Jahwe als „meinen Baal" anruft (vgl. Hos 2,18) und ihn durch solche Feiern ehrt, hat man ihn de facto durch Baal verdrängt.[6] Von diesem Baal wird Leben im umfassenden Sinn erwartet, er gilt als Garant der Vegetation, des Gedeihens der Tiere und auch der menschlichen Nachkommenschaft als Voraussetzung für Wohlstand und politische Stärke. In Hoseas Augen setzt Israel damit auf falsche Karten. Seine gesamte Prophetie, vor allem aber die ersten drei Kapitel des Buches dienen dem Aufweis, daß Israels Verhalten das einer Hure ist, die fremden Männern nachläuft, statt bei ihrem Mann zu bleiben, der sie liebt, und daß dieses Verhalten, das der Lebenssicherung dienen soll, in die sichere Katastrophe führt. Denn ein solchermaßen gestörtes Gottesverhältnis mit seinen entsprechenden kultischen Ausdrucksformen äußert sich nach Hosea zwangsläufig auch in verhängnisvollem politischem Verhalten, in der Innen- wie in der Außenpolitik.

2. „Sie selbst haben Könige gekürt, doch ohne meinen Auftrag."[7] – Innenpolitisch ist die Zeit Hoseas gekennzeichnet durch eine Serie von blutigen Thronstürzen. „Nach dem Tode Jerobeams II. ging es im Nordstaat Israel mit der von Jehu begründeten Dynastie rasch zu Ende. Zunächst bestieg Jerobeams Sohn Sacharja (747) den Thron. Doch schon nach sechs Monaten kam es zu Wirren, in deren Verlauf der König von einem Usurpator namens Schallum ben Jabesch getötet wurde. Dieser wiederum erfreute sich einer Regierungszeit von nur einem Monat; danach fiel er durch die Hand eines Mannes, der sich in den Wirren als die stärkste Figur erwiesen hatte: Menachem ben Gadi."[8] Nach seiner etwa zehnjährigen Regierung folgte

---

[6] Wenn nach Hos 2,18 Israel in Zukunft nicht mehr zu Jahwe sagen wird „mein Baal", dann besagt dies für die Gegenwart, daß Jahwe offenbar als Baal verehrt, daß Jahwe „baalisiert" wurde. Der Kampf Hoseas ginge dann um das „wahre Gesicht" Jahwes: Jahwe ist keine Erscheinungsform des Baal, so daß Baal Jahwe gleichsam in sich aufgesogen hätte – und in diesem Sinne richtet sich Hoseas Polemik gegen Baal, der an die Stelle von Jahwe getreten ist, bzw. gegen Israel, das, statt Jahwe allein anzuhangen, den Baal verehrt. (Für das religionsgeschichtliche Problem des Vergleichs zwischen Jahwe und Baal wäre es interessant, diese Spur – Jahwe als mögliche kultische Repräsentation Baals – weiterzuverfolgen, ähnlich wie dies F. M. Cross für das Verhältnis Jahwe – El versucht hat. Vgl. Balz-Cochois, Gomer 122–28.)

[7] Hos 8,4a.

[8] H. Donner, Geschichte des Volkes Israel und seiner Nachbarn in Grundzügen 2 (ATD Erg. Reihe 4/2), Göttingen 1986, 303.

sein Sohn Pekachja, gegen den sich (nach 2 Kön 15,25) sein Schildträger Pekach empörte. Dieser wiederum wurde wenige Jahre später von einem Hosea ben Ela gestürzt (2 Kön 15,30).

Der Hintergrund dieser Thronwirren ist die Herausbildung des neuassyrischen Großreiches und sein immer stärker werdender Druck auf die Staaten der syropalästinischen Landbrücke, dessen diese sich mehrmals durch Staatenkoalitionen zu erwehren versuchten. Das Nordreich Israel unternahm 734 mit seinem Nachbarn Damaskus einen Krieg gegen den Bruderstaat Juda, um diesen zum Beitritt zu einer antiassyrischen Koalition zu zwingen (sogenannter syrisch-ephraimitischer Krieg). Die Folge dieses Blutvergießens nach innen waren die assyrische Eroberung von Damaskus und die Bestätigung des Putschisten Hosea ben Ela als Vasallenkönig von Assurs Gnaden in Israel.[9]

Der Prophet Hosea bezieht das Königtum seiner Zeit in seine Anklage auf „Hurerei" mit ein. Das erste Kind aus der Ehe mit Gomer, dem „Hurenweib", das er auf Befehl Jahwes geheiratet hat und dessen Kinder „Hurenkinder" sind (Hos 1,2 a), erhält den Namen Jisreel, Hinweis auf eine der königlichen Residenzstädte:

„Nenne seinen Namen Jisreel –

denn noch kurze Zeit,

dann werde ich die Bluttaten Jisreels ahnden am Hause Jehu

und ein Ende setzen dem Königtum des Hauses Israel" (Hos 1,4).

Schon die mächtige Dynastie Jehu ist demnach ein „Hurenkind", Produkt verkehrter Beziehungsverhältnisse – im Kontext kann dies nur heißen, eine nicht von Jahwe legitimierte Dynastie, da durch „Bluttaten", durch Usurpation, durch Eigenmächtigkeit an die Macht gekommen.[10] Umgekehrt scheint ein jahwegemäßer König als Symbol einer intakten Beziehung zwischen Gott und Volk gelten zu können.[11] In der Gegenwart sieht Hosea jedoch nur Königsmacherei zur Steigerung der Macht (vgl. Hos 8,4; 13,10), so daß die einzig mögliche Schlußfolgerung gezogen werden muß: „Das Vertrauen auf

---

[9] Vgl. ebd. 303–309.

[10] Dieses Urteil ist um so erstaunlicher, als nach 2 Kön 9 Jehu durch den Jahwepropheten Elischa zur Revolution ermächtigt worden war.

[11] Nach Hos 3,3 wird die soeben erworbene Frau von Liebhabern und vom eigenen Ehemann ferngehalten ($w^e gam$-ᵃni $el\bar{a}jik$ – „und so [mache] auch ich mit Dir" = „ich komme nicht zu Dir"), in der Deutung: von König und Fürsten und von Opfern, Masseben, Ephod, Teraphim. Wenn hier das „Ich", der Ehemann, „König und Fürsten" vertritt, würden diese, positiv gesehen, Jahwe im Volk repräsentieren können.

die Machtpolitik wird zur Saat des Todes",[12] der König selbst wird in den Untergang mit einbezogen (vgl. Hos 10,15; 13,11)[13].

3. *„Denn sie selbst sind nach Assur hinaufgestiegen – Ephraim gab Liebesgeschenke."*[14] – Außenpolitisch ist die Zeit Hoseas gekennzeichnet durch den Versuch, mit wechselnder Bündnispolitik eine relative Sicherheit zu erzielen. Unter dem König Menachem zahlt Israel Tribut an Assur, unter Pekach wird ein Aufstand versucht; Hosea ben Ela erkennt zunächst die assyrische Oberhoheit an, sucht dann aber Kontakte nach Ägypten (2 Kön 17,4) und stellt die Tributzahlungen an Assur ein. Nach knapp drei Jahren fällt das Nordreich Israel der assyrischen Strafexpedition zum Opfer und hört auf zu bestehen (722 v. Chr.).[15]

Der Prophet Hosea hat den Untergang des Nordreiches wohl nicht mehr erlebt. Für ihn jedoch war die genannte Bündnispolitik insgesamt sinnlos:

„Ephraim wurde wie eine Taube –
verführbar, ohne Verstand.
Ägypten haben sie angerufen, Assur sind sie nachgelaufen"
(Hos 7,11).

Israels politische Verführbarkeit aber führt Hosea wiederum auf den in Israel herrschenden „Geist der Hurerei" (vgl. Hos 4,12; 5,4) zurück; die Bündnispolitik ist selbst Ausdruck von Hurerei: Israel bringt Assur „Liebesgeschenke" (Hos 8,9),[16] biedert sich diesem

[12]   *Wolff*, Hosea 245.
[13]   K. Koch stilisiert den Zusammenhang von Hurerei/Ehebruch und Königtum bei Hosea noch stärker: „Durch die Benennung des ersten ‚Kindes der Hurerei' mit einem auf das Haus Jehu weisenden Namen wird dieses in einen Baalszusammenhang hineingestellt ... Hosea greift wohl nicht von ungefähr den Namen Jesreel ‚El sät (besamt)' auf, der anscheinend von Anhängern des Königshauses als Ausdruck für die Mitte des Landes aufgefaßt wird (vgl. 2,24) und das Königtum in die Mitte der Fruchtbarkeit wirkenden Kräfte einbezieht. Auch 3,4 gilt der König als die erste Frucht göttlich-völkischer Ehe, 7,3 f die Freude am König als Ehebruch. Und mit Hilfe des Stiers von Samaria war nach 8,4 f der König gekürt worden. Den Stellen liegt eine Auffassung zugrunde, nach der der König nicht primär politische Spitze, sondern Garant der Fruchtbarkeit des Landes ist." In diesem Sinn erscheint das Königtum „als Produkt einer falschen Gottestheorie und einer verhängnisvollen kultischen Praxis" (*K. Koch*, Die Profeten I, Stuttgart 1978, 98 f).
[14]   Hos 8,9.
[15]   Vgl. *Donner*, Geschichte 313–316.
[16]   Dabei könnte an erhöhte Steuerlasten gedacht sein, womit die „Liebesgeschenke" der Obrigkeit an Assur vom einfachen Volk bezahlt werden müßten – insofern hat die Kritik an der „Hurerei" auch eine sozialkritische Komponente.

Liebhaber an, beschwört damit aber nur seine eigene Vernichtung herauf (8,10).

II. Frauen – Opfer männlicher Gewalt

Das solcherart gestörte Verhältnis Israels zu Jahwe nun sieht Hosea symbolisiert in seiner Beziehung zu seiner eigenen Frau Gomer. Dadurch gerät ganz Israel in die Rolle des „Hurenweibes", woraus jedoch keineswegs folgt, daß sich Hoseas Anklagen gegen die konkreten Frauen seiner Zeit richten (1). Andererseits ist der Vorwurf der Hurerei auf eine bestimmte Frau, nämlich Gomer, bezogen und betrifft demnach Frauen offenbar auf eine besondere Weise (2).

1. *Frauen – Opfer männlicher Verfehlungen.* – Für Hosea stellt sich, anders als für seinen älteren Zeitgenossen Amos, die Gegenwart als eine rein von Männern beherrschte dar. Hatte Amos noch die Männer wie die Frauen der Oberschicht verklagt, indem er die Frauen mit fetten Kühen verglich, die die Geringen wie Gras zertreten, sich also aktiv an der Unterdrückung der Armen beteiligen (Amos 4,1–3),[17] so sind für Hosea die Frauen keine direkten Ansprechpartner seiner prophetischen Äußerungen, dementsprechend aber auch nicht (mehr) selbstverantwortlich Handelnde.

Dies zeigt sich wiederum besonders auffällig im Kult. Zwar beklagt Hosea, daß die „Töchter und Schwiegertöchter" Unzucht und Ehebruch begehen, zieht dafür jedoch nicht sie selbst zur Verantwortung, sondern nur die Männer[18]:

„Nicht will ich strafen eure Töchter, daß sie huren,
und Schwiegertöchter, daß sie ehebrechen,

---

[17] Das hier stehende Verbpaar *'šq/rṣṣ* (Am.4,1; 1 Sam 12,3 f; Dtn 28,33 wie auch Hos 5,11) gehört zu den Topoi der Einforderung sozialer Gerechtigkeit.

[18] *F. Hitzig,* Die Zwölf Kleinen Propheten, Leipzig ⁴1881, 23 (zu Hos 4,13 f), muß dafür eine Erklärung suchen: „Der Prophet findet aber, der Umstand, dass die Männer und Väter sich der gleichen Sünde schuldig machen (gemeint ist: wie die Frauen, MTW), entschuldige die Weiber. Das Weib, sinnlich und leicht zu bethören, neigte vorzugsweise zum Götzendienste und was daran hängt; nun aber gingen die Väter mit dem bösen Beispiel den Töchtern voran, und die Männer hielten ihren Weibern die Treue auch nicht." Nüchtern hält dagegen *M. Deden,* De kleine Profeten, Roermond/ Maaseik 1953, 40. 41 fest: „In ... 11–14 protestiert Hosea gegen die Sünden der Hausväter ... V. 14a ist kein Freibrief für die Frauen, aber die Hauptschuld tragen doch die Männer, weil sie damit begonnen haben, die Sittlichkeit zu unterminieren."

denn sie gehen ja selbst beiseite mit den Huren
und opfern mit den Qedeschen" (Hos 4,14).[19]

Der Vorwurf ist wohl an die Sippenhäupter gerichtet, unter deren Autorität die nicht verheirateten Töchter sowie die Frauen der Söhne, die Schwiegertöchter, stehen[20]: Diese Männer unternehmen nichts, um die jungen Frauen in ihrem Einflußbereich von den Festen fernzuhalten, zwingen sie vielleicht sogar dorthin[21] und nehmen vor allem selbst mit anwesenden Prostituierten und weiblichen Tempelangestellten an der allgemeinen Festpromiskuität teil.

Die Schuld der ebenfalls teilnehmenden Priester ist in Hoseas Augen noch größer, denn sie verweigern die ihnen mögliche bessere Einsicht und die ihnen zukommende Belehrung des unwissenden Volkes (Hos 4,6). Der Priester, den Hosea in seiner Anklage besonders heraushebt (4,4–6), zieht mit sich selbst seine Nachkommen, aber ebenso seine Mutter ins Verderben (4,5).[22] Der sich hier also zeigende innere Zusammenhang zwischen den Verfehlungen eines Mannes und den sich daraus ergebenden tödlichen Folgen für Frauen und Kinder gilt nun nicht nur in Einzelfällen, sondern für ganz Ephraim-Israel, für seine Gegenwart ebenso wie schon für seine Vergangenheit:

[19] Das hebräische Femininum *qᵉdeschah* (= „Heilige"; „Geweihte") wird zumeist als „Kultprostituierte" erklärt, ein Terminus, der den Abscheu patriarchalischer Wissenschaft vor einer solchen Institution schon in der Wortbildung verrät und den *D. Arnaud*, La prostitution sacrée en Mésopotamie – un mythe historiographique? in: Revue d'histoire des religions 183 (1973) 111–115, aufklärt als bis noch hinter Herodot zurückreichende vulgarisierende Mißdeutung weiblich-priesterlicher Funktionen. Allerdings wird auf der anderen Seite in der traditionellen wie auch gerade in der feministischen Literatur das Konzept der „Heiligen Hochzeit" häufig zu undifferenziert verwendet in der Intention, der weiblichen Sexualität ihre göttliche Dignität (als Quelle von Macht) wiederzugeben. „Heilige Hochzeit" ist „nur auf sozial höchster Ebene bezeugt" (*Balz-Cochois*, Gomer 146); Qedeschen sind nicht einfach Priesterinnen der Heiligen Hochzeit – eher Stellvertreterinnen der erotischen Göttin bei den Kultfeiern des Volkes, wie Balz-Cochois zu umschreiben versucht (*dies.*, Gomer 146–150) – indem sie zugleich auf die „Funktionalisierung" und „Unfreiheit" dieser Frauen (ebd. 150) hinweist . . .

[20] Vgl. neben *Deden* (Anm. 18) 40 bes. *L. Rost*, Erwägungen zu Hosea 4,13f, in: ders., Das kleine Credo, Heidelberg 1965, 53–64, 56.

[21] Muß nicht, ebenso wie Balz-Cochois es für die Qedeschen tut, auch über die Freiheit bzw. Unfreiheit der an Kult teilnehmenden Frauen nachgedacht werden? Das Hoseabuch insgesamt macht auf mich nicht den Eindruck, gegen – im gängigen feministischen Sinn – „matriarchalische" Strukturen zu kämpfen, sondern scheint auch auf der Gegenseite schon patriarchalische Strukturen anzutreffen – wenn man nicht behaupten will, die Prophetie des Hosea schaffe sie allererst.

[22] So pointiert etwa *N. Lohfink*, Zu Text und Form von Os 4,4–6, in: Biblica 42 (1961) 303–332, bes. 308–311; vgl. *Wolff*, Hosea 244. Die Stelle wird häufig auf das Volk als Mutter des Priesters gedeutet: der Priester ziehe sein Volk mit ins Verderben. Vgl. etwa *A. Deissler*, Zwölf Propheten. Hosea. Joel. Amos, Würzburg 1981, 25 z. St.

„Wie Trauben in der Wüste fand ich Israel,
wie eine Frühfrucht am Feigenbaum sah ich eure Väter.
Sie aber kamen nach Baal-Peor und weihten sich der Schande
und wurden Scheusale wie ihr Liebhaber.
Ephraim ist wie ein Vogel. Seine Herrlichkeit verfliegt:
Keine Geburt, keine (Schwangerschaft im) Mutterleib, keine
   Empfängnis.
Selbst wenn sie ihre Söhne großbringen, mache ich sie
kinderlos – keiner bleibt" (Hos 9,10–12).

Schon die „Väter" Israels haben ihre Liebe an den Baal vergeudet,
der hier nur verächtlich „Schande" und „Scheusal" heißt. Angespielt
ist wohl auf die Num 25,1 ff erzählte Begebenheit, wonach die israelitischen Männer mit moabitischen Frauen ähnliche Kultorgien
begangen, sich „der Schande geweiht" haben, wie sie in Hoseas
Gegenwart an der Festordnung sind. Dann aber fällt auf, daß Hosea
die „Väter" gerade nicht, wie es in Num 25,1 ff der Fall ist, als durch
die Frauen „Verführte" darstellt, sondern als in voller Eigenverant-
wortung Handelnde, wie es den Verhältnissen seiner Gegenwart
entspricht. Die Folgen männlicher Verfehlung im Kult aber sind
spürbar vor allem an den Müttern, und zwar in direkter Entsprechung zur Sünde der „Väter", die sich dem vermeintlich lebenspen-
denden Baal zugewandt haben: Keine Geburt, nicht einmal Schwangerschaft kommt mehr zustande, und auch die heranwachsenden
Kinder werden ihnen genommen.[23]

Todbringende Folgen für Mütter und Kinder hat ebenso die
männliche Machtpolitik am Hofe: Die Machthaber sind allesamt
störrisch, das heißt: lehnen sich gegen Jahwe auf (Hos 9,15) – und
deshalb nützt es nichts, wenn die Frauen Kinder gebären, denn diese
werden durch die Hand Jahwes gleich nach der Geburt sterben (9,17).
Israels Kriegsführung, bei der die waffentragenden Söhne des eigenen
Volkes in den Krieg getrieben werden (Hos 9,13),[24] kehrt sich gegen
die eigene Zivilbevölkerung, allen voran die Mütter mit ihren noch

[23]   Wie man(n) den Sachverhalt entstellen kann, zeigt der Kommentar von *D. Ryan*,
      Hosea, in: A New Catholic Commentary on the Holy Scripture, London/New York
      1969, 676–688, 684, der alle Schuld den Frauen selbst zuschiebt: „Die Frauen Israels
      suchten Fruchtbarkeit durch Verkehr mit Baal; nur Unfruchtbarkeit kann sie über die
      Torheit ihres Unterfangens belehren."
[24]   „Ephraim, wie ich sehe, hat seine Söhne zum Jagdwild gesetzt. Nun muß Ephraim
      ausziehen lassen zum Schlächter seine Söhne." So die Übersetzung von *Wolff*, Hosea
      207. Vgl. seine Erläuterungen zu dieser textkritisch sehr schwierigen Stelle, ebd.
      208. 216.

kleinen Kindern – wo man(n) auf die Macht der Truppen vertraut, wird das Ergebnis unvermeidlich selbstzerstörerisch sein:

"Du hast auf deine Macht vertraut
und auf die Menge deiner Krieger;
darum erhebt sich Kriegslärm gegen dein Volk,
und alle deine Festungen werden zerstört,
wie Schalman im Krieg Bet-Arbeel zerstörte,
am Tag der Schlacht,
an dem man die Mutter niederstreckte
über ihren Kindern" (Hos 10,13 b–14).[25]

Insgesamt erscheinen damit in der Sicht Hoseas die Frauen (mit ihren Kindern) als Opfer männlicher Verfehlung in Kult und Politik.

2. *Frauen – Opfer männlichen Rechts.* – Daraus darf jedoch nicht geschlossen werden, Hosea sei als ein Anwalt der Frauen gegen die Willkür der Männer aufgestanden. Denn dadurch, daß der Vorwurf der "Hurerei" und des "Ehebruchs" an seine eigene Frau Gomer gerichtet ist, erhält seine Polemik gegen die mächtigen Männer seines Volkes eine eigentümliche Ambivalenz; wenn man diese herausstellt, zeigt sich eine andere Art, wie Frauen zu Opfern männlicher Gewalt werden.

Allerdings – dies sei vorweg festgehalten – entstammen die meisten Versatzstücke des angeblichen hoseanischen Ehedramas den Männerphantasien der Kommentatoren vom Altertum bis in die Gegenwart. So etwa hat die Kennzeichnung Gomers als (wörtlich) "Frau der Hurerei" (Hos 1,2 b) zu den gewagtesten Spekulationen über den zügellosen und wollüstigen Charakter der Frau Hoseas vor, in und nach der Ehe angeregt[26] und mußte ihre Herkunftsbezeichnung als "Tochter von Diblaim" (1,3) dafür herhalten, aus ihr eine Dirne zu machen, die für "zwei Feigenkuchen" billig zu haben ist, das heißt

---

[25]   Übersetzung nach *Deissler*, Zwölf Propheten 48 f, der an dieser Stelle auf "den grausigen Kriegsbrauch des Mütter- und Kindermordes" (49) angespielt sieht. Damit ist die andere Deutungsmöglichkeit auf eine "Mutterstadt" mit von ihr abhängigen Ortschaften (so etwa *Wolff*, Hosea 244) nicht ausgeschlossen; Zerstörung von Ortschaften und Massaker an den Einwohnern gehen Hand in Hand (vgl. nur Hos 14,1 und 2 Kön 8,12).

[26]   War sie schon Hure, als Hosea sie heiratete? Oder gab sich ihr wahrer Charakter erst in der Ehe zu erkennen? Lief sie etwa Hosea davon, weil sie die Enge der Ehe nicht mehr aushielt? Vgl. die reichen Literaturhinweise zur Diskussion um Hoseas Ehe bei *H. H. Rowley*, The Marriage of Hosea, in: Bulletin of the John Rylands Library 39 (1956) 200–233. Besonders krass ist *K. Budde*, Der Abschnitt Hosea 1–3 und seine grundlegende religionsgeschichtliche Bedeutung, in: Theologische Studien und Kritiken 1925, 1 (Sonderheft), 14 ff.

keine hohen Ansprüche an ihre Freier zu stellen pflegt[27]. Sogar ihr Vorname Gomer wurde ausgeschlachtet, was sicher nicht zuletzt durch seine tendenziöse Vokalisierung nach dem Muster boschet = Schande schon im hebräischen Text Unterstützung erhielt.[28] Dementsprechend bezweifelte man, daß die drei Kinder, die Gomer gebiert, eheliche Kinder des Hosea sind, so daß die Namen, die er ihnen gibt, seine Entrüstung und Kränkung durch Gomers Fehltritte und seine Distanz zu diesen Kindern, die er nicht als seine eigenen anerkennt, ausdrücken sollen.[29] Der tiefgekränkte Ehemann spreche die Scheidung aus – das gebe Hos 2,4ff her[30] –, oder auch Gomer habe von sich aus ihren Ehemann verlassen[31]. Dann handelt Hos 3 vom Heimholen der Untreuen, eine Szene, deren kommentatorische Ausschmückung zwischen der Bewunderung für den selbstlos-großzügigen Ehemann und der heimlichen Genugtuung über die doch nicht ausbleibende Demütigung der Frau sich bewegt: denn die Frau wird angeblich zum Sklavenpreis zurückerworben (Hos 3,2)[32] und zunächst unter Liebesentzug gehalten (3,3), bevor ihr Ehemann sich ihr wieder zuwendet. Daß der Text Hos 3 auch auf eine zweite Ehe Hoseas bzw. eine andere Frau als Gomer gedeutet werden kann, kommt eher zögernd in den Blick.[33]

---

[27] E. Nestle, Miszellen. 14. Gomer, bath Diblaim, in: Zeitschrift für die alttestamentliche Wissenschaft 23 (1903) 346, und ders., Miszellen. 9. Gomer bath Diblaim, in: ZAW 29 (1909) 233f, sowie W. Baumgartner, Gomer bath Diblaim, in: ZAW 33 (1913) 78, haben diese These hoffähig gemacht.

[28] Auf die Vokalisierung von Gomer nach „boschet" verweist W. Rudolph, Hosea (KAT XIII,1), Gütersloh 1966, 49f, und vermutet einen ursprünglichenNamen Gemarja o. ä.

[29] Vgl. Rowley, Marriage (Anm. 26) 229; schon H. Ewald, Die Propheten des Alten Bundes, Göttingen ²1867, Bd. 1, 191f. Mit dem Pathos der Männerehre: H. Schmidt, Die Ehe des Hosea, in: Zeitschrift für die alttestamentliche Wissenschaft 42 (1924) 245–272, 253ff.

[30] Vgl. etwa die Hinweise auf Kuhl (C. Kuhl, Neue Dokumente zum Verständnis von Hos 2,4–15, in: Zeitschrift für die alttestamentliche Wissenschaft 52 [1934] 102–109) und Gordon (C. H. Gordon, Hos 2,4–5 in the Light of New Semitic Inscriptions, in: ZAW 54 [1936] 277–280) bei Rudolph, Hosea 65.

[31] Vgl. Rowley, Marriage 225. 229 weiß er auch den Grund: „um einem aufregenderen Leben nachzugehen, als es eheliche Treue vorsah" . . .

[32] Vgl. etwa Ewald, Propheten (Anm. 29) 200: „. . . will man sie einsperren und bessern, so kauft man sie am leichtesten als sklavin dem buhlen ab in dessen gewalt sie sich geflüchtet hat, und behandelt sie als sklavin . . ."

[33] Als Hauptschwierigkeit, die dieser Annahme im Wege steht, sieht Rowley, Marriage (Anm. 26), die Folge, daß dann Israels Verhältnis gegenüber Jahwe durch zwei verschiedene Frauen symbolisiert sei, die beide mit Hosea verheiratet sind. Aber warum soll dies in einer polygamen Gesellschaft nicht möglich sein? Wolff, Hosea 70–80, enthält sich einer eindeutigen Stellungnahme; Rudolph, Hosea 83–93, hebt darauf ab, daß Hosea die Frau in Kap. 3 nicht heirate, sondern hier mit einem

Solche an Geschmacklosigkeiten reichen Ex- (oder besser: Eis-) egesen sind das Produkt der methodischen Verführung, die fehlenden Informationen zum hoseanischen Familiendrama dadurch zu kompensieren, daß man innerhalb der Kapitel Hos 1–3 die Sachhälfte (die hoseanische Familiengeschichte) durch Elemente der Bildhälfte (die Darstellung des Verhältnisses Israels zu Jahwe) ergänzt und den jetzigen Zusammenhang der Texte als Aufforderung (miß)versteht, eine Entwicklungsgeschichte hoseanischer Beziehungsprobleme daraus abzuleiten.

Gerade weil im Hoseabuch der Vorwurf der „Hurerei" zentral vom Gottesverhältnis Israels her bestimmt ist, dürfte es am wahrscheinlichsten sein, auch für Gomer anzunehmen, daß sie regelmäßig an den von Hosea verurteilten Festorgien teilnahm und deshalb als „Hurenweib" verurteilt wird[34] und, da sie als verheiratete Frau teilnahm, in Hoseas Sicht dazu noch Ehebrecherin ist[35]. Dann aber fällt die Asymmetrie des Verhältnisses zwischen Mann und Frau ins Auge, die Hosea voraussetzt.[36] Gott gegenüber sind zwar besonders die mächtigen Männer das hurerische Eheweib Israel – aber diese Analogie bezieht ihre Stringenz aus einer Eheauffassung, nach der die Frau weitgehend der Verfügungsgewalt des Mannes unterworfen ist. Er erwirbt sie – um nur die Indizien des Hoseabuches selbst auszuwerten – um einen bestimmten Betrag,[37] und damit ist ihre Existenz völlig auf ihn konzentriert: Er kann sie sogar unter Verschluß halten, und er bestimmt den sexuellen Umgang mit ihr (vgl. Hos 3,2f). Für ihn gibt es Ehebruch nur mit einer verheirateten Frau, während für sie jeglicher außereheliche Verkehr Ehebruch ist: Bei den Frauen, die an den attackierten Festen teilnehmen, wird unterschieden nach „Hurerei" und „Ehebruch" (Hos 4,13f) – die Kultteilnahme der Frauen hat

bestimmten Betrag die Verfügung über eine Dirne erwirbt und die Zeichenhandlung in der „Isolierung einer Dirne" (89) besteht.

[34] So am klarsten *Balz-Cochois*, Gomer 172f, die 60–65 auch die unterschiedlichen Möglichkeiten diskutiert, die Bezeichnung Gomers als „Hurenweib" zu verstehen (Ehebruch; Profanprostitution, Kultprostitution, Initiationsritenteilnahme) und die besten Gründe für ihre Deutung hat.

[35] So wird mir am besten verständlich, warum die „Frau" in Hos 2,4ff zugleich „Unzuchtsmale" und „Ehebruchszeichen" (Formulierung von *Wolff*, Hosea 35) aufweist (2,4b): Sie ist dem Baal hurerisch nachgelaufen und hat ihrem Mann die Ehe gebrochen.

[36] Auch hier erscheint es mir unwahrscheinlich, daß Hosea ein solches asymmetrisches Verhältnis erst schaffe (vgl. Anm. 21) – der kultische Ausnahmezustand, den er angreift, besagt noch nicht viel für weibliche Freiheiten ...

[37] Der in diesem Fall wohl kein „Brautpreis" ist wie der Mohar Ex 22,15f; Gen 34,12; 1 Sam 18,25.

Folgen auch für eine bestehende Ehe. Bei den Männern jedoch wird nicht vermerkt, ob sie verheiratet sind oder nicht, ihre Kultteilnahme als solche ist Grund der prophetischen Anklage und gilt nicht als Vergehen des Ehebruchs.

Die Ungleichbehandlung von Mann und Frau in der israelitischen Ehegesetzgebung ist bekannt; der doppelte Vorwurf der kultischen „Hurerei" und des darin vollzogenen Ehebruchs trifft die Frauen in viel stärkerem Maße. Und es ist kein Zufall, daß bei Hosea nur solche Frauen als Opfer männlicher Verfehlungen erscheinen, die in feste Relationen innerhalb ihrer Sippen – als Mütter, Ehefrauen, Töchter, Schwiegertöchter – eingebunden sind und insofern nicht einen Verlust an sich, sondern für die (im strengen Wortsinn) patriarchalische Sippe darstellen. Es geht dem Propheten nicht um die Frauen als solche, sondern um die Frauen in ihrer biologischen Besonderheit als (potentielle) Gebärerinnen, ohne die der Fortbestand Israels nicht denkbar ist.[38] Hosea beklagt die Frauen nicht um ihrer selbst willen, sondern um der Gefährdung der Zukunft seines Volkes willen, er beklagt in ihnen den Verlust der biologischen Reproduktionskraft Israels. Und diese Reproduktionskraft ist für ihn nur vorstellbar und gewährleistet in einer rechtlich geregelten Ehebeziehung der Frau zu einem Mann, in der die Sexualität der Frau im Dienste der Nachkommen für den Mann steht.[39]

---

[38] *Esther Fuchs*, The Literary Characterization of Mothers and Sexual Politics in the Hebrew Bible, in: A. Y. Collins (Hrsg.), Feminist Perspectives on Biblical Scholarship (SBL Cent. Publ. 10), Chico 1985, 117–136, die die biblische Erzählliteratur analysiert, hält fest: „Die Institution der Mutterschaft ist ein mächtiger patriarchaler Mechanismus" (129).

[39] Es legt sich nahe, die Überlegungen von *Carol L. Meyers*, The Roots of Restriction, in: N. K. Gottwald (Hrsg.), The Bible and Liberation, Maryknoll N. Y. 1983, 289–306, auf die Zeit Hoseas anzuwenden. Nach Meyers hätte es in der späten Bronzezeit einen erheblichen Bevölkerungsrückgang in Kanaan gegeben. Deshalb hätten die Israeliten alles Interesse daran gehabt, „ein starkes Volk" zu werden, was nur durch erhöhte Gebärleistung der Frauen möglich war. Man band die Frauen an die Sippe, die trotz der egalitären Ökonomie des frühen Israel männerdominiert war, und versuchte, Prostitution zu verhindern sowie auch die freie Sexualität im Kult. Mir scheint, daß sich Elemente dieses Bildes fast noch besser in der Zeit Hoseas finden lassen: die demographische Krise ist gegeben durch Kriege und Unruhen, oder auch: angesichts der assyrischen Bedrohung ist der Wunsch stark, schon rein quantitativ dem Feind etwas entgegensetzen zu können. Während Hoseas Gegner auf die Förderung des Bevölkerungswachstums durch den Vollzug der Baalriten setzen, ist Hoseas Konzept das der ausschließlichen Bindung der Sexualität, insbesondere der der Frauen, an die Sippe. Seine Gründe dafür sind immer noch am besten als theologische formulierbar – vgl. daher den folgenden Punkt III.

III. Jahwe – ein männlicher Gott

Dem Machtkampf der Männer in der Gegenwart Israels entspricht nach Auffassung Hoseas ein Kampf zwischen den beiden männlich konnotierten Gottheiten Baal, dem „Liebhaber" (bes. Hos 2,7 ff und 9,10), und Jahwe, dem betrogenen Ehemann (vgl. Hos 3,1). Den faktischen Polytheismus seiner Zeit hat Hosea damit auf einen Grundkonflikt zurückgeführt, der sich im Hoseabuch in doppelter Ausprägung darbietet: Er bezieht sich zum einen auf das Land, in dem Israel lebt, als Streit um den wahren Herrn des Landes (1), zum anderen auf Israel selbst, als Kampf um den wahren Gott Israels (2).[40]

1. *Jahwe und die „Mutter" Land.* – Wer Hos 1 unbefangen liest, sieht hier eigentlich kein Ehedrama, sondern eine unglückliche Familiengeschichte abgebildet: Gomer, die Ehefrau Hoseas, wird identifiziert mit dem hurerischen „Land" (Hos 1,2 b), und die Namen der gemeinsamen Kinder (1,3–9) bezeichnen die Israeliten, so daß Israel hier als „Kind" der „Mutter" Land aufzufassen ist.[41] Wenn das Land deshalb als „hurerisch" gilt, weil es sich von Jahwe abwendet, dann wird es offenbar als in einer ausschließlichen Beziehung zu Jahwe stehend gedacht, so wie eine Frau in Israel nur einen einzigen Mann haben kann – nicht aber der Mann auch nur eine einzige Frau. Und wenn Jahwe im prophetischen Wort die Kinder auffordert, ihre Mutter zu verklagen (Hos 2,4 ff), und eine Art negativer Heiratsformel benutzt – „sie ist nicht meine Frau, und ich bin nicht ihr Mann" (2,4)[42] –, so steht hier wohl die Vorstellung einer Ehe zwischen Jahwe und dem Land im Hintergrund, als deren gemeinsame Kinder die Israeliten gelten[43].

Unter dem Blickwinkel von Hos 1 stellt sich die Gerichtsrede Hos 2,4 ff als Ausdruck eines Streits um die Verfügungsrechte Jahwes über die Mutter seiner Kinder und über die Kinder selbst dar. Ein solcher Streit kann wohl deshalb überhaupt nur empfunden werden, weil Israel in einem Land lebt, als dessen Herr der Wettergott Baal gilt, es sich nach der Auffassung Hoseas aber eigentlich wissen müßte

---

[40] Während es über den Streit Jahwes um Israel genügend Auseinandersetzung in der Sekundärliteratur zum Hoseabuch gibt, begebe ich mich mit den Überlegungen zum Thema „Streit um den wahren Herrn des Landes" auf nahezu unbegangenes Terrain bzw. versuche, vorhandene Anregungen weiterzudenken.

[41] So pointiert *Koch*, Profeten (Anm. 13) 92–94.

[42] Vgl. etwa *Jeremias*, Hosea 41.

[43] *Koch*, Profeten 101.

als nicht von Anfang an in diesem Land ansässig, und das heißt nicht immer dem Herrschaftsbereich Baals unterworfen, sondern „seit Ägypten" seinem Gott Jahwe zugeordnet (vgl. etwa Hos 12,10 und 13,4).[44] Deshalb darf Israel nicht von seiner „Mutter", dem Land, auf Baal als seinen Herrn (und göttlichen „Vater") schließen; vielmehr hat die Schlußfolgerung zu lauten: Weil Israel von Ägypten her Jahwes „Sohn" ist (Hos 11,1), ist das Land ebenfalls auf Jahwe bezogen, fällt es unter seine Ehe-Herrschaft, ist es Jahwes „Frau".

Vielleicht darf in Hos 1–2 der Versuch gesehen werden, die „Fremdlingschaft" Israels im Lande Kanaan konstruktiv zu verarbeiten. Denn als Fremdlinge aus Ägypten und „Söhne" Jahwes, eines ebenfalls in Kanaan „fremden" Gottes, können sie sich nicht ohne weiteres als Kinder des Landes, dem ja der Landesgott zugeordnet ist, verstehen. Nur also wenn erwiesen werden kann, daß Jahwe der rechtmäßige Ehe-Herr des Landes ist, läßt sich die Sohnschaft Israels von Ägypten her und seine Abkunft von der „Mutter" Land, lassen sich Wohnen im Land und Verehrung Jahwes staat Baals miteinander vereinbaren. Oder, nimmt man die Identifizierung Jahwes mit Baal als Hintergrund der hoseanischen Polemik ernst: Wird Jahwe selbst als Erscheinungsform des Landesgottes Baal begriffen, der Israel zusammen mit der Mutter Land hervorgebracht hat, dann ist die Herkunft Israels aus Ägypten verdrängt, und es bleibt außer acht, daß Israels Abkunft eine andere ist – daß aber auch die Beziehung Jahwes zum Land demnach eine andere als die des Baal sein wird.

Es fällt auf, daß das Hoseabuch relativ unbefangen vom Land als „Mutter" spricht (Hos 2,4ff), die Kategorie „Vater" aber in bezug auf Baal wie auf Jahwe vermieden wird, obwohl sie sich von der Logik der Argumentation her geradezu aufdrängen würde. Denn die Gegenposition, die das Hoseabuch im Blick hat, bietet offenbar Elemente einer Logik auf, die man als „matriarchal" bezeichnen könnte: Sie verweist darauf, daß Kinder zunächst nur über ihre Mutter sicher zu identifizieren sind (Matrilinearität) und bei der Mutter wohnen (Matrilokalität), so daß von daher der Schluß auf den Landesherrn als „Vater" zulässig ist, während nach dem Hoseabuch die von

---

[44] Hosea steht in der Tradition des Exodus Israels aus Ägypten, und er bezieht diese Tradition bereits auf das gesamte (Nordreich) Israel, möglicherweise in Opposition zu Kreisen, die die Exodustradition für sich nicht anerkennen (z. B. einfach deshalb, weil sie sich nicht auf die – wohl nur einen kleinen Teil des späteren „Israel" bildenden – „Ägypten-Leute" zurückführen. Vgl. zur Frage der „Ägypten-Leute" nur *H. Donner*, Geschichte des Volkes Israel und seiner Nachbarn in Grundzügen, Bd. 1, Göttingen 1984, 87 und bes. 88).

Ägypten her bestehende Bindung Israels an Jahwe die Bindung auch des Landes an den Gott Israel impliziert, die „matriarchale" Logik damit also durchkreuzt wird, ohne hier jedoch von einer „patriarchalen" im strengen Sinn einer „Väterherrschaft" ersetzt zu werden.

Es steht zu vermuten, daß das Fehlen des Vatertitels für Gott eine bewußte Verweigerung ist, daß sich darin der Affront gegen eine „Sexualisierung" Jahwes ausspricht. Darauf weist eine andere Beobachtung: Möglicherweise nämlich hat für die Gegenposition das Land selbst als göttlich gegolten, als göttlicher Mutterschoß, in dem Baal durch sein Regen-Sperma Leben weckt.[45] Dann bedeutet eine Identifizierung Jahwes mit Baal die Einbindung des Gottes Israels in diese göttliche Zweiheit, in der dem Land der weibliche und Jahwe-Baal der männliche Part zufällt, ihm also eine weiblich-göttliche Partnerin komplementär zur Seite gestellt ist.

Eine solche männlich-weibliche Götterzweiheit ist im Hoseabuch kein Gegenstand direkter Polemik. Indem die Identifikation Jahwes mit Baal bestritten wird, ist Jahwe aus einer solchen (natur-notwendigen) Zweiheit herausgelöst. Insofern mag gelten, was Klaus Koch als weiterführende Essenz der Prophetie des Hosea herausstellt: „Hosea kann seinen Gott nicht mehr sich als einen sexuell geprägten Riesenmann vorstellen, der sich mit Regen-Sperma über die Erde legt ... Jahwä ist nicht mehr eine Potenz unter anderen im Naturprozeß ... Eine eigenständige Naturordnung zeichnet sich ab, die einer sittlichen Weltordnung eingeordnet wird."[46] Indem im Hoseabuch aber gleichzeitig die Göttlichkeit des Landes ignoriert und Jahwes Herrschaftsanspruch darauf reklamiert wird, gerät das Land zum puren Herrschaftsobjekt, und indem schließlich die Ehe-Metaphorik auf das Verhältnis Jahwes zum Land bezogen ist, bleibt Jahwe in der Rolle des männlichen Gottes, des Eheherrn, dem aber nun die auf seiner Stufe stehende weiblich-göttliche Größe fehlt, so daß Männlichkeit jetzt zwar nicht mehr durch Sexualkraft und Natur-Notwendigkeit, dafür aber durch nahezu absolute herrschaftliche Verfügung über ein tief unter dem Mann stehendes Weibliches definiert ist.

Nachdenklich stimmt, daß diese für die Wahrnehmung des Weiblichen verheerende Konsequenz ein Ergebnis der hinter dem Hoseabuch stehenden Reflexion ausgerechnet auf das Zentralbekenntnis

---

[45] Vgl. zuletzt *Jeremias*, Hosea 27 f.
[46] *Koch*, Profeten 105.

Israels ist, Jahwe habe es aus Ägypten, aus der Sklaverei herausgeführt. Nicht umsonst auch scheint Hosea festzuhalten: „... aus Ägypten rief ich meinen *Sohn* ..." (11,1 b).

2. *Jahwe und seine „Geliebte".* – Wahrscheinlich gilt die Götterzweiheit Jahwe – Land und ihre Bekämpfung noch nicht für Hosea selbst, sondern erst für eine nachhoseanische Redaktion, gehört also bereits zur Rezeptionsgeschichte der Prophetie Hoseas. Denn die Zweiheit von Jahwe und Land läßt sich als vorgegebenes und altes, angeblich „kanaanäisches Mythologem" im wesentlichen nur textimmanent aus dem Hoseabuch erschließen,[47] und die wichtigste Belegstelle, der Vergleich Gomers mit dem hurerischen Land (Hos 1,2 b), will nicht recht zum Kontext von Hos 1 passen, wo es ja zunächst um die Kinder und ihre Namen, in denen das gestörte Verhältnis Israels zu Jahwe festgehalten ist, geht. Der Halbvers bezieht sich wohl auf Hos 1–2 (oder 1–3) insgesamt,[48] einen Textkomplex, den kaum Hosea selbst schon so zusammengestellt hat. Zudem hat Hos 1,2 b seine nächste Parallele in Lev 19,29, also im levitischen Heiligkeitsgesetz, das in seinen jetzigen Formulierungen ebenfalls kaum bis in die Zeit Hoseas zurückgeführt werden kann.[49]

[47] *Jeremias*, Hosea 28, weist ausdrücklich darauf hin, daß „direkte Belege aus Ugarit fehlen" für die Vorstellung, das Land sei der Schoß der Muttergottheit, den Baal in der Regenzeit befruchte. Der Abschnitt aus dem Keret-Epos, der der Vorstellung nahezukommen scheint, spricht nur davon, daß „süß sei für die Erde der Regen des Baal" (vgl. *O. Loretz*, Tod und Leben nach altorientalischer und kanaanäisch-biblischer Anschauung in Hos 6,1–3, in: Biblische Notizen 17 [1982] 37–42, 41 f zum Text KTU 1.16 III 1–11). *K. Marti*, Das Dodekapropheton, Freiburg u. a. 1904, 15, verweist für die Vorstellung („Volksanschauung"), daß „die Gottheit als Gatte (*ba'al*) des Landes, das er fruchtbar mache, und das Land als das Weib (die *bᵉ'ula*) der Gottheit galt", auf „Smith-Stübe die Rel. der Semiten S. 77" – gemeint ist *W. Robertson-Smith*, Lectures on the Religion of the Semites, London ²1894, deutsch: Die Religion der Semiten, übers. von R. Stübe, Freiburg u. a.1899, repr. Darmstadt 1967. Bei Robertson-Smith aber ist an der genannten Stelle (in der engl. Ausgabe S. 108), aber auch sonst öfter wiederum auf Hosea als Belegmaterial für die jeweilige These verwiesen, so daß der Eindruck eines Zirkelarguments entsteht. Das angeblich kanaanäische Mythologem von Baal als dem Befruchter der Muttergottheit Land bedürfte daher einer erneuten Überprüfung.

[48] Vgl. *Jeremias*, Hosea 26: „V. 2 ist in seiner gegenwärtigen Gestalt also wahrscheinlich als Einleitung nicht nur für Kap. 1, sondern für Kap. 1–3 im ganzen gedacht", und *J. Schreiner*, Hoseas Ehe, ein Zeichen des Gerichts, in: Biblische Zeitschrift 21 (1977) 163–183, der Hos 1,2 b nach ausführlicher Diskussion für deuteronomistisch hält.

[49] Lev 19,29 lautet: „Entweihe nicht deine Tochter, indem du sie zum Huren veranlaßt, damit nicht *hure das Land* und angefüllt werde das Land mit Schandtat." Auch hier repräsentiert die junge Frau das Land, und eine weitere Parallele zu Hosea liegt darin, daß auch in Hos 6,9 f „Hurerei" und „Schandtat" (*zimmah*) sich gegenseitig erläutern. Lev 19,29 zur Spätdatierung von Hos 1,2 b zu verwenden ist natürlich heikel und

Mit solchen historischen Differenzierungen ist keine Entlastung Hoseas intendiert, wohl aber geht es darum, den spezifischen Beitrag Hoseas zur Patriarchalisierung des Jahweglaubens genauer zu erfassen. Bei Hosea selbst scheint eine andersartige Götterzweiheit im Hintergrund der Polemik zu stehen, deren Rekonstruktion mit der zusätzlichen Hilfe außerbiblischer Quellen möglich ist.

Die Feste, die Hosea angreift, finden auf baumbestandenen Hügeln (Hos 4,12–14) und auf Getreidetennen (9,1) statt, Orten, die an agrarische Feste denken lassen. In der ugaritischen Mythologie wird das Sprießen und Ersterben der Vegetation in Zusammenhang gebracht mit Tod und Wiederbelebung des Baal, ein Mythos, der unlösbar mit der Gestalt der Göttin Anat, der Schwester-Geliebten Baals, verbunden ist. Wie Anat in Ugarit nun ihren in der Unterwelt getöteten Bruder sucht, so scheint es im Israel Hoseas einen Ritus der Jahwe-Baal-Suche gegeben zu haben. Hosea wirft seinen Landsleuten vor:

„Mit ihrem Kleinvieh und Großvieh werden sie gehen,
um Jahwe zu suchen,
aber sie werden ihn nicht finden . . .“ (Hos 5,6).[50]

Wie Anat sich aus Trauer um den Tod ihres Bruders blutig ritzt und um ihn klagt, so bringen sich auch die Israeliten Ritzwunden bei „um Korn und Most“ und klagen „auf ihrem Lager“ (7,14).[51] Es ist daher anzunehmen, daß eine Form dieses ugaritischen Anat-Baal-Mythos in Israel bekannt war. Nur hat die dabei vorauszusetzende göttliche Partnerin Baals wohl nicht den Namen Anat getragen, sondern eher Astarte, den Namen einer der Anat „wesensverwandten“ erotisch-kriegerischen Göttin, die im deuteronomistischen Geschichtswerk einige Male neben Baal genannt wird.[52] Sie trägt

reicht als Argument allein nicht hin, wenn man die Überlegungen von *Wolff*, Hoseas geistige Heimat, in: Theologische Literaturzeitung 81 (1956) 83–94, ernst nimmt, daß Hosea in den Kontext einer levitisch-prophetischen Oppositionsgemeinschaft gehört.

[50] Für die Deutung auf einen Baalritus vgl. etwa *Wolff*, Hosea 127; *Jeremias*, Hosea 77 Anm. 8; schon *H. G. May*, The Fertility Cult in Hosea, in: American Journal of Semitic Languages and Literatures 48 (1932) 73–98, 77. 81 ff (dessen Gesamtdeutung jedoch zu einseitig dem myth-and-ritual-pattern verhaftet ist).

[51] Vgl. *Wolff*, Hosea 136 zu Hos 7,14a, sowie 163 f; *May* (Anm. 50) 79–81.

[52] Vgl. Ri 2,13; 10,6; 1 Sam 7,4; 12,10. In Ri 2,13 im Vergleich zu 3,7 wird Astarte aber auch nicht von der Aschera unterschieden, wie überhaupt das deuteronomistische Geschichtswerk durchweg Baal und Aschera zusammen nennt, vgl. etwa 1 Kön 16,32 f; 18,19 MT; 2 Kön 21,3; 23,4. Der historische Wert dieser Angaben sowie der religionsgeschichtliche Hintergrund solcher Identifikationen ist nach wie vor umstritten, vgl. nur etwa *R. Patai*, The Hebrew Goddess, New York 1967; *ders.*, The Goddess Asherah, in: Journal of Near Eastern Studies 24 (1965) 37–52; *H. Gese*, Die

schon in Ugarit sowie in einer phönizischen Inschrift des 7. vorchristlichen Jahrhunderts die Bezeichnung „Name Baals", erscheint also auch außerhalb des Alten Testaments mit Baal verbunden[53] und mag Anat im Laufe der Zeit in Israel verdrängt haben[54].

Die Anat des ugaritischen Mythos nun ist nicht, wie die „Mutter" Land, unmittelbar komplementär auf ihren göttlichen Partner bezogen, sondern besitzt Selbständigkeit, ja Überlegenheit ihrem Bruder-Geliebten gegenüber: Sie ergreift für ihn das Wort, sie unterstützt seine Pläne, und vor allem ist sie es, die ihn aus der Unterwelt ins Leben zurückruft, indem sie seinen Widersacher, den Mot, tötet.[55]

Auch eine solche weibliche Gottheit aber ist für Hosea offenbar undenkbar[55a] – er verschweigt sie kurzerhand bzw. mag sie mit der Verweigerung einer Identifikation von Jahwe und Baal für erledigt gehalten haben. Vielleicht aber ist sein Schweigen auch wirkungsvolle Absicht im Hinblick auf die einzig für ihn denkbare Alternative. Jahwe hat zwar keine göttliche Partnerin neben oder gar über sich – er ist aber durchaus nicht ohne weibliches Gegenüber: In diese Rolle gehört Israel selbst. Ganz deutlich erhellt dies aus Hos 3: Die ehebrecherische Frau, die der Prophet lieben soll, steht für das den Baal verehrende Israel. Und nach Hos 2,16ff wird die Frau Israel Jahwe angetraut werden und ihn ihren „Mann" statt ihren „Baal" nennen.

Aber auch hier zeigt sich wieder androzentrische Logik: Jahwe wird zwar nicht mit einer weiblichen Gottheit verbunden, verbleibt jedoch in einer männlichen Rolle, der des Ehe-Mannes, gegenüber dem als weiblich vorgestellten Israel. Das Problem liegt in der absoluten Differenz zwischen Gott und seinem Gegenüber, die abgebildet

Religionen Altsyriens, in: Die Religionen der Menschheit 10,2, Stuttgart u. a. 1970, 1–232, passim.

[53] Vgl. *Gese,* Die Religionen Altsyriens 161 mit den Quellenangaben CTA 2 I 7f („in einer Fluchformel zusammen mit Horon") und KAI 14, 18 (Eschmun'azar-Inschrift, vgl.: Ancient Near Eastern Texts Relating to the Old Testament, Princeton ²1955, 662: „. . . ein Haus für Aschart, Name Baals").

[54] Daß auch Anat mit Jahwe zusammen verehrt wurde, ist bisher nur für die jüdische Militärkolonie in Elephantine (Ägypten) belegt: In den aramäischen Papyri aus dem Elephantine des 5. vorchristlichen Jahrhunderts findet sich der Gottesname „Anat-Jahu".

[55] Zum Anat-Baal-Zyklus aus Ugarit vgl. die Monographie von *U. Cassuto,* The Goddess Anath, Jerusalem 1971.

[55a] Es sei denn, auf Anat ist Hos 10,5f zu beziehen: Die Form *ägloth* wird meist als Abstraktplural verstanden (und *ägluth* vokalisiert), ist aber Fem. pl. oder könnte auch *äglath* vokalisiert werden und wäre dann Fem. sg. cstr. zu *beth-awen* in der Bedeutung „die Jungkuh" (Anat?); vgl. *Rudolph,* Hosea 195 z. St. Ebenso mag in 10,6 die feminine Form zu *'ez*-Holz zu verstehen sein, vgl. *Jeremias,* Hosea 127 Anm. 7. – Nach Hos 10,11 ist *Israel* in Jahwes Augen eine *äglah* . . .

wird auf das Verhältnis zwischen Mann und Frau: Die besondere Beziehung Israels zu seinem Gott, ins Gleichnis der Ehe gefaßt, spricht dem Mann den göttlichen, der Frau aber den menschlichen – und das heißt den allein schuldig werdenden Part zu. Und daraus kann eine weitere, folgenschwere Konsequenz gezogen werden: Nur der Mann hat die Fähigkeit, Repräsentant Gottes zu sein, und daher muß er Mittler der Frau werden. Auch diese Konsequenz hat Hosea offenbar schon selbst gezogen. In einer bedeutungsschweren Antithese stellt er „Frau" und „Prophet" einander gegenüber[56]:

„Es floh Jakob ins Gefilde Aram,
und es diente Israel um eine Frau –
und um eine Frau hütete er.
Aber durch einen Propheten führte Jahwe herauf
Israel aus Ägypten,
und durch einen Propheten wurde es behütet" (Hos 12,13f).

Der Mann Jakob läßt sich durch eine Frau versklaven, er dient um sie in einem fremden Land, in das er unfreiwillig kommt; sein Tun steht damit insgesamt unter dem Vorzeichen von Unfreiheit, Zwang, Knechtschaft. In Wirklichkeit aber kann allein der Mann – Jahwe, repräsentiert im Volk durch den Propheten – die Frau, als die Israel auf dem Hintergrund des gesamten Hoseabuches auch hier gesehen werden kann, retten; die richtige Ordnung ist die, daß der Mann die Frau „behütet", und nur so ist auch „Heraufzug aus Ägypten", ist Befreiung aus dem Land der Sklaverei möglich. Auch wenn Hosea eine ihm bereits vorgegebene Tradition eines Ehebundes zwischen Jahwe und Israel seit Ägypten nur aufgreift,[57] so erhält sie doch im Kontext seiner Prophetie eine neue – die Unterordnung der Frau unter den Mann zementierende – Schärfe. Der Eindruck läßt sich auch schon für Hosea selbst nicht von der Hand weisen, daß sogar das Grundbekenntnis Israels von seiner Herausführung aus dem Sklavenhaus Ägypten sich der Sklaverei deformierender Analogien nicht entziehen konnte ...

---

[56] Auf diese Antithese hin interpretiert mit aller wünschenswerten Deutlichkeit den Text E. *Jacob*, La femme et le prophète. A propos d'Osée 12,13–14, in: Festschrift für W. Vischer, Montpellier 1960, 83–87, der zu dem Ergebnis kommt, prophetisches Amt und Sich-Einlassen auf eine Frau vertrügen sich nicht miteinander ...

[57] So *Koch*, Profeten (Anm. 13) 102.

IV. Hosea – Prophet des Patriarchats?

Es ist, so kann zusammenfassend festgehalten werden, möglich, im Hoseabuch zwei einander widerstrebende Tendenzen auszumachen: eine Kritik an der „Herrschaft der Väter", am Patriarchat, und gleichzeitig ein Affirmieren patriarchalischer Denkformen und Inhalte. Kritik am Patriarchat übt Hosea, insofern er als die eigentlich Schuldigen an den politisch-religiösen Mißständen seiner Zeit die einflußreichen Männer benennt und sie anklagt, ihre eigenen Frauen und Kinder zu Opfern zu machen. Er benutzt für die Metaphern seiner Anklage zwar die faktisch unterlegene Position der Frau, wendet diese kritisch jedoch nur gegen die Männer.

Diese Metaphorik aber hat die – patriarchalische Denkformen affirmierende – Kehrseite, daß Gott auf das männlich geprägte Bild des Eheherrn festgelegt erscheint. Es dürfte zwar richtig sein, daß durch die Bestreitung der Identifikation oder des Austauschs Jahwes mit Baal eine „Entsexualisierung" Gottes erreicht ist, daß die sexuelle Vereinigung nicht (mehr) als Analogon für den Gott Israels gelten kann, sondern als ein „weltlich Ding" zu betrachten ist. Jahwe bleibt jedoch in der männlichen Rolle des Ehe-Herrn, der mit seiner „Frau" so umgeht wie der patriarchalische Mann in Israel, der über „seine" Frau verfügen und sie demütigen kann, wenn sie gegen seine Vorstellungen verstößt[58]: Gottes Herrschaft ist hier durch männliche Herrschaft über die Frau definiert, und umgekehrt wird die inferiore Position der israelitischen Frau gegenüber dem Mann unendlich gesteigert in der hoseanischen Analogie, die allein den männlichen Part auf Gott, den weiblichen auf das schuldige Israel bezieht. Wenn die Spitze hoseanischer Polemik sich gegen angemaßte menschliche Macht im Namen Baals richtet, dann hat Hoseas Alternative im Namen Jahwes den Machtmißbrauch Frauen gegenüber nicht mitbedacht.[59]

Es gibt allerdings zwei Texte im Hoseabuch, die die männlich-eheherrliche Prägung des Gottesbildes aufzubrechen scheinen. Der erste ist Hos 11, ein Text, der das Verhältnis Israels zu seinem Gott

---

[58] Vgl. besonders Hos 2,7–15!
[59] Ich glaube allerdings nicht daran, daß dem patriarchalischen Machtmißbrauch an Frauen entgegengesteuert werden kann, wenn wir im Namen eines uranfänglich-zukünftigen Matriarchats die weibliche Sexualität resakralisieren . . .

nicht in einer Beziehung zwischen Mann und Frau darstellt, sondern in dem Israel als „Sohn" Gottes auftritt[60]:

„Als Israel jung war, gewann ich es lieb,
aus Ägypten rief ich meinen Sohn" (11,1).

Bemerkenswerterweise wird hier zwar Israel deutlich als „Sohn", als männliches Kind, eingeführt, keineswegs aber Jahwe auf eine Vaterrolle festgeschrieben, wie dies durchweg in den Kommentaren vorausgesetzt ist.[61] Im Gegenteil:

„Doch wie ich sie rief, so liefen sie von mir weg.
Sie opferten den Baalen, den Bildern räucherten sie (2).
Dabei war ich es doch, der Ephraim gestillt hat,
indem ich ihn auf meine Arme nahm . . . (3 a)
Und ich war für sie wie solche,
die einen Säugling an ihren Busen heben,
und ich neigte mich zu ihm, um ihm zu essen zu geben (4 b)."[62]

---

[60] Die erste Auslegung von Hos 11, die konsequent auf weibliche Züge des dort gezeichneten Gottesbildes achtet, bietet *Helen Schüngel-Straumann*, Gott als Mutter in Hosea 11, in: Theologische Quartalschrift 166 (1986) 119–134. Ich kann ihr bei der Einzelauslegung weitgehend folgen, habe allerdings Schwierigkeiten mit ihrer Gesamtsicht, in Hos 11 handle es sich um einen „gynaikomorph" von Gott sprechenden Text (132), und zwar in dem Sinne, daß in Gott der Mutter die Fülle des Göttlichen für Hosea ausgedrückt sei, denn „Hosea spricht noch in einer Zeit *vor* dem Durchbruch jenes Dualismus, der das Weibliche und das Männliche in verhängnisvoller Weise aufspaltet" (ebd.). Meine Vermutung ist vielmehr, daß Hosea – und erst recht die Hosea-Rezeption schon im AT selbst – einen solchen Dualismus bereits voraussetzt, so daß *R. Radford Ruether* recht hätte, wenn sie (in: Sexismus und die Rede von Gott, Gütersloh 1985, 72) die Welt ohne diesen Dualismus 1200 v. Chr. zu Ende gehen sieht – mit Berufung auf *J. Ochshorn*, The Female Experience and the Nature of the Divine, Bloomington 1980, deren Leitthese ist, daß das altorientalische 3. und 2. Jahrtausend v. Chr einen solchen Dualismus „Männlich – Weiblich" noch nicht gekannt und entsprechend die ganze Fülle des Göttlichen männlich oder weiblich sich vorgestellt hätte. Bei Ochshorn bleibt allerdings unerklärt, wie sich diese „egalitäre" Gotteskonzeption entwickeln konnte aus den Vorstellungen der davorliegenden Zeit, die die Verehrung weiblicher Gottheiten allein bzw. weiblicher Gottheiten mit einem männnlichen Sohn/Begleiter („son-consort") (a. a. O. 31) kannte – handelt es sich dabei nicht schon um den ersten „Macht-Gewinn" des Männlichen? – Ochshorns These der Verbindung von Geschlecht („gender") und Macht („power") als der entscheidenden Leitfrage dagegen erscheint mir als sehr fruchtbar.

[61] Vgl. *Schüngel-Straumann*, Gott als Mutter, 126, mit Verweis auf Wolff, Jeremias, Rudolph und Deissler. *A. Bruno*, Das Buch der Zwölf, Stockholm 1957, vermißt den Vatertitel so sehr, daß er ihn kurzerhand in Hos 11,2 hineinkonjiziert (33. 204)!

[62] Die Übersetzung ist die von *Schüngel-Straumann*, Gott als Mutter, 120. Als Zusatzargument für ihre Übersetzung „ich habe gestillt" (*tirgalti*) statt „ich habe laufen gelehrt" wie in den Kommentaren füge ich an, daß man zum Laufenlernen ein Kind nicht „auf" (*'al*) die Arme nimmt, sondern ihm *unter* die Arme greift. Das Verständnis von 11,4 b kommt mit einer einzigen, inzwischen oft akzeptierten Konjektur aus (*lᵉcheqam* statt *lᵉchehäm*) und übersetzt sie nur spezifischer, auf eine Frau bezogen („Busen").

Die hier beschriebene Sorge Gottes um Ephraim ist durchaus nicht von einem „Vater" zu leisten, sondern nur von der Mutter, die ihr Kind nährt, indem sie es stillt. Jahwes Bemühungen um den störrischen Sohn sind dem Alltag der Mutter, nicht des Vaters entnommen. Unter dieser Voraussetzung einer mütterlichen Dimension in Jahwe läßt sich auch der Konflikt in Gott selbst, der den Höhepunkt des Textes Hos 11 darstellt, genauer fassen:

„Aber mein Volk hält fest am Abfall von mir ... (7a)
Wie soll ich dich preisgeben, Ephraim?
Dich ausliefern, Israel? ... (8a)
Mein Herz kehrt sich gegen mich,
meine Reue (mein Mutterschoß?) entbrennt ganz und gar.
Nicht vollstrecke ich meinen glühenden Zorn,
nicht will ich wiederum Ephraim verderben.
Denn Gott bin ich und nicht ein Mann,
in deiner Mitte ein Heiliger, und nicht gerate ich in Wut" (8b.9).

Gottes Zorn über Israels Abfall kämpft hier gegen Gottes eigenes Herz, das ihn vom Vernichtungswillen Israel gegenüber abwendet. Den Grund für Gottes Abkehr von seinem Vernichtungswillen drückt die letzte Antithese (11,9b) aus. Sie macht jedoch nicht, wie zumeist in den Kommentaren vorausgesetzt, die Unvergleichbarkeit zwischen Gott und dem *Menschen* allgemein zum Argument, sondern die Unähnlichkeit zwischen Gott und *Mann* – dies nun allerdings auch nicht grundsätzlich (vgl. Hos 2,18!), sondern, wie die zweite Hälfte der Antithese zeigt, in bezug auf männlichen Zorn. Nicht also männlich-väterliche Strafautorität, die sich im vernichtenden Zorn am unfolgsamen Sohn entlädt, ist das tragende Analogon für den Gott Israels, sondern Herzensregung – verschiedene alte Textversionen, die vielleicht sogar den ursprünglichen Hoseatext treffen,[63] haben diese Antithese weitergedacht in eine Antithese Männlich – Weiblich und sprechen statt von der „Reue" Gottes von seinem „Mutterschoß". In Gott selbst findet gleichsam eine Auseinandersetzung zwischen dem Vater und der Mutter statt, in Gott vermag sich die Mutter gegen den Vater zur Rettung des Sohnes durchzusetzen – während in der Wirklichkeit des hoseanischen Israel die Mütter

---

[63] *Schüngel-Straumann* verweist auf 1 Kön 3,16 (Gott als Mutter 129), wo es, „mit dem gleichen Verb wie bei Hosea (*kmr* = ‚heiß, erregt werden', nur viermal im AT)" von der wirklichen Mutter des lebenden Kindes heißt: „Es entbrannte nämlich in ihr der Mutterschoß ..." Statt *nichumaj* wäre *rachamaj* zu lesen.

mitsamt ihren Kindern der patriarchalischen Hybris zum Opfer fallen.[64]

Der zweite Text, der die einseitig männlich-eheherrliche Prägung des Gottesbildes aufzubrechen scheint, steht am Ende des Hoseabuches.

„Ich bin wie eine grünende Zypresse,[65]
an mir ist Frucht für dich zu finden" (14,9).

Jahwe wird mit einem grünenden Baum verglichen, ein Bild, das dem Israel der Zeit Hoseas unmittelbar Assoziationen an die baumbestandenen Kulthöhen (vgl. Hos 4,13a) mit den dort verehrten weiblich-erotischen Gottheiten wachrufen mußte[66] und sich in Israel unauslöschlich als ein „götzendienerisches" eingeprägt hat[67]. Weil Jahwe selbst wie diese Gottheiten Frucht spendet, so hält dieser Text fest, braucht Israel diese Gottheiten nicht – braucht es auch seine Sexualriten nicht.

Das ausdrücklich als Vergleich gekennzeichnete Bild aber deutet klar eine Distanz an: Die auf den Höhen verehrten weiblich-erotischen Gottheiten sind nicht unmittelbar in Jahwe zu integrieren. Liegt es daran, daß sie nicht auf „Mütterlichkeit" zu reduzieren sind? Wo jedenfalls nur das „mütterliche Antlitz Gottes" zugelassen wird, ist ein breites Spektrum weiblicher Existenz, ist weibliche Existenz als eigenständige neben der männlichen aus der Theo-logie ausgeblendet.

Mit dieser Sensibilität für die patriarchalische Versuchung, Frauen auf bestimmte, von Männern akzeptierbare Rollen und Funktionen zu fixieren, ist die Frage nach dem „Bleibenden" der Prophetie

---

[64] Theologisch könnte man sagen: Im Symbol der Gott-Mutter durchbricht Hosea den Machtzusammenhang, in dem Theologie immer gefangen zu bleiben droht: Indem sich die „mütterliche Seite" Gottes mit dem schuldigen Israel identifiziert, wird Versöhnung Gottes mit dem Schuldigen ohne dessen Umkehr-„Leistung" gedacht. – Die Kehrseite des Bildes von Hos 11 ist allerdings die, daß hier Israel als unmündiges Kind dargestellt ist, was, nimmt man es mit dem Symbolismus der Kap. 1–3 für Israel zusammen, wiederum den Status der Unmündigkeit und Abhängigkeit der Frau affirmiert.

[65] Die LXX übersetzen „Wacholder"; neuhebräisch heißt b'rosch Zypresse.

[66] Vgl. *Balz-Cochois*, Gomer (Anm. 1) 182; *dies.*, Gomer oder die Macht der Astarte (Anm. 1) 60f. Zur Zypresse als heiligem Baum der Göttinnen des Astarte-Typs, besonders in Phönizien, vgl. *W. W. Baudissin*, Studien zur semitischen Religionsgeschichte, Heft II: Heilige Gewässer, Bäume und Höhen, Leipzig 1878, 192–198.

[67] Vgl. die deuteronomistische Polemik gegen Fremdgötterverehrung „auf jedem ragenden Hügel und unter jedem grünenden Baum" und die Mischna Avodah Zarah 2,5–10 zu den Ascheren (aufgefaßt als lebende oder zu Holzpfählen verarbeitete Bäume in Verbindung mit Idolatrie).

Hoseas, nach dem „Evangelium" des Hosea und seinem Sprechen von der „Liebe" Gottes neu anzugehen und zu beantworten. Ein erster Schritt dahin wäre es, in der Rede von der Liebe Gottes auf die Ehe-Analogie – gerade wenn sie „geordnete Liebe" heißt und damit Frauen auf ihre Rolle als liebende Gattin und Mutter mit aller Bereitschaft zur Selbstaufopferung festschreibt – fortan zu verzichten.[68]

[68] „Eine anständige Ehe wäre erst eine, in der beide ihr eigenes unabhängiges Leben für sich haben, ohne die Fusion, die von der ökonomisch erzwungenen Interessengemeinschaft herrührt, dafür aber aus Freiheit die wechselseitige Verantwortung füreinander auf sich nähmen" (*Th. W. Adorno*, Minima moralia Nr. 10). Das heißt: Bevor die Freiheit auch der Töchter Gottes in der christlichen Ehelehre (und nicht nur dort!) ernst genommen – und von dort her auch die „ökonomisch erzwungene Interessengemeinschaft" noch einmal hinterfragbar wird –, bleibt die kirchliche Rede von der gemeinsamen Verantwortung für die Familie einerseits, für die christliche Weltgestaltung andererseits sexistisch.

Das Verschleiern, Vertrösten, Vergessen unterbrechen
Zur Relevanz politischer Theologie für feministische Theologie
Christine Schaumberger

„Als ‚Apologie einer Hoffnung' ließen sich Intention und Auftrag jeder christlichen Theologie bestimmen. . . . Von welcher Hoffnung ist die Rede? Von jener solidarischen Hoffnung auf den Gott der Lebenden und der Toten, der alle Menschen ins Subjektsein vor seinem Angesichte ruft. Bei der Apologie dieser Hoffnung geht es nicht um den Streit zwischen subjektlosen Ideen und Konzeptionen. Es geht vielmehr um die konkrete geschichtlich-gesellschaftliche Situation von Subjekten, um ihre Erfahrungen, um ihre Leiden und Kämpfe und ihre Widersprüche."[1]

Diese Sätze, mit denen Johann Baptist Metz in seinem Buch „Glaube in Geschichte und Gesellschaft" die Darstellung seines Entwurfes politischer Theologie als praktischer Fundamentaltheologie beginnt, markieren Ausgangspunkt, aber auch Beweggründe, Bewegungsrichtungen und Ziele politischer Theologie.

In diesem Beitrag geht es mir um die Frage, ob und inwiefern dieser von Metz entworfene und bereits ein Stück begangene Weg politischer Theologie einer feministischen Theologie im Kontext Westdeutschlands Anhaltspunkte und Orientierungshilfe bietet. Ist die Hoffnung, von der die politische Theologie spricht, auch „unsere" Hoffnung, ist sie auch eine Hoffnung, die Frauen befreit?

---

[1] *Johann Baptist Metz,* Glaube in Geschichte und Gesellschaft. Studien zu einer praktischen Fundamentaltheologie, Mainz 1977, 3. (künftig abgekürzt: GGG). – Ich kann in diesen Ausführungen nicht die ganze Breite politischer Theologie (die Ansätze von Dorothee Sölle, Jürgen Moltmann, Helmut Gollwitzer . . .) berücksichtigen, sondern konzentriere mich auf die von Johann Baptist Metz ausgearbeitete Richtung. Dorothee Sölle versteht ihren theologischen Entwurf inzwischen als feministisch-theologischen Ansatz.

Warum eine feministische Bezugnahme auf politische Theologie?

Die Frage nach der Relevanz politischer Theologie für eine feministische Theologie bedarf zunächst der Rechtfertigung. Schließlich ist feministische Theologie eine Ausbruchbewegung aus einer Theologie, ihren Traditionen und Quellen, ihren Kriterien, Methoden, Verstehensmodellen und kirchlichen Lebenszusammenhängen, die allesamt in androzentrischer Sichtweise und Sprache (1) „den Mann" als „paradigmatisches menschliches Wesen"[2] ansehen, (2) Frauen, ihre Lebenswirklichkeiten, ihre Wahrnehmungen, Erfahrungen, religiösen Fragen und Visionen unsichtbar machen, indem sie sie ausblenden, verzerrt und stereotypisierend darstellen, (3) dadurch das Patriarchat und seine Strukturen nicht in den Blick bekommen und so zu seiner Stabilisierung beitragen. Feministische Theologie ist das Ende des Wartens, der Geduld und der Bescheidenheit von Theologinnen mit und ohne akademische Ausbildung, der Selbstbeschränkung auf verständnisvolle Überzeugungs- und Vermittlungsarbeit männlichen Theologen gegenüber im Vertrauen darauf, daß die akademisch und kirchlich etablierten Theologien aus eigener Einsicht ihre Einstellung so ändern, daß sie Frauen endlich aus dem „toten Winkel" der Theologie treten ließen. Feministische Theologie ist auch das Ende der Zufriedenheit mit theologischen Ansätzen, in denen frau Anstöße, Fragen und Denkrichtungen entdeckt, die – konsequent weitergedacht und -gegangen – zu ihren eigenen feministischen Fragen und Ideen führen. Statt dessen wollen feministische Theologinnen die Mechanismen des Verschweigens und Unsichtbarmachens aufdecken, das eigene Schweigen brechen und sichtbar werden.[3] Feministische Sichtweise und Sprache – so lautet das Programm feministischer Theologie: ein radikaler Bruch mit der „herr"-schenden Wahrnehmung und eine Neueinstellung, die sich auf Frauen konzentriert, stets Frauen ins Zentrum stellt, alles, was bisher Mittelpunkt der Aufmerksamkeit war, an die Peripherie rückt und sich an bewußter Betroffenheit als Frau und Parteilichkeit für Frauenbefreiung ausrichtet.

[2] *Elisabeth Schüssler Fiorenza*, Für Frauen in Männerwelten. Eine kritische feministische Befreiungstheologie, in: Concilium 20 (1984) 31–38.32. Zur feministisch-theologischen Androzentrismuskritik vgl. z. B. auch das Themenheft „Frauen – unsichtbar in Theologie und Kirche": Concilium 21 (6/1985).
[3] Vgl. *Schüssler Fiorenza*, Das Schweigen brechen – sichtbar werden, in: Concilium 21 (1985) 387–398.

1. *„Der Kehrseite von allem, was du liebtest, ins Gesicht sehen".* – Diese neue Sicht ver-rückt die frühere Wahrnehmung. „Sehen bedeutet, daß alles sich ändert: Die alten Identifikationen und die alten Sicherheiten brechen zusammen."[4] Wenn die bisherige Wahrnehmung erst einmal als androzentrisch erkannt ist, dann wird für feministische Theologie das Anknüpfen und Weiterarbeiten an theologischen Forschungen und Fragen, die unter diesem „herr"schenden Blickwinkel angegangen wurden – auch wenn sie von herrschaftskritischer Absicht geleitet sind –, problematisch. Jede Theologie, die Frauenunterdrückung nicht explizit thematisiert, erscheint nun als Männertheologie; in herkömmlicher Sicht deutlich hervortretende Kontraste oder Gegensätze zwischen den unterschiedlichen Ansätzen von Männertheologie verblassen angesichts der Frage, ob in diesen Theologien Frauen zum Ausdruck kommen; theologische Rede von „dem Menschen" erweist sich, selbst wenn sie ausdrücklich auf einen bestimmten Kontext bezogen ist, als generalisierend und – falls überhaupt – nur für Männer relevant. Feministische Androzentrismuskritik führt zur bedrückenden Erkenntnis, daß alle die theologischen Ansätze, die mein theologisches Selbstverständnis und mein theologisches Suchen geprägt haben, auf die ich mich affirmativ bezogen habe, auch ein theologischer Ansatz wie politische Theologie, die ich als kritisch und befreiend (gegenüber einer herrschaftsstabilisierenden oder irrelevanten Theologie) erlebt habe, in erster Linie Männertheologien sind.[5]

„... wenn die Bücher einmal aufgeschlagen sind, mußt du
der Kehrseite von allem, was du liebtest, ins Gesicht sehen –
der Folter und den bereitgehaltenen Zangen, der Knebelung,
durch die selbst die besten Stimmen sich hindurchbeißen mußten,
dem Schweigen, das ungewollte Kinder begräbt –
Frauen, Abweichende, Zeuginnen – im Wüstensand. ...
Jahrhunderte von ungeschriebenen Büchern stapeln sich hinter
    diesen Regalen;
doch wir starren noch immer in die Abwesenheit

---

[4] *Mary Daly,* Jenseits von Gottvater Sohn & Co. Aufbruch zu einer Philosophie der Frauenbefreiung, München 1980, 17.
[5] Vgl. meinen Aufsatz: Die „Frauenseite": Heiligkeit statt Hausarbeit, in: Tiemo R. Peters (Hrsg.), Theologisch-politische Protokolle, München/Mainz 1981, 244–264, 244–249.

von Männern, die nicht gewillt, von Frauen, die nicht in der Lage
waren,
zu unseren Leben zu sprechen . . .``[6]

Der Blickwinkel hin zur Konzentration auf die übersehenen,
unterdrückten und vergessenen Frauen bewirkt eine durchgreifende
und abrupte Veränderung des bisherigen Lebens. Er wird als Bekehrung, Umkehr, Auszug, Sprung[7] erlebt und beschrieben: ,,Für diejenige, die gelernt hat, den Sexismus zu erkennen, ist nichts je wieder so,
wie es einmal war.``[8] Jedoch sind die Beeinflussungen durch die
,,herr``schende androzentrische Wahrnehmungsweise so durchdrin-
gend,[9] daß dieser Blickwechsel nicht als abgeschlossene einmalige
Handlung, sondern nur als mühsame und langwierige Lernbewegung
vollzogen wird, die eine beharrliche ,,Verlernschulung``[10] des ,,herr``-
schenden Blicks erfordert.

Um sich dezidiert von Männertheologie, die für Frauen im besten
Fall irrelevant, zumeist jedoch unterdrückend ist, abzusetzen, radikal
,,anders`` Theologie zu treiben und sich jeder erneuten Infizierung mit
dem androzentrischen Blick zu entziehen, gibt es unter feministischen
Theologinnen eine Tendenz, alle Anknüpfungsfäden zu allen Ansätzen innerhalb der Männertheologie zu zerreißen, sich allenfalls noch
kritisch-ablehnend mit ihnen auseinanderzusetzen und nachzuweisen, inwiefern sie Sexismus als theologisches Thema ausklammern
und Frauen als Subjekte von Theologie verschweigen. Der Verzicht
auf ,,Heimat`` in der traditionellen Theologie gehört wesentlich zu
dem nicht nur sichtbar und sehend machenden, sondern gleichzeitig
auch schmerzvollen Prozeß der Erkenntnis und Abkehr von Frauen-
mißachtung und -unterdrückung.

Zu fragen ist jedoch, ob feministische Theologie in ihrer derzeiti-
gen Phase der Entfaltung und Präzisierung ihrer verschiedenen
Neuentwürfe und deren differenzierender Auseinandersetzung untereinander[11] sich von einem einerseits Sexismus als theologisches
Problem weiterhin ignorierenden, andererseits jedoch in herrschaftskritischer Absicht und im Interesse des Subjektwerdens aller entwor-

[6] *Adrienne Rich,* Der Traum einer gemeinsamen Sprache. Gedichte, München 1980, 37 f.
[7] Vgl. z. B. Elisabeth Schüssler Fiorenza, Judith Plaskow, Mary Daly.
[8] *Daly,* Jenseits von Gottvater Sohn & Co 67.
[9] Vgl. *Cheryl Benard,* Die geschlossene Gesellschaft und ihre Rebellen. Die internatio-
nale Frauenbewegung und die Schwarze Bewegung in den USA, Frankfurt 1981.
[10] *Ronald D. Laing,* Phänomenologie der Erfahrung, Frankfurt [9]1977, 20 f.
[11] Diese Phase folgt auf eine Phase der Selbstdefinition und Legitimation in kritischer
Absetzung von herrschender Männertheologie.

fenen Ansatz wie dem der politischen Theologie einfach verabschieden soll oder ob nicht eine gründliche feministisch-theologische Befragung politischer Theologie unseren kritischen Blick auf herrschafts- und damit auch patriarchatsstabilisierende[12] Elemente und Funktionen von Theologie – auch von feministischer Theologie – schärfen würde.

2. *Für ein feministisches Weitergehen der Schritte politischer Theologie.* – Daß ich für eine aufmerksamere Auseinandersetzung mit politischer Theologie plädiere und mir von einer feministischen Aneignung politischer Theologie eine produktive Wirkung für feministische Theologie verspreche, hat auch biographische Gründe: Schon früh während meines Studiums der katholischen Theologie in Regensburg begegnete ich politischer Theologie und Befreiungstheologie. Als Kritik und Gegenmodelle zu der Theologie, die am theologischen Fachbereich die „herr"schende war, wurden sie zum Anstoß und zu einer belebenden Quelle für den Prozeß ständigen Hinterfragens der vorgeblich politisch neutralen, „gleichsam amtlich praktizierten, sich geschickt und erfolgreich verbergenden Polit-Theologien landauf, landab"[13]. Sie öffneten mir die Augen für die „Unterseite" der Fortschrittsgeschichte und die ambivalente Funktion von Religion und Theologie in dieser Fortschrittsgeschichte. Sie wurden mir zur Befreiung und Herausforderung für mein religiöses, politisches und soziales Engagement. Ähnlich wie später feministische Theologie ermöglichte mir die politische Theologie Erkenntnisse, die wie Bekehrungserlebnisse ein neues Sehen und eine neue Praxis einleiteten. Gleichzeitig erlebte ich ähnliche Reaktionen auf politische Theologie wie zehn Jahre später auf feministische Theologie: Fragestellungen politischer Theologie oder politische Theologie als Thema eines Seminars durchzusetzen erforderte damals in ähnlicher Weise den Mut, sich als einseitig, querulantisch, unqualifiziert abstempeln zu lassen, und die Bereitschaft, sich diese Themen und Fragestellungen selbst – quasi als Hobby – neben „dem" Theologiestudium zu erarbeiten. Es gab eine kleine Gruppe von Theologiestudent/inn/en und einen Theologieprofessor, die sich für die neue politisch-theologische

---

[12] Zu den Begriffen „patriarchal", „sexistisch", „androzentrisch" vgl. z. B. *Schüssler Fiorenza,* Das Schweigen brechen – sichtbar werden.
[13] *Tiemo R. Peters,* Schritte im Unwegsamen, in: ders. (Hrsg.), Theologisch-politische Protokolle, München/Mainz 1981, 7–13, 8.

Richtung engagierten und begannen, die gesamte Theologie unter neuer Perspektive zu sehen. Ihnen stand die etablierte Theologie des Fachbereichs gegenüber, die politische Theologie von vornherein als indiskutabel (weil zu radikal, nicht „christlich" genug, nicht „wissenschaftlich" genug) oder häretisch (ein Theologieprofessor begann jedes Semester seine Vorlesung mit der Auflistung der Häresien zum jeweiligen Semesterthema von Marcion bis Metz) ablehnte und auf diese Weise vermied, Kritik und Herausforderung durch politische Theologie tatsächlich zur Kenntnis zu nehmen oder sich gar mit ihr auseinanderzusetzen.

Als ich nach meinem Examen ein Promotionsstudium in politischer Theologie bei Johann Baptist Metz begann, verstärkten sich diese Erfahrungen: Ich erlebte mit, wie die Gegner der politischen Theologie ihre institutionell abgesicherte Weiterentfaltung und -verbreitung im kirchlichen und universitären Bereich zu verhindern versuchten – auf dem Rücken der Schüler/innen und Sympathisant/inn/en politischer Theologie – und welche ökonomischen, psychischen, sozialen Folgen dies bei den Betroffenen bewirkte. Ich nahm aber auch die Schwierigkeit wahr, das Anliegen politischer Theologie über den Kreis der Insider/innen hinaus mitzuteilen in eine gesellschaftliche Öffentlichkeit, deren Interesse entweder auf Bestätigung des Gewohnten oder auf Konsum sensationsträchtiger und mediengerechter Streitpunkte gerichtet wird, nicht aber auf Herausforderungen, die den gewohnten Lauf unterbrechen.

Politische Theologie und feministische Theologie haben nicht nur Bekämpfung und Diskriminierung von seiten etablierter Theologien und Kirchen gemeinsam. Auch ihre Neuorientierung – der Bruch mit einer vorgeblich „neutralen" Theologie, die Option für eine befreiende christliche Hoffnung, die in das Alltagsleben eingreift, statt es zu überhöhen, die Solidarität mit den Opfern der Geschichte, die theologische Thematisierung ihrer Erfahrungen, Leiden, Kämpfe – verbinden in meinen Erfahrungen politische Theologie mit feministischer Theologie. Politische Theologie hat mich zur Beschäftigung mit Theologie der Befreiung und Schwarzer Theologie, zur Frauenhausarbeit und schließlich zum Engagement für eine feministische Befreiungstheologie im Kontext Westdeutschlands geführt. Insofern war mein Weg zu feministischer Theologie ein Nach- und Weitergehen der Schritte politischer Theologie. Obwohl es für mich durchaus ein Prozeß des Konflikts und der Absetzung war, zur feministischen Theologin zu werden, ist politische Theologie für mich eine Instanz für kritische Selbstüberprüfung und Anstoß und Inspiration für die Ausarbeitung und Konkretisierung feministischer Theologie.

Um so ärgerlicher und unverständlicher ist es allerdings, daß im ausgearbeiteten Konzept und in den bisher veröffentlichten Texten politischer Theologie die Kritik und Anfragen feministischer Theologie nicht aufgegriffen und umgesetzt werden. Das Eingangszitat ist ein Beispiel: Ist „der" Gott der Lebenden und der Toten „ein" männlich gedachter Gott, „ein" Gott, in „dem" das Männliche vergöttlicht wird? Ist ein nichtsexistisches Reden über diese/s/n Gott in politischer Theologie möglich? Wenn schließlich „dieser" Gott alle „Menschen" ins Subjektsein vor „seinem" Angesichte ruft, ist dann unter Menschen der Plural von „der" Mensch zu verstehen, oder ist damit gemeint: Gott ruft alle Frauen und Männer ins Subjektsein? Diese Fragen, die für viele Frauen ein ernstes religiöses und theologisches Problem darstellen, bleiben in politischer Theologie so peripher und unwesentlich wie die Frauen selbst. Auch und gerade für eine Theologie, die herausgearbeitet hat, daß besonders die sich „unpolitisch" verstehenden Theologien nicht politisch unschuldig sind, gilt, daß eine Theologie, die angesichts des gesellschaftlich und kirchlich herrschenden Patriarchats Sexismus und Androzentrismus als theologisch relevante Phänomene übersieht, Sexismus und Androzentrismus weiter stabilisiert.

Eine feministische Auseinandersetzung mit politischer Theologie muß die Spannung durchhalten, einerseits den androzentrischen Charakter politischer Theologie nicht zu verschleiern, andererseits zu erproben, ob sich Ansatz und Dynamik politischer Theologie produktiv weiterführen lassen zu einer Radikalisierung und Konkretisierung feministischer Theologie. Dies wäre eine Auseinandersetzung, die politische Theologie nicht ausschließlich auf die schriftlich ausgearbeiteten Überlegungen festlegt, sondern sie als offenen Prozeß betrachtet, die fragt, ob die androzentrische Sprache politischer Theologie mit ihrer Botschaft tatsächlich identisch ist, die Konzepte und Ziele nicht an einzelnen Sätzen, Zitaten (oder vermißten Aussagen) politischer Theologie mißt, sondern eher umgekehrt die noch uneingeholten Ziele und Postulate kritisch einklagt, die die Impulse politischer Theologie daraufhin überprüft, ob sie – auch über die Art ihrer Realisierung durch politische Theologen hinaus – frauenbewegende und frauenbefreiende Anstöße beinhalten.

Diese Überlegungen sollen nicht dazu dienen, politische Theologie vor feministischer Kritik abzuschirmen. Eine konsequente feministische Sprachkritik an politischer Theologie oder eine konkrete und detaillierte Kritik am Ausblenden von Frauen als Unterdrückten und als Subjekten von Theologie, von Frauenunterdrückung und Feminismus in der Wahrnehmung und Beschreibung der Situation politischer Theologie sind sogar dringend notwendig. Es geht mir vielmehr darum, politische Theologie für feministische Kritik in Dienst zu nehmen:

a) Oft sprechen feministische Theologinnen von „der" Theologie, als sei sie ein monolithischer Block, um sie dann in ihrer Gesamtheit abzulehnen. Sie verwerfen bei solchem Vorgehen dann auch theologische Richtungen, die bereits eine manchmal präzisere und schärfere Theologiekritik vorgenommen haben. So kann die feministisch-theologische Kritik an „herr"schender Religion, Theologie und Kirche als Instanzen zur Stabilisierung des Patriarchats durch die Religions-, Theologie- und Kirchenkritik politischer Theologie – besonders die Kritik an einem sogenannten progressiven, liberalen Christentum – an Schärfe, vielleicht auch an neuen Gesichtspunkten gewinnen. Die Kritik politischer Theologie kann auch stets neu zur selbstkritischen Überprüfung der Frage veranlassen, ob feministische Theologie – etwa in ihrer positiven Bestätigung von Erfahrungen, Realitäten und Wünschen von Frauen – Züge bürgerlicher Theologie trägt.[14]

b) Nicht einmal eine feministische Theologie, die entschlossen alle etablierten Ansätze akademischer Theologie verwirft, kann sich jeglichem Einfluß durch diese Theologien entziehen. Die Methoden und Erklärungsmodelle zur Wahrnehmung und Analyse von Frauenerfahrungen und die Muster der theologischen Neuansätze entstammen häufig der kritisierten „Männerwissenschaft". Elisabeth Schüssler Fiorenza spricht von einer „Verschiedenartigkeit der Ansätze" und einer „Polyphonie der Äußerungen von Feministinnen . . . im Bereich feministischer Theologie", die sich „innerhalb verschiedener theologischer Ansätze wie z. B. der Neoorthodoxie, der liberalen Theologie, Prozeßtheologie, evangelikalen Theologie oder Befreiungstheologie"[15] entfalten. Selbst in der kritischen Abset-

---

[14] Ich spreche von „Zügen" bürgerlicher Religion, weil keine feministisch-theologische Richtung folgende Funktion bürgerlicher Religion erfüllt: „Bestätigung und Bestärkung für die bereits Habenden und Besitzenden . . ., für die ohnehin Aussichts- und Zukunftsreichen dieser Welt" (*Metz,* Messianische oder bürgerliche Religion? in: ders., Jenseits bürgerlicher Religion. Reden über die Zukunft des Christentums, München/Mainz 1980, 2–27, 10).

[15] *Schüssler Fiorenza,* Für Frauen in Männerwelten 33.

zung bleibt feministische Theologie auf Ansätze der kritisierten Männertheologie bezogen und – oft auch unreflektiert – von ihnen geprägt und bestimmt.[16] Zur Klärung des eigenen Ausgangspunktes und zur kritischen Selbstvergewisserung ist es daher notwendig, die eigenen Voraussetzungen und Verwurzelungen in den unterschiedlichen theologischen Ansätzen möglichst deutlich zu benennen.[17]

c) Das Bestehen politischer Theologie auf einer Situationsanalyse als theologischer Aufgabe kann erstens Orientierung sein für die Ausarbeitung feministischer Theologie als kontextueller Theologie, die sich der Gefahren der Pauschalisierung von Frauenerfahrungen und der Auflösung von Subjektivität in die Beliebigkeit bewußt ist. Zweitens kann es Anregung und Modell sein für eine feministische Theologie in Westdeutschland, die zwar von feministischer Theologie in den USA gelernt hat und lernt, aber die Praxis und Politik der Frauenbewegung in diesem Kontext mit seiner jüngeren Geschichte und die hier entwickelten feministischen Theorien einschließlich der Weltinterpretationen, auf die sie sich beziehen, theologisch reflektiert. Drittens kann sie uns ermutigen, uns der arbeitsteiligen Zuweisung in den Bereich „feministische Spiritualität" im Gegenüber zu „feministischer Politik" zu widersetzen.

d) Schließlich kann das Konzept politischer Theologie als kritisch-hermeneutischer Theologie Hinweise geben für die Frage und Auseinandersetzung um eine feministische Hermeneutik.[18]

Parallelen und Unterschiede zwischen politischer und feministischer Theologie aufzuzeigen, eine feministische Kritik des (noch?) „herr"schenden Androzentrismus politischer Theologie auszuarbeiten, politische Theologie nach Anhaltspunkten für Kritik und Inspiration feministischer Theologie abzufragen, die Herausforderung, die feministische Theologie für politische Theologie darstellt, zu beschreiben und schließlich feministische Befreiungstheologie im Kontext Westdeutschlands als Präzisierung und Weiterführung politischer Theologie zu entwerfen, das sind mögliche und notwendige Aufgabengebiete einer feministischen Auseinandersetzung mit

[16] Es wäre z. B. aufschlußreich, die Schriften Mary Dalys auf Beeinflussungen durch theologische „Männeransätze" hin zu untersuchen.
[17] Vgl. *Renate Rieger*, Inhaltliche und methodische Voraussetzungen einer feministischen Theologie als Befreiungstheologie, in: Schlangenbrut Nr. 13, 26–38.
[18] Diese Diskussion ist maßgeblich von *Elisabeth Schüssler Fiorenza* vorangetrieben worden. Vgl. ihren ausgearbeiteten Entwurf einer kritisch-feministischen Hermeneutik, in: dies., In Memory of Her. A Feminist Theological Reconstruction of Christian Origins, New York 1983.

politischer Theologie – ein großes Programm. Ich werde mich hier vornehmlich auf Parallelen, Kritik und Inspirationen konzentrieren – Fragestellungen, die mir vordringlich erscheinen –, kann dabei jedoch nur eine vorläufige Skizze von Schwerpunkten und Richtungen entwerfen. Besonders wichtig ist mir die Kritik politischer Theologie an einer als Religion ausgegebenen Praxis des Verschleierns, Vertröstens, Vergessens, der – das hat politische Theologie bisher zuwenig deutlich gemacht – stets Frauen am massivsten ausgesetzt sind.

Gegen die „Unschuld" und „Unberührtheit" von Theologie

1. *Die Erfahrung der Bedrohung und das Risiko des Scheiterns als Voraussetzung einer Theologie im neuen Paradigma.* – Als kritischen und innovativen Theologien stellen sich politischer und feministischer Theologie Legitimationsprobleme: „Jede neue Theologie wirkt für viele zunächst wie keine."[19] Beide verstehen sich nicht als bruchlose Fortsetzung oder Weiterführung, sondern zunächst als Absetzung von herkömmlicher akademischer Theologie, die sie einer grundsätzlichen, theologisch begründeten Kritik unterziehen. Bei beiden Theologien handelt es sich nicht um ein neues theologisches Thema oder einen ergänzenden Aspekt, sondern um eine radikale Veränderung der Blickrichtung der gesamten Theologie – ein Blickwechsel, der neue Subjekte und Orte, neue Methoden, neue Sprache, neue Inhalte, neue Quellen und Traditionen und eine neue Sicht der bisher benutzten Quellen und Traditionen impliziert.[20] Politische wie feministische Theologie befinden sich jedoch in der paradoxen Situation, daß ihre wissenschaftliche und kirchlich-religiöse Legitimation mit Hilfe der herrschenden Konzepte und Modelle akademischer christlicher Theologie beurteilt wird. Gemessen an Objektivität und politischer Neutralität, sind sie „unwissenschaftlich", gemessen an einer Vorstellung von Christentum, das auf den „Tugenden des Bunkers" („Stillhalten und sich nicht rühren, sich Mut machen, Zuversicht und Ruhe verbreiten"[21]) beruht, sind sie „unchristlich". Wird ihnen theologische Qualität zugesprochen, so werden sie häufig

---

[19] GGG 44.
[20] Vgl. *Schüssler Fiorenza*, In Memory of Her, Teil I. Vgl. *Dorothee Sölle*, Gott und ihre Freunde. Zur feministischen Theologie, in: Luise F. Pusch (Hrsg.), Feminismus. Inspektion der Herrenkultur, Frankfurt 1983, 196–219.
[21] *Peters*, Schritte im Unwegsamen 7.

als Spezialgebiet eingeordnet oder in vorgegebene theologische Entwürfe „eingebettet". In jedem Fall soll ihre kritische und innovatorische Spitze gebrochen werden.

Einige feministische Theologinnen haben sich diesem Dilemma entzogen. Sie benennen sich in Absetzung zu einer als „durch und durch patriarchal" gesehenen biblisch-christlichen Religion als „postchristlich", in Absetzung von einer Theologie, von der sie nichts anderes als Legitimation des Patriarchats erwarten, als „Untheologinnen" bzw. siedeln sich, zum Zeichen der Zurückweisung der als Bastion des Patriarchats erlebten akademischen Wissenschaft, bewußt außerhalb von Wissenschaft und Universität an. Dagegen halten politische Theologie und eine Reihe feministischer Theologinnen den Anspruch auf eine andere, befreiende Art des Theologietreibens aufrecht und arbeiten an der Neubestimmung von Kriterien für eine wissenschaftliche christliche Theologie.

Die Diskussion um eine „neue" Theologie wird in den letzten Jahren unter den Stichworten „neues Paradigma – Paradigmenwechsel" geführt, macht dabei jedoch einen relativ weiten Gebrauch von Thomas Kuhns Begriff des wissenschaftlichen Paradigmas, der in seiner ursprünglichen eingegrenzten Bedeutung für Theologie kaum anwendbar wäre.[22] Für Kuhn ist ein *Paradigma* eine in einer „wissenschaftichen Gemeinschaft", also bei einer beträchtlichen Anzahl von Wissenschaftler/inne/n, konkurrenzlos anerkannte und verbindliche Betrachtungs- und Vorgehensweise. Ein wissenschaftliches Paradigma bestimmt „alle Aspekte wissenschaftlicher Forschung: Beobachtungen, Theorien und Erklärungsmodelle, Forschungstraditionen und Musterbeispiele und auch philosophisch-theoretische Annahmen über das Wesen der Welt und die gesamte Weltsicht. Alle Daten und alle aufgezeichneten Beobachtungen sind theoriegeladen; nackte, uninterpretierte Daten und Quellen existieren nicht. Ebensowenig gibt es Kriterien und Forschungsmodelle, die

---

[22] Vgl. *Thomas S. Kuhn*, Die Struktur wissenschaftlicher Revolutionen (2. rev. u. um das Postskriptum von 1969 erg. Aufl.), Frankfurt 1976; *ders.*, Die Entstehung des Neuen. Studien zur Struktur der Wissenschaftsgeschichte, Frankfurt 1978. Zum theologischen Gebrauch des Begriffs „Paradigma" vgl. *Schüssler Fiorenza*, In Memory of Her, Einleitung und Teil I; *Hans Küng/David Tracy* (Hrsg.), Das neue Paradigma von Theologie. Strukturen und Dimensionen, Zürich/Gütersloh 1986, darin: *J. B. Metz*, Theologie im neuen Paradigma: Politische Theologie, 119–128; *Metz*, Unterwegs zu einer nachidealistischen Theologie, in: Johannes B. Bauer (Hrsg.), Entwürfe der Theologie, Graz/Wien/Köln 1985, 209–233.

unabhängig wären von dem wissenschaftlichen Paradigma, in dem sie entwickelt worden sind."[23]

Neue Paradigmata treten nach Kuhn im Zusammenhang mit Krisen, in denen das alte Paradigma versagt, in Erscheinung. Unter einer Reihe konkurrierender Entwürfe setzen sich schließlich die Paradigmata durch, die „bei der Lösung einiger Probleme, welche ein Kreis von Fachleuten als brennend erkannt hat, erfolgreicher sind als die mit ihnen konkurrierenden"[24]. Voraussetzung für den Paradigmenwechsel ist, daß das neue, nun verbindliche Paradigma eigene Strukturen und Stützsysteme als institutionelle Basis aufweisen kann. Paradigmenwechsel ereignen sich als „wissenschaftliche Revolutionen", die die Wissenschaft und ihre Institutionen verändern, aber auch die gesamte Weltsicht transformieren. Nicht nur das wissenschaftliche Modell, sondern der gesamte kulturelle Horizont hat sich danach gewandelt.

In der gegenwärtigen Situation feministischer Theologie, in der die Antwort auf die Frage nach dem Selbstverständnis und Ort feministischer Theologie sich zunehmend polarisiert – auf der einen Seite Ablehnung jeder wissenschaftlich-theologischen Arbeit und jeder Anstrengung für eine institutionelle Basis feministischer Theologie als Komplizinnenschaft mit Männertheologie, auf der anderen Seite Einstufung jeder Kritik und jedes Versuchs der Absetzung von den etablierten Formen des akademischen Theologietreibens als unqualifiziert, unwissenschaftlich, Laiinnentheologie –, kann das Stichwort „Paradigmenwechsel" und die Art, wie politische Theologie dieses Stichwort gebraucht, wichtige Impulse geben. Der Begriff *Paradigmenwechsel* eignet sich insofern zur Kennzeichnung der Irritation durch neue Theologien, als er das theologische Selbstbewußtsein stärkt (was Theologie ist, kann nicht nur die alte, sondern auch eine entstehende „wissenschaftliche Gemeinschaft" entscheiden), als er die Aufgabe, das neue Paradigma auszuarbeiten, einklagt und Gemeinsamkeiten zwischen unterschiedlichen Neuentwürfen von Theologie (z. B. feministische Theologie – politische Theologie – Theologie der Befreiung – Schwarze Theologie) anzeigt. Gegenüber Bestreitungen der Legitimität von Neuentwürfen wird er häufig als Kampfbegriff gebraucht, der eine weitere Unterordnung der neuen Theologie unter die alte nicht mehr zuläßt. Er erinnert an die Notwendigkeit,

---

[23] *Schüssler Fiorenza*, In Memory of Her XXI.
[24] *Kuhn*, Die Struktur wissenschaftlicher Revolutionen 37.

sich von diesem alten Paradigma abzusetzen und neue Sichtweisen und Methoden zu erproben, und verdeutlicht, „daß es bei feministischer Forschung nicht bloß um andere, dem ‚Forschungsgegenstand' Frauen bzw. Frauenunterdrückung angemessene Forschungsinstrumente, sondern um eine andere Weise des Handelns, Erkennens, Denkens und Forschens geht, *kurz um ein neues Paradigma*. Statt uns weiter rückzuversichern bei einer Wissenschaft, die wir zunehmend als frauen- und menschenfeindlich erfahren und identifizieren, wollen wir diesen neuen Handlungs- und Denkhorizont weiter erkunden."[25]

Beim Entwurf dieser neuen Theologie geht es sowohl politischer Theologie als auch feministischer Theologie darum, die befreiende christliche Botschaft zum Schlüssel für das Verständnis der Tradition und der gegenwärtigen Situation zu machen, das „herr"-schende Paradigma an dieser Norm zu messen, die Opfer und Unsichtbaren einer Siegergeschichte in Erinnerung zu rufen und sie als Subjekte von Theologie zu reklamieren. Politische „Unschuld", Ausgewogenheit, Neutralität, Objektivität, Leidenschaftslosigkeit erweisen sich dabei als Merkmale einer „blutleeren"[26] Theologie, die diesen Herausforderungen nicht gerecht werden kann, sie gar nicht in den Blick bekommt. Zu neuen Kriterien einer relevanten Theologie, die nun nicht mehr den Bestreitungen der Wissenschaftlichkeit gegenüber verteidigt, sondern selbstbewußt postuliert werden, gehören: Irritierbarkeit und Berührbarkeit durch die Leiden der Unterdrückten und Opfer, Wahrnehmungsfähigkeit für Unsichtbargemachte, Empörung über Ungerechtigkeit, Parteilichkeit für die Unterdrücktesten und Unsichtbarsten, Option und Befreiungspraxis für kirchlich-gesellschaftliche Veränderung. „Politische Theologie wäre die Reflexion eines Kampfes, eines Leidens, eines Engagements, in dem ihre Autoren, sie selbst, Betroffene und Beteiligte sind."[27] In dieser Hinsicht können feministische Theologinnen, die sich um akademische Anerkennung ihrer theologischen Qualifikation bemühen, von politischer Theologie und ihrer Rede von einer Theologie im neuen Paradigma darin bestärkt werden, am fortwährenden Bemühen nicht nur um ein neues Kapitel Theologiegeschichte, sondern um die Transformation von Theologie festzuhalten.

[25] Editorial zu: Beiträge zur feministischen Theorie und Praxis 11, 6 (Hervorhebung d. d. V.).

[26] *Klaus Schäfer*, „Sensibilität" – eine theologische Kategorie? Blutarme Betrachtungen eines Schreibtischtheologen über die Blutarmut der Schreibtischtheologie, in: Ferdinand W. Menne (Hrsg.), Neue Sensibilität, Darmstadt/Neuwied 1974, 216–235.

[27] *Peters*, Schritte im Unwegsamen 9.

Andererseits macht der Begriff des Paradigmenwechsels den konflikthaften und kämpferischen Charakter dieser Transformation nicht deutlich genug. Es handelt sich um einen „Wettstreit rivalisierender Paradigmata". „Während das androzentrische wissenschaftliche Paradigma in den patriarchalen akademischen Institutionen verwurzelt ist, hat sich das feministische Paradigma seine eigene institutionelle Basis nur spärlich in alternativen Institutionen geschaffen, wie Frauenzentren, Frauenbildungseinrichtungen, Frauenforschungsprogrammen. Doch die Abhängigkeit von der patriarchalen Gesellschaft und die hierarchische Struktur akademischer Institutionen sichern den strukturellen Fortbestand des androzentrischen wissenschaftlichen Paradigmas. Worauf es ankommt, ist nicht allein die Frage nach einer feministischen Rekonstruktion der Geschichte und einer Neubenennung der Welt, sondern die grundlegende Veränderung von Wissenschaft und akademischen Institutionen."[28] Welches Paradigma sich im Wettstreit der rivalisierenden Paradigmata durchsetzen wird, ist offen.

Dieser Aspekt des Kampfes wird vielleicht eher durch eine Beschreibung der neuen Theologien als *oppositionelle Theologien*[29] verdeutlicht, das heißt als Theologien, die auf seiten unterdrückter und opponierender Gruppen arbeiten, sich in ihren Neuentwürfen von der als geschlossene Ordnung erlebten dominanten Gesellschaftsordnung und ihren Denkstrukturen nicht völlig lösen können und die Ausarbeitung der eigenen Theorie als Kampfsituation erleben, deren Ausgang völlig ungewiß ist. Oppositionelle Theologie arbeitet im Risiko des eigenen Scheiterns, auch im Risiko der Vereinnahmung durch die dominante Theologie.

Als Pointierung seiner Kritik am unversalgeschichtlich-idealistischen und am transzendental-idealistischen Ansatz als zwei Spielarten des theologischen „Igeltricks", „der Identität und Sieg ohne die Erfahrung des Laufens (d. h. auch ohne die Erfahrung der Bedrohung und des möglichen Untergangs) verbürgt", liest Metz das Märchen vom Hasen und vom Igel – ursprünglich wohl eher eine Protestgeschichte derer, die im Wettlauf mit den Siegern der Geschichte immer zu langsam sind und vom Siegeszug des Fortschritts überrollt werden – „gegen den Strich", um „für den Hasen Partei zu ergreifen, der läuft und läuft und sich schließlich im Wettlauf zu Tode

---

[28] *Schüssler Fiorenza,* In Memory of Her, XXI f.
[29] In Anlehnung an Cheryl Benards Gebrauch des Begriffs „oppositionelle Theorie" (vgl. Anm. 9).

stürzt, während der Igel durch einen Trick siegt, der ihm das Laufen überhaupt erspart. Die Option für den Hasen, das wäre hier die Option für das Eintreten in das Feld der Geschichte, das man nur im Lauf, im Wettstreit, im Flug (und wie immer die Bilder gerade der paulinischen Traditionen für das geschichtlich-eschatologische Leben der Christen lauten) durchmessen kann."[30]

Ich möchte diese Leseart der Geschichte weiter ausreizen und auf die Theologien im neuen Paradigma anwenden: Die Option für den Hasen ist die Option für eine Theologie, die nicht in der Illusion verharrt, auf der Seite der Schwachen Theologie zu treiben sei vereinbar mit einer unberührten und unbeirrbaren zielgerichteten Ausarbeitung einmal entworfener theologischer Programme. Diese Theologie „hat es mit Erfahrungen, Einsichten und Theorien zu tun, deren theologischer Charakter eben nicht a priori feststeht bzw. feststellbar ist, sondern der jeweils neu, in einer Art geschichtlich-experimenteller Synthese gefunden werden muß . . . (Sie) befindet . . . sich . . . sozusagen systematisch im Umbau."[31] Die Option für den Hasen ist die Option für eine unabgeschlossene theologische Bewegung, die sich stets neu orientiert, für einen theologischen Weg, der die Erfahrung der Bedrohung und das Risiko des Scheiterns nicht umgehen will, für eine Theologie, die es zumindest auf sich nimmt, für viele „keine Theologie" zu sein.

2. Praktische Rechenschaft für eine befreiende Hoffnung. – Metz schlägt folgende Kriterien für ein neues theologisches Paradigma vor und entfaltet diese in seinem Ansatz einer politischen Fundamentaltheologie, die er nun einem nachidealistischen Paradigma zurechnet:

„– die Fähigkeit zur Wahrnehmung von Krisen und zur nichttraditionalistischen Rettung von Traditionen im Angesicht dieser Krisen;

– die Fähigkeit zur Konzentration, und zwar sowohl als nichtregressive Reduktion von Überkomplexität und Überspezialisierung, in denen die Krisen der Theologie (,arbeitsteilig') verdrängt bzw. verdeckt werden, wie auch als nicht-triviale Reduktion von Lehre auf Leben, von Doxographie auf Biographie, weil der Logos der Theologie immer auf eine Wissensform als Lebensform zielt;

---

[30] GGG 143.
[31] GGG 13.

– die Fähigkeit und Bereitschaft zum Austausch zwischen theologischem und kirchlichem Lebenszusammenhang . . .;

– die Fähigkeit und Bereitschaft, die Krisen als eine ökumenische Herausforderung wahrzunehmen und zu bearbeiten."[32]

Eine solche Theologie hat *apologetischen* Charakter. Apologetik muß sich allerdings dem „Verdacht . . . einer routinierten Verblüffungsfestigkeit gegenüber der Spontaneität kritischer Fragen und der Herausforderung durch neue Situationen"[33] stellen. Sie muß in den Auseinandersetzungen der Situation Rechenschaft ablegen für die christliche Hoffnung. Sie muß die Krisensymptome der Zeit „als Grundlagenkrisen der Theologie"[34] produktiv aufgreifen, das heißt, die Krisen, Konflikte, Herausforderungen der Situation wahrnehmen, sich ihren Infragestellungen und Bestreitungen theologischer Inhalte und theologischer Praxis aussetzen, und zwar in „rettender Absicht", also – ohne sich den „Theoriesystemen, die sich als Metatheorien zur Theologie verstehen", zu unterwerfen – sich so an ihnen abarbeiten, daß die zentrale christliche Befreiungsbotschaft deutlicher wird.[35]

Die Zumutung, den christlichen Glauben angesichts zeitgenössischer Bestreitungen zu rechtfertigen, stellt feministische Theologinnen vor eine prekäre Aufgabe.[36] Zunächst war den meisten die innerkirchliche und innertheologische Verteidigung der befreienden christlichen Botschaft gegenüber den Bestreitungen durch die patriarchalen kirchlichen und theologischen Strukturen und ihre Theologie vordringlicher. Wenn feministische Theologie parteilich für Frauenbefreiung arbeiten will, kann sie jedoch auf Dauer weder den Konflikten mit den gesellschaftlichen Gefährdungen des Subjektseins und Subjektwerdens von Frauen noch der Auseinandersetzung mit den feministischen Bestreitungen eines frauenbefreienden christlichen Erbes aus dem Weg gehen. In dieser Auseinandersetzung „muß eine feministische Theologie, die sich als kritische Befreiungstheologie versteht, eine kreative, aber häufig schmerzhafte Spannung aushalten. Um feministisch zu bleiben und um den Erfahrungen der Frauen weiterhin zu entsprechen, muß die feministische Theologie

---

[32] *Metz*, Unterwegs zu einer nachidealistischen Theologie 230 Anm. 2.

[33] GGG 9.

[34] *Metz*, Theologie im neuen Paradigma 121.

[35] Vgl. GGG 7f.

[36] Vermutlich ist dies ein wichtiger Grund dafür, daß exegetische, historische, pastoraltheologische Fragestellungen in feministischer Theologie weiter vorangetrieben sind als systematische.

nachdrücklich betonen, daß die christliche Theologie, die biblische Tradition und die christlichen Kirchen der strukturellen Sünde des sexistisch-rassistischen Patriarchats schuldig sind, welche die gesellschaftliche Ausbeutung der Frauen und die Gewalt gegen sie verfestigt und legitimiert...

Gleichzeitig muß eine kritische feministische Theologie der Befreiung, wenn sie eine christliche Theologie bleiben will, in der Lage sein aufzuzeigen, daß der christliche Glaube, die Tradition und die Kirche nicht an sich sexistisch oder rassistisch sind."[37]

Als *Krisen, die das Selbstverständnis und die Grundlagen der Theologie berühren*, benennt politische Theologie die durch die Prozesse der Aufklärung bewirkte neuzeitliche evolutionistische und materialistische Weltinterpretation und die katastrophischen Krisen im Gefolge der Aufklärung.

a) Eine Theologie, die sich den Herausforderungen der Aufklärung stellt, muß „sich nun mit den Bestreitungen ihrer geschichtlichen Unschuld durch den Historismus und mit den Bestreitungen ihrer gesellschaftlichen Unschuld durch die bürgerlichen und marxistischen Versionen der Ideologiekritik auseinandersetzen"[38]. Politische Theologie versucht, dem Verhältnis von Erkenntnis und Interesse und der Entdeckung der Welt als Geschichte Rechnung zu tragen, indem sie Theologie unter den hermeneutischen Grundkategorien „Geschichte" und „Gesellschaft" neu sieht.

Eine von solcher Hermeneutik geleitete produktive Auseinandersetzung westdeutscher feministischer Theologie mit den „Herausforderungen der Moderne", die noch aussteht, könnte wesentlich zur Klärung ihres Kontextes beitragen, insbesondere zur theologischen Wahrnehmung und Reflexion von Frauenerfahrungen in einer sogenannten säkularisierten Gesellschaft. Allerdings möchte ich hier die Frage aufwerfen, ob sich feministische Theologie zur Wahrnehmung der Krisen, an denen sie sich abarbeiten und „entzünden" muß, an den von politischer Theologie ausgewählten Krisen orientieren soll bzw. ob die in der herrschenden Geschichtsschreibung als epochale Umbrüche gedeuteten Ereignisse und Zeiteinheiten für die Lebenswirklichkeit von Frauen überhaupt einen derart tiefgehenden und nachhaltigen Krisencharakter aufweisen. Es ist eine feministisch-historische Streitfrage, ob die Erforschung von Frauengeschichte an

---

[37] *Schüssler Fiorenza*, Für Frauen in Männerwelten 35.
[38] *Metz*, Theologie im neuen Paradigma 122.

die traditionelle Periodisierung der Geschichte gekoppelt werden soll, um die Geschichte von Frauen nicht auf eine Anhäufung von Lebensgeschichten zu reduzieren, die „unpolitisch" und „unhistorisch", „im Endeffekt als biologistisch" begriffen würden,[39] und ob die traditionelle Periodisierung nicht radikal in Frage gestellt werden muß, ob „eine derartige Epocheneinteilung unser Verständnis der Geschichte der Frauen verzerrt",[40] weil sie die Aktivitäten von Männern – und nicht von Frauen – und die gesellschaftlichen Verbesserungen für Männer – die nicht unbedingt Verbesserungen für Frauen sind – zum Maßstab haben[41]. Dann aber steht feministische Theologie nicht nur vor der Aufgabe einer theologischen Bearbeitung der Herausforderungen unseres Kontexts, sondern hat das Projekt einer „grundsätzlichen Neukonzeption der Geschichtsschreibung", für die „Männer und Frauen das Maß"[42] wären, mitzuverfolgen.

b) Als entscheidende Krisen im Gefolge der Aufklärung, an denen sich politische Theologie entzündet, nennt Metz die Katastrophe von Auschwitz und die Herausforderung durch eine sozial geteilte Welt.[43]

Für Metz läßt sich heute Theologie im deutschen Kontext nicht anders als „nach Auschwitz" treiben. „In der Art, wie in der Theologie Auschwitz vorkam bzw. nicht vorkam, wurde mir – langsam – der hohe Apathiegehalt des theologischen Idealismus deutlich und seine Unfähigkeit, geschichtliche Erfahrungen anzunehmen."[44] Die Erinnerung an Auschwitz bedeutet „Ende und Wende" gegenüber einer Theologie, die „mit dem Rücken zu Auschwitz" getrieben wird, sie

[39] *Maria Mies,* Weibliche Lebensgeschichte und Zeitgeschichte, in: Beiträge zur feministischen Theorie und Praxis 7, 54–60, 56.
[40] *Gerda Lerner,* Die ‚Herausforderungen' der Frauengeschichte, in: Renate Duelli-Klein/Maresi Nerad/Sigrid Metz-Göckel (Hrsg.), Feministische Wissenschaft und Frauenstudium, Hamburg 1982, 65–80, 73.
[41] Z. B. haben Schülerinnen die Erfahrung des Exodus aus der Perspektive einer Israelitin „neu geschrieben": „In Ägypten ging es uns Frauen eigentlich ganz gut. Wir hatten feste Häuser und genug zu essen. Für uns ändert sich in einem anderen Land nicht so viel. Wir machen überall die Hausarbeit. Unseren Männern ging es schlecht, sie mußten harte Fronarbeit machen. Deshalb wollten sie auch weg . . . Da sind wir halt mitgezogen samt unseren Kindern. Nun sind wir unterwegs und haben nichts zu essen für unsere Familien" (*Annette Rembold,* „Und Mirjam nahm die Pauke in die Hand, eine Frau prophezeit und tanzt einem anderen Leben voran." Das Alte Testament – feministisch gelesen, in: Christine Schaumberger/Monika Maaßen (Hrsg.), Handbuch feministische Theologie, Münster 1986, 285–298.292).
[42] *Lerner,* Die ‚Herausforderungen' der Frauengeschichte 79.
[43] Vgl. z. B. *Metz,* Unterwegs zu einer nachidealistischen Theologie 217–224.
[44] Vgl. ebd. 217. Vgl. auch *Metz,* Christen und Juden nach Auschwitz. Auch eine Betrachtung über das Ende bürgerlicher Religion, in: ders., Jenseits bürgerlicher Religion 29–50.

leitet eine „Kehrtwendung ins Angesicht der Leidenden und der Opfer" ein.[45]

Dies gilt uneingeschränkt ebenso für feministische Theologie im westdeutschen Kontext. Allerdings konfrontiert die Konzentration vieler feministischer Theologinnen auf die Hexenverfolgungen als entscheidende Krise für Theologie politische Theologie mit der Frage, ob ihre Betonung der Unvergleichbarkeit der Katastrophe von Auschwitz nicht zur Relativierung anderer katastrophischer Völker- und Frauenmorde führt. Umgekehrt müssen wir feministischen Theologinnen gerade in Westdeutschland uns fragen, ob wir unsere Aufmerksamkeit nicht tatsächlich mit dem Rücken zu Auschwitz auf Hexenmord und zerstörerische Gewalt des Patriarchats richten. Vor allem müssen wir die u. a. von Judith Plaskow, Bernadette Brooten und Elisabeth Schüssler Fiorenza ausgesprochene Warnung ernst nehmen, daß wir das christliche Frauenerbe nicht um den Preis eines feministischen Antijudaismus verteidigen dürfen. Die Kehrtwendung ins Angesicht der Katastrophen und der Leidenden stellt feministische Theologie vor die Aufgabe, Leiden nicht gegeneinander aufzurechnen, statt dessen Sensibilität für Opfer der Geschichte auf noch unsichtbarere Opfer auch außerhalb Westeuropas und Nordamerikas hin zu öffnen, solche Katastrophen zueinander in Beziehung zu setzen und auf ihre theologischen Implikationen hin zu bedenken.[46]

Die Herausforderung durch die Dritte Welt konfrontiert feministische Theologie mit der Notwendigkeit, die Beziehungen zwischen den Unterdrückungsstrukturen und den Aufbruchs- und Befreiungsbewegungen der „Ersten" und „Dritten" Welt und speziell die Beziehungen zwischen Frauen in der „Ersten" und „Dritten" Welt feministisch zu analysieren. Während politische Theologie feministischer Theologie zur Erkenntnis verhelfen kann, daß die theologische Situationsanalyse „nicht anders als im Weltmaßstab geschehen"[47] kann, bekommt politische Theologie die globalen Zusammenhänge von Unterdrückung und die Unterdrücktesten und Entrechtetsten der Welt nicht in den Blick, solange sie nicht realisiert, daß in allen

---

[45] *Metz*, Christen und Juden nach Auschwitz 30; Unterwegs zu einer nachidealistischen Theologie 218; Theologie im neuen Paradigma 124.

[46] Vgl. *Rosemary Radford Ruether*, Frauen für eine neue Gesellschaft. Frauenbewegung und menschliche Befreiung, München 1979, Kap. 4: Hexen und Juden: Die dämonischen Außenseiter der christlichen Kultur, 101–126.

[47] GGG 4.

Gruppen unterdrückter und entrechteter Menschen es die Frauen sind, die am meisten der Ausbeutung und Unterjochung ausgesetzt werden. Um ihrem Anspruch, Theologie im Weltmaßstab zu treiben, gerecht werden zu können, muß politische Theologie von feministischer Theologie die analytische Kategorie „Patriarchat" übernehmen.[48]

Die Forderung nach einer *Situationsvergewisserung als Ausgangspunkt und Raster und auch als Thema theologischer Arbeit* verbindet feministische Theologie mit politischer Theologie. Ihre unterschiedliche Akzentuierung und Ausarbeitung kann zu einem wechselseitigen Lernprozeß führen. Politische Theologie versteht unter Situationsvergewisserung vornehmlich „eine Art Gegenwarts- und Zeitanalyse",[49] die – weil unsere Erfahrung der Wirklichkeit nur in und durch Theorien und Systeme, die diese Wirklichkeit prägen, geschieht – theorieintensiv sein muß. Trotz des Entwurfs politischer Theologie als narrativer Theologie und ihrer teilweisen Ausarbeitung als biographischer Theologie[50] kommt dennoch die biographische Basis politischer Theologie bisher in der Hauptsache verschlüsselt in der Auswahl der Themen und Theorien, den leitenden Kategorien, den Zielen zum Ausdruck. Das wichtige und innovative Postulat neuer Subjekte und neuer Orte des Theologietreibens – außerhalb des akademischen Betriebs, außerhalb der Gruppe der Gebildeten und Besitzenden – erweckt bei manchen Leser/inne/n den Eindruck, die Autor/inn/en politischer Theologie würden auf der Suche nach einer neuen Basis, nach neuen Subjekten und Orten ihrer Theologie *von sich selbst absehen,* das heißt sich selbst als Subjekte, ihre persönliche Lebens- und Arbeitssituation als Ort ihrer Theologie, ihre Praxis als Basis ihrer Theologie, ihre Kämpfe und ihr Scheitern, vor allem die Differenzen zwischen ihren Zielen und ihrer Praxis nicht erkennbar machen.

Im Vergleich zu politischer Theologie betont feministische Theologie die persönlichen Frauenerfahrungen als notwendigen Ausgangspunkt und Maßstab ihrer Theologie. Diese Erfahrungen wer-

---

[48] Vgl. meinen Aufsatz: „Ich nehme mir meine Freiheit, damit ich nicht sterbe". Überlegungen zu einer feministischen Theologie der Befreiung im Kontext der „Ersten" Welt, in: Christine Schaumberger/Monika Maaßen (Hrsg.), Handbuch feministische Theologie 332–361, 350–356.

[49] GGG 3.

[50] Vgl. z. B. *Metz,* Produktive Ungleichzeitigkeit, in: Jürgen Habermas (Hrsg.), Stichworte zur ‚Geistigen Situation der Zeit', 2. Band: Politik und Kultur, Frankfurt 1979, 529–538.

den in Frauengruppen mitgeteilt, es gibt darüber hinaus viele schriftliche, meist autobiographische Aufzeichnungen von Frauenerfahrungen. Ich sehe jedoch die Gefahr, daß die üblicherweise praktizierte Form der Wahrnehmung, Mitteilung und Rezeption subjektiver Frauenerfahrung *zu sehr bei sich selbst bleibt,* das heißt nicht durchsichtig gemacht wird auf fremde Erfahrungen hin und nicht kritisch-produktiv hinterfragt und somit auf die Möglichkeit neuer, anderer Frauenerfahrungen hin durchbrochen wird. Als Anzeichen für diese Gefahr werte ich das Auseinanderklaffen zwischen der erwähnten feministisch-theologischen Erfahrungsliteratur, in der die Autorinnen in der Regel davon absehen, ihre Erfahrungen produktiv theologisch zu verarbeiten, auf der einen Seite, und den wissenschaftlich-theologischen Studien auf der anderen Seite, in denen Frauenerfahrungen immer weniger Raum und Gewicht zugemessen wird. Die Berufung auf Frauenerfahrung wurde vielfach zum Kürzel, das der Beschwörung einerseits von Unvereinbarkeit mit Männerpositionen („das hat nichts mit meinen Erfahrungen als Frau zu tun"), andererseits von Gemeinsamkeit der Frauen untereinander dienen soll, statt unterschiedliche und immer neue Frauenerfahrungen in ihrer Unangepaßtheit, Uneinpaßbarkeit und Sprengkraft wahrzunehmen und wirksam werden zu lassen. Judith Plaskow beschreibt das „Ja, ja"-Erlebnis, „daß wir dieselben Erfahrungen machen wie andere Frauen",[51] das wohl für jede Feministin wesentlich zum Prozeß feministischer Bewußtwerdung gehört. Mystifiziert werden Frauenerfahrungen jedoch, wenn sie einer „sich ständig identifizieren wollenden" Tendenz von Feministinnen, also einer „höchst selektiven Aufmerksamkeit", unterworfen werden. Diese selektive Aufmerksamkeit „ist egozentrisch in dem Sinne, daß sie immerzu nach Parallelen und Fäden sucht, nach dem Bei-mir-war/ist-das-auch-so... Eine solche Egozentrizität aber ist der Erweis von Selbstbeschränkung; auch eines Zurückschreckens vor dem ganz anderen und der Suche nach Bestätigung des Eigenen, vor allem auch der eigenen Grenzen. Alles, was nicht unmittelbar selbst angefühlt, selbst geschmeckt, selbst inhaliert, selbst betreten ist, ist das leicht zu übergehende und zu übersehende Fremde. So bleiben Frauen wieder häus-

---

[51] *Judith Plaskow,* Das Kommen Liliths: Schritte zu einer feministischen Theologie, in: Bernadette Brooten/Norbert Greinacher (Hrsg.), Frauen in der Männerkirche, München/Mainz 1982, 245–258, 247.

lich, bei sich zu Hause, auf ihrem eigenen vertrauten Terrain. Der Erfahrungsbegriff bleibt eng."[52]

Während also politische Theologie von feministischer Theologie den Mut zu ungeschützter Subjektivität lernen kann, kann sich feministische Theologie von politischer Theologie zu intensiverer theoretischer Reflexion unseres Kontexts, das heißt zu einer gründlicheren Kenntnis und Kritik der Theorien, die unsere Wahrnehmungen und Erfahrungen prägen oder verhindern, mit dem Ziel höherer Sensibilität und wacherer Aufmerksamkeit für Frauenunterdrückung motivieren lassen.

Ein Anfang in Richtung einer detaillierteren und konsequenteren Situationsanaylse scheint mir durch die „Theologisch-politischen Protokolle"[53] gemacht. Hier wurde ein theologischer Lernprozeß begonnen mit dem Ziel, eine angemessene Darstellungsform politischer Theologie zu entwickeln, „die aus je ihrer Zeit und Gesellschaft zu sprechen versucht und sich deshalb jeder schematisierenden Einordnung widersetzt": „ihre unabgeschlossene Bewegung selbst sichtbar zu machen, . . . ihre Praxisfelder und Kontexte zu erläutern, ihre Autoren dort, wo sie engagiert sind, zu Wort zu bringen und den theologischen Begriff erst dann zu entfalten, wenn er ausgewiesen ist durch ein Tun, ein Leiden, einen Kampf . . . Theologie müßte als eine Einheit von Wegbeschreibung, Erfahrungsbericht, theoretischer Vergewisserung, Bekenntnis, Rechenschaft und Traum von noch unerreichten Zielen formuliert werden – nicht privat, kooperativ."[54]

3. Politisch: für das Subjektwerden aller. – Politische Theologie ist nicht in dem Sinn politisch, daß sie „anderweitig bereits in Kraft gesetzte oder propagierte Politik religiös . . . überhöhen" wollte.[55] Politisch ist politische Theologie zunächst in einem *herrschaftskritischen* Sinn. Sie versteht den Gottesgedanken als politischen Gedanken. „Im Blick auf die biblische, vor allem auch die neutestamentliche Botschaft von der Göttlichkeit Gottes sprechen heißt immer auch, von seiner angekündigten ‚kommenden‘ Herrschaft sprechen."[56]

---

[52] *Christina Thürmer-Rohr,* Der Chor der Opfer ist verstummt. Eine Kritik an Ansprüchen der Frauenforschung, in: Beiträge zur feministischen Theorie und Praxis 11, 71–84, 78.

[53] *Tiemo R. Peters* (Hrsg.), Theologisch-politische Protokolle, München/Mainz 1981.

[54] Ebd. 9f.

[55] GGG XI.

[56] *Metz,* „Politische Theologie" in der Diskussion, in: Helmut Peukert (Hrsg.), Diskussion zur „politischen Theologie", Mainz/München 1969, 267–301, 272.

Diese Herrschaft versucht Metz als „politisch relevante Kategorie" wirksam zu machen, denn für ihn „ist die theologische Rede von der Herrschaft Gottes der Beginn der Säkularisierung und Relativierung jeder bestehenden politischen Herrschaftsform; sie ist vor allem der Ursprung der Kritik an all jenen politischen Herrschaftsformen, die sich selbst als ‚absolut', d. h. als der menschlichen Freiheitsgeschichte entzogen und ihr vorausliegend begreifen"[57].

Die theologische Konsequenz ist Kritik und Widerstand gegenüber jeglicher Herrschaft: „Verhältnisse, die dem Evangelium direkt widersprechen – wie Ausbeutung und Unterdrückung, Rassismus –, werden zu Herausforderungen an die Theologie. Sie verlangen die Formulierung des Glaubens in Kategorien des leidensbereiten Widerstands und der Veränderung. So wird Theologie aus ihrem eigenen Logos politisch."[58]

Diese durch die angekündigte Herrschaft Gottes begründete Herrschaftskritik – wenn Gott allein Herr ist und herrscht, darf sich kein Mensch zum Herrn machen und dürfen Menschen keine anderen Herren zulassen – war es vor allem, die politische Theologie, als ich ihr das erste Mal begegnete, für mich relevant machte. Dieser Gedanke hat mich begeistert, überzeugt und einen politischen Sensibilisierungsprozeß eingeleitet. Doch an diesem Punkt muß ich die früher gestellte Frage an das Eingangszitat wiederaufgreifen, ob die politisch-theologische Rede von „dem" Gott der Lebenden und der Toten Frauen zu Subjekten werden lassen kann.

Zunächst ist deutlich, daß diese Rede von Gott nicht zur Legitimation von Herrschafts- und Ungleichheitsverhältnissen eingesetzt wird, sondern die ursprüngliche, kritische und befreiende Kraft der biblischen Rede einklagen will. Diese herrschaftskritische Dynamik der biblischen Rede von Gott als Vater, König, Herr sollte feministische Theologie über der Kritik an der vermännlichenden Rede von Gott nicht außer acht lassen. Elisabeth Schüssler Fiorenza führt in einer Analyse des Jesusworts „Nennt niemand Vater, denn ihr habt nur einen Vater (und ihr seid alle Geschwister)" aus: „Die Anrede ‚Vater', die Jesus und seine Jünger/innen verwenden, hat vielen christlichen Feministinnen großes Ärgernis bereitet, weil die Kirche dem Gebot Jesu ‚Nennt niemand Vater, denn ihr habt nur einen Vater' nicht gehorcht hat und dies zur Legitimierung des kirchlichen

---

[57] Ebd.
[58] *Metz*, Unterwegs zu einer nachidealistischen Theologie 220.

und gesellschaftlichen Patriarchats durch den Gottesnamen ‚Vater‘ geführt hat, wobei der Name Gottes verunehrt wurde ... Das Jesuswort verwendet den Gottesnamen ‚Vater‘ nicht zur Legitimierung bestehender patriarchaler Machtstrukturen in Gesellschaft und Kirche, sondern als kritische Subversion aller Herrschaftsstrukturen. Der ‚Vater‘gott Jesu macht die ‚Schwesterschaft der Menschen‘ (mit den Worten Mary Dalys) möglich, indem er jedem Vater und jeglichem Patriarchat die Existenzberechtigung abspricht. Weder die ‚Brüder‘ noch die ‚Schwestern‘ in der christlichen Gemeinde können sich auf die Vaterautorität berufen, weil das bedeuten würde, daß sie sich auf eine Autorität und Macht beriefen, die Gott allein vorbehalten ist ... Es (dieses Jesuswort, CS) verbietet den Jesusjünger/inne/n zugleich, irgendeine Vaterautorität in ihrer Gesellschaft anzuerkennen, *weil es nur einen Vater gibt.*“[59]

Jedoch wirkt sich eine theologische Rede von Gott als Herrn, als Vater und infolgedessen jede Rede von „dem“ Gott, die Assoziationen eines Herrschenden wachruft, für Frauen unterdrückend aus, wenn sie nicht Befreiung aus jeder patriarchalen Herrschaft eröffnet, also auch, wenn sie unproblematisiert in den Denk- und Sprachmustern des Patriarchats verbleibt. Der herrschaftskritische Charakter der Rede von Gott bleibt in einer Zeit der erhöhten Sensibilität für androzentrische Sprache verborgen, wenn er nicht konsequent in nichtherrscherlicher und nichtsexistischer Rede von Gott ausgelegt wird. Drückt das Wort „Herrschaft“ tatsächlich die Beziehung zwischen Gott und den um ihr Subjektwerden ringenden Frauen und Männern aus? Ist Herrschaft nicht eindeutig patriarchal und gar nicht ohne Beherrschung vorstellbar? Verhindert nicht eine auf das patriarchale Bild von der Herrschaft Gottes orientierte Praxis das Kommen des Reiches Gottes? Wäre „Macht“[60] vielleicht eher ein Wort, das offen ist für die Ermöglichung des Subjektwerdens von Frauen und Männern und einer umgreifenden radikalen Veränderung der Welt in all ihren Dimensionen, und vor allem ein Begriff, der Gott nicht länger vermännlicht und – was auch für die Rede über „die/den/das Gott“ eher als in den meisten Fällen für die Rede von „der Göttin“ gelten könnte – nicht mehr auf die Schablonen der Geschlechterpolarität zurechtstutzt?

[59] Vgl. *Schüssler Fiorenza,* In Memory of Her 150f.
[60] Carter Heyward spricht z. B. von Gott als „Macht in Beziehung“: *Heyward,* Und sie rührte sein Kleid an. Eine feministische Theologie der Beziehung, Stuttgart 1986.

Auch die politisch-theologische Betonung der Nachfolge – „Nur ihm nachfolgend wissen Christen, auf wen sie sich eingelassen haben und wer sie rettet"[61] – kann, durch die von Elisabeth Schüssler Fiorenza geprägte Redeweise von der „Nachfolge von Gleichgestellten"[62] präzisiert, ihre hierarchische und männerzentrierte Färbung ablegen und daher radikaler aus den herrscherlichen und herrschaftsstabilisierenden Denk- und Lebensmustern, insbesondere den geschlechterpolarisierenden Rollenzwängen des normalen Lebens herausrufen.

Politischer Theologie geht es darum, „die eigentümliche *politische Bewußtlosigkeit* von Theologie und Christentum in ihren (historisch-gesellschaftlichen) Wurzeln aufzuspüren und zu kritisieren"[63]. Diese Kritik artikuliert sie erstens als Kritik an der die herrschende Trennung von privatem und öffentlichem Bereich und den Tausch als herrschendes Prinzip der Gesellschaft unhinterfragt akzeptierenden *Privatisierungstendenz* von Religion und Theologie. „Getragen weiß sich das Bürgertum von einem neuen, alle sozialen Beziehungen stützenden und regelnden Prinzip: dem des Tauschs. Produktion, Verkehr und Konsum sind von ihm her bestimmt. Alle anderen Werte, die das Sozialwesen bisher prägten und nicht unmittelbar zum Funktionieren dieser bürgerlichen Tauschgesellschaft beitragen, treten immer mehr zurück in die Sphäre des Privaten ... Religion wird zur ‚Privatsache‘, deren man sich nach Kriterien der kulturellen Bedürfnisse und der Nützlichkeit ‚bedient‘, die man aber eigentlich nicht (mehr) braucht, um überhaupt Subjekt zu sein."[64]

Als Privatsache erscheint das Christentum im Gewand politischer „Unschuld" – allerdings um den Preis des Verschleierns des Unterbrechungscharakters biblischer Religion gegenüber der Tauschgesellschaft und Siegergeschichte, der „Unberührtheit" gegenüber den geschichtlichen Kämpfen um das Subjektwerden und Subjektsein-können aller durch Vertröstung und schließlich um den Preis des Vergessens der Option der christlichen Erinnerung an das verheißene Subjektwerden aller: „Die bürgerlichen Tugenden der Stabilität, des Konkurrenzkampfes und der Leistung verdunkeln und überlagern die lediglich geglaubten messianischen Tugenden der Umkehr, der selbstlosen und unbedingten Liebe zu den ‚geringsten der Brüder (!)‘

[61] GGG 48.
[62] Vgl. *Schüssler Fiorenza*, In Memory of Her.
[63] GGG XI (Hervorh. d. d. V.).
[64] GGG 32.

und des Mitleidens – Tugenden, die sich nicht in Tauschbeziehungen verwirklichen lassen, für die man buchstäblich nichts bekommt, wie etwa die Liebe, die auf keiner Rückzahlung besteht, die Treue, die Dankbarkeit, die Freundlichkeit und die Trauer."[65]

Diese politisch-theologische Kritik christlicher Privatisierungstendenzen inspiriert feministische Theologie zu einer verschärften Aufmerksamkeit für die Gefahr, daß die – durchaus notwendige und unaufgebbare – autonome feministische Arbeit, die Schaffung von Frauenräumen, dieser Privatisierungstendenz unterliegen und sich um ihre gesellschaftliche Wirkung bringen kann.

Ein privatisiertes Christentum weist die messianischen Tugenden – Umkehr und Nachfolge, bedingungslose Liebe und Leidensbereitschaft – arbeitsteilig dem Privatbereich, der Familie und insbesondere – das hat politische Theologie bisher noch nicht herausgearbeitet – den Frauen zu. Von allen Männern und Frauen wird als ,,christliches" Leben erwartet, im Privatbereich auf ein Leben nach den Prinzipien des Tauschs zu verzichten, während die Geltung dieser Prinzipien im öffentlichen Bereich unangetastet bleibt: Unabhängigkeit, Besitz, Sicherheit, Konkurrenz, Erfolg. Von Frauen wird generell die Bereitschaft erwartet, sich dem privaten Bereich zuzuordnen und auf Teilhabe am öffentlichen Bereich – soweit wie möglich – zu verzichten. Sie werden gesehen als Verkörperung der ,,weiblichen" Tugenden: Selbstlosigkeit, Hingabe, Opferbereitschaft, Empfänglichkeit. Besonders die katholischen Bischöfe – mit ,,Rigorosität statt Radikalität"[66] auf die Gefährdungen der christlichen Verheißungen durch die Plausibilitäten der bürgerlichen Gesellschaft reagierend – richten emphatische Appelle an die Familien ,,als Inseln der christlichen Tugend"[67] und lasten ihnen somit den gesamten Druck des Widerspruchs von gesellschaftlich herrschenden und kirchlich geforderten Tugenden auf. Doch reduziert auf den Privatbereich und ihrer politischen Brisanz beraubt, werden die messianischen Tugenden pervertiert. ,,Liebe muß hier sozusagen verkürzt werden zu einer Liebe, die auf umfassende Gerechtigkeit verzichtet. Doch wo christliche Liebe nur noch in der Familie gelebt wird, ist sie auch dort bald nicht mehr lebbar."[68]

---

[65] *Metz*, Messianische oder bürgerliche Religion? in: ders., Jenseits bürgerlicher Religion 9–27, 15 f.
[66] Ebd. 14–19.
[67] Ebd. 16.
[68] Ebd.

Der Kampf um die Rettung der Kraft der messianischen Tugenden vor der – tödlichen – Reduzierung und Lähmung kann konkrete Perspektive gewinnen, wenn politische Theologie den Charakter der privatisierenden messianischen Tugenden als „Frauensache" aufmerksam betrachtet. Umgekehrt ist die Privatisierungskritik hilfreich für eine schärfere feministisch-theologische Kritik an der herrschenden gesellschaftlichen und kirchlich-theologischen Zuschreibung von „Weiblichkeit" und „Frauentugenden", am Ausschluß von Frauen aus dem öffentlichen Leben durch diese Zuschreibung, an der Unmöglichkeit, diese „Tugenden" als messianische Tugenden zu leben, und an den religiösen und politischen Folgen, die sich für Frauen aus dieser Unmöglichkeit ergeben.

Kritik an einem politisch bewußtlosen Christentum richtet sich zweitens gegen die *Service- und Legitimationsfunktion* von Religion, Theologie und Kirche. Vermeintlich politisch neutral, verzichten sie nicht nur auf die öffentliche Verkündigung ihrer befreienden Botschaft, riskieren nicht nur das Absterben der messianischen Hoffnung, entlasten nicht nur die Herrschenden, beschwichtigen und vertrösten nicht nur die Opfer der Gesellschaft, sondern bestätigen, überhöhen und legitimieren das Herrschende religiös, indem sie ohne gesellschaftskritische Infragestellung religiösen Sinn stets abrufbar bereithalten. „Durch das religiöse Wort möchte ja eine Welt, egal wie absurd sie ist, erträglich und eine Menschheit erbaut und gerechtfertigt werden, deren schuldhafte Verstrickungen immer offenkundiger sind. – In heimlicher Koalition kämpfen Religion und Politik dabei um ihre je eigene Selbsterhaltung."[69]

Im Blick auf das Leben von Frauen als primären Adressatinnen der kirchlichen Verkündigung, die sie zu Opfern rigoroser, unter der Herrschaft des bürgerlichen Lebens nicht einlösbarer Erwartungen und gleichzeitig zu Agentinnen religiöser Legitimation und Bestätigung von Herrschaft macht, muß politische Theologie ihre Kritik einer herrschaftsstabilisierenden christlich-religiösen Praxis und Theologie zuspitzen: Die arbeitsteilige Zuordnung von Religion und Politik zum privaten und öffentlichen Bereich entspricht der herrschenden Trennung des Lebens in die „Domäne" der Frau und die Domäne des Mannes und der infolgedessen polarisierenden Festschreibung von Geschlechterrollen und geschlechtsspezifischen Eigenschaften. Nur wenn sie konsequent als Androzentrismus- und

---

[69] *Peters*, Schritte im Unwegsamen 7.

Sexismuskritik ausgearbeitet wird, kann Religions-, Theologie- und Kirchenkritik den Charakter und das Ausmaß der Gefährdung messianischer Hoffnung erkennbar machen.[70] Dies kann zudem die politisch-theologische Sicht bürgerlicher Gesellschaft als *apathischer Gesellschaft* entfalten: Die den Aufstand und Kampf für das Subjekt-werden von Menschen verhindernde und an das Nicht-Subjekt-Sein gewöhnende herrschende Apathie kann nur unter der Voraussetzung herrschen, daß Frauen im Privatbereich den Ausgleich für diese Fühllosigkeit, die Illusion eines Lebens in Liebe und Sympathie und die Energiequelle für die ständige Wiederherstellung und „Rüstung" von Menschen zum Überleben im Raum der Apathie, schaffen. Diese erwartete Zuarbeit von Frauen für die Herrschaft des Tauschs und der Apathie, die „Liebe" genannte unaufhörliche, bedingungslose und fraglose Bereithaltung von Opferbereitschaft, Emotionalität und Hingabe ist als Pendant zur herrschenden Apathie eine Perversion der messianischen „pathischen" Tugenden. Zurückgestutzt auf „weibliche Selbstlosigkeit" und familiaren Egoismus, verlieren das Fühlen und die Hingabe von Frauen die subversive und schöpferische Macht der unbeherrschbaren und grenzenlosen messianischen Leidenschaft.[71]

Hoffnung auf Befreiung im Mit-Leiden mit den Opfern der Geschichte und im Bewußtsein der Schuld

1. Erinnerung, Erzählung, Solidarität: Kategorien des Widerstands gegen die Apathie. – Ihren Kampf für das Subjektwerdenkönnen aller Menschen (aller Männer und Frauen?) setzt politische Theologie am Widerstand gegen die herrschende Apathie als die massivste Gefähr-dung des Subjektseins an. Kategorien des Widerstands gegen die Apathie und somit des Wirksamwerdens messianischer Religion für das Subjektwerden aller, besonders der Verachteten, Unsichtbaren, Vergessenen, Toten, sind ihr Erinnerung, Erzählung, Solidarität. Die Nähe dieser Kategorien zu feministischer Theologie wird im femi-nistisch-theologischen Bemühen um subjekthafte, sichtbar machende Sprache und um Erfahrungsbezogenheit offensichtlich. Ich be-schreibe hier – wenn auch kurz und andeutungsweise – einen anderen

---

[70] Vgl. z. B. *Schaumberger*, Die „Frauenseite": Heiligkeit statt Hausarbeit.
[71] Vgl. *Mary Daly*, Reine Lust. Elemental-feministische Philosophie, München 1986.

Aspekt, nämlich inwiefern die Kategorien „Erinnerung, Erzählung, Solidarität" die Postulate feministischer Theologie „Betroffenheit und Parteilichkeit"[72] – als Widerstand gegen eine dem Leiden von Frauen gegenüber fühllose und irrelevante Theologie entworfen und ausgearbeitet – präzisieren.

Verhinderung und Zerstörung von *Erinnerung* – individuell und kollektiv – verschüttet das Unrechtsbewußtsein, blockiert die Motivation zum Widerstand, legitimiert und stabilisiert Herrschaft. Umgekehrt beginnt Subjektwerdung einzelner oder von Gruppen stets mit der Entdeckung, daß Erinnerung zerstört wurde/wird, und der Entlarvung der gängigen Erinnerung als Siegergeschichte. „Die Geschichte der Menschheit wurde bisher mit weißer Hand, mit Männerhand, aus der Sicht der herrschenden Klasse geschrieben. Die Besiegten der Geschichte haben einen anderen Blickwinkel als die Sieger. Den Besiegten hat man selbst ihr Gedächtnis, die Erinnerung an ihre Kämpfe nehmen wollen. So beraubt man sie einer Quelle der Energie, des Willens zur Gestaltung der Geschichte und der Rebellion."[73]

Der subjektrettende Kampf um die zerstörte Erinnerung zielt nicht auf „verklärende Erinnerungen", auf „Erinnerungen, in denen Vergangenheit zum unangefochtenen Paradies wird",[74] sondern strebt die Wiedergewinnung gefährlicher Erinnerung an: „Jene gefährliche Erinnerung, die unsere Gegenwart bedrängt und in Frage stellt, weil wir uns in ihr an unausgestandene Zukunft erinnern", die „den Zauberkreis des herrschenden Bewußtseins"[75] durchbricht, die Erinnerung gegen die Eindimensionalität herrschenden Bewußtseins: „Die Erinnerung an die Vergangenheit kann gefährliche Einsichten aufkommen lassen, und die etablierte Gesellschaft scheint die subversiven Inhalte des Gedächtnisses zu fürchten. Das Erinnern ist eine

---

[72] Nicht bei allen, aber bei den meisten feministischen Theologinnen besteht Konsens bezüglich dieser Postulate feministischer Theologie, sie werden aber unterschiedlich konkretisiert. Vgl. zu diesen Postulaten v. a. *Maria Mies,* Methodische Postulate zur Frauenforschung – dargestellt am Beispiel der Gewalt gegenüber Frauen, in: Beiträge zur feministischen Theorie und Praxis 1, 41–63. Manche Feministinnen nennen drei Postulate: Betroffenheit, Parteilichkeit, Gemeinsamkeit als Frauen. Das Postulat Gemeinsamkeit verstehe ich jedoch als Schwesterlichkeit, d. h. als feministische Parteilichkeit.

[73] *Gustavo Gutiérrez,* Where Hunger Is, God Is Not, in: The Witness, April 1976, 6, zit. nach *Schüssler Fiorenza,* In Memory of Her XIX. Ich zitiere nach dieser englischen Fassung, weil in *Gutiérrez,* Die historische Macht der Armen, München/Mainz 1984, 26, die Erwähnung der „Männerhand" fehlt.

[74] GGG 95.

[75] *Metz,* „Politische Theologie" in der Diskussion 287.

Weise, sich von den gegebenen Tatsachen abzulösen, eine Weise der ‚Vermittlung‘, die für kurze Augenblicke die allgegenwärtige Macht der gegebenen Tatsachen durchbricht. Das Gedächtnis ruft vergangene Schrecken wie vergangene Hoffnung in die Erinnerung zurück."[76]

Die christliche Botschaft ist als Erinnerung daran, daß die „Herrschaft Gottes unter den Menschen gerade dadurch erschien, daß die Herrschaft zwischen den Menschen anfänglich niedergelegt wurde, daß Jesus sich selbst zu den Unscheinbaren, den Ausgestoßenen und Unterdrückten bekannte und so diese kommende Herrschaft Gottes als befreiende Macht einer vorbehaltlosen Liebe kundtat",[77] eine befreiende und gefährliche Erinnerung. Als christlich bewähren sich Religion, Theologie und Kirche in dem Maße, wie sie die christliche Botschaft als befreiend-gefährliche Erinnerung gegenüber der geschichtlich-gesellschaftlichen Situation einklagen[78] – als Infragestellung, Herausforderung, Ärgernis gegenüber der Siegergeschichte und Fortschrittsgesellschaft, aber auch gegenüber der Kirche, die, statt im Sinne politischer Theologie „öffentliche Zeugin und Tradentin einer gefährlichen Freiheitserinnerung"[79] zu sein, oft als Zerstörerin von Erinnerung gewirkt hat.

Insbesondere angesichts der Suche nach einer christlichen Frauengeschichte erweist sich die Geschichte von Christentum und Kirche als Siegergeschichte, als mit der Unterdrückung und dem Ausschluß von Frauen einhergehendes Verschweigen und Vergessen von Frauen. Der Titel von Elisabeth Schüssler Fiorenzas Buch „Zu ihrem Gedächtnis",[80] der die Erinnerung an die Frau, die den Kopf Jesu salbte und den Ausspruch Jesu „Wo immer auf der ganzen Welt das Evangelium verkündet wird, da wird zu ihrem Gedächtnis erzählt werden, was sie getan hat" (Mk 14,9), wachruft, signalisiert die Gefährlichkeit feministisch-theologischer Erinnerung: Diese kritisiert eine androzentrische christliche Verkündigung, die es unterlassen hat, das Evangelium „zu ihrem Gedächtnis" zu erzählen, und, indem sie eine „Männergeschichte" tradiert, ihren Verkündigungs-

[76] *Herbert Marcuse*, Der eindimensionale Mensch, Neuwied/Berlin 1967, 117, zit. nach GGG 171.
[77] GGG 79.
[78] *Metz*, „Politische Theologie" in der Diskussion 289.
[79] GGG 78.
[80] Vgl. Anm. 18. Dagegen stehen feministisch-theologische Positionen, wie sie maßgebend von Mary Daly vertreten werden, die die Suche nach einem feministischen Erbe im Christentum als Irrweg, der von Frauenbefreiung ablenkt, ablehnen.

auftrag verfehlt hat; sie trauert um die vergessenen und unsichtbaren Frauen der christlichen Frauengeschichte und um die Frauen, denen diese befreiende Erinnerung, die Macht, aber auch die Leiden und Kämpfe ihrer Vorschwestern vorenthalten wurden, die fremdbestimmt, unterdrückt, marginalisiert wurden; sie versucht, ihre „Vorschwestern" – auch die namenlosen, auch die totgeschwiegenen – dem Vergessen und der Unsichtbarkeit zu entreißen und christliche Frauengeschichte wiederherzustellen und sichtbar zu machen – einerseits als Infragestellung, Herausforderung und Bedrohung der „christlichen" Legitimation patriarchaler Strukturen, andererseits als Erbe, das uns stärkt für unseren Kampf um Frauenbefreiung: „Unser Erbe ist unsere Macht."[81] Gefährlich ist die Erinnerung auch für Frauen, insofern sie uns zwingt, unserer Geschichte und unseren Geschichten als Opfer und Besiegte ins Auge zu sehen, uns unser Betroffensein bewußtmacht und uns dabei stört, wenn wir uns mit der Geschichte und Gegenwart arrangieren wollen, aber auch insofern sie Frauengeschichte(n) als Geschichte(n) von Frauen als Opfern *und* Beteiligten der eigenen Unterdrückung und der Zerstörungsgeschichte und -gegenwart deutlich macht und uns daran hindert, uns nur als „unschuldig" Betroffene und hilflos Ausgelieferte zu verstehen.

Nur wenn sie *als „gefährliche" Geschichten erzählt* werden, wirken Erinnerungen gefährlich. Metz charakterisiert z. B. die synoptischen Nachfolgegeschichten als solch gefährliche Geschichten: „Sie laden nicht einfach zum Nachsinnen ein, sondern zum Nachgehen, und nur im Wagnis dieses Weges offenbaren sie ihr rettendes Geheimnis."[82]

Mit ihrer Suche nach einer „anderen" Sprache ist feministische Theologie auf dem Weg zu einer Theologie mit solcher Erzählqualität. Gefährliche Erzählung bringt nicht Bestätigung oder Beruhigung, sondern Ärger, Irritation, Innehalten, Umkehr hervor. Diese Wirkung lebt erstens von der Praxis der Erzählerin/des Erzählers. Sie/er hat eine gefährliche und befreiende Erfahrung erlebt oder gehört, die sie/ihn berührt und verändert hat, und zwar so, daß sie/er diese Erfahrung mit-teilen will: „Der Erzähler nimmt, was er erzählt, aus der Erfahrung; aus der eigenen oder berichteten. Und er macht es

---

[81] *Judy Chicago*, The Dinner Party. A Symbol of Our Heritage, Garden City N.Y. 1979, 249.
[82] *Metz*, Unterwegs zu einer nachidealistischen Theologie 225.

wiederum zur Erfahrung derer, die seiner Geschichte zuhören."[83] Die Kraft der Erzählung lebt zweitens von der Dynamik der erzählten Erfahrungen: Diese haben in der Erzählerin/dem Erzähler so viel bewirkt, daß sie nun ebenso wirkungsvoll zum Ausdruck kommen und „zum Anders-werden und Anders-handeln"[84] anstiften: „Wunder, das man erzählt, wird von neuem mächtig."[85] Drittens kommt es auf die Bereitschaft und Fähigkeit der Hörerin/des Hörers an, sich bewegen, aufrütteln, herausrufen zu lassen.

In der Bewegung des Aufschreckens und Andershandelns – angestoßen durch die Erzählung gefährlicher Erinnerung – entfaltet sich das Postulat feministischer Betroffenheit und Parteilichkeit weiter. Betroffenheit geht über den bloßen Zustand des „Getroffenseins" hinaus, sie drückt sich in Erschrecken und Empörung aus („Es beginnt der Bruch mit der Kontinuität des normalen Elends"[86]) und macht bereit zu veränderndem Handeln. Feministische Theologie ist in dem Sinn parteilich, daß sie nicht nur auf seiten „der Frauen" „steht", sondern das Interesse der Befreiung von Frauen aus ihrer Situation als Opfer und Objekte verfolgt.

Beim Kampf um das Subjektwerden aller räumt politische Theologie bevorzugten Rang gerade den Schwächsten, den Besiegten, Vergessenen, Toten ein, denen, die das Leiden „so zerstört, so unkenntlich macht, daß sie sind, als wären sie ‚keines Menschen Sohn (!)'"[87]. *Solidarität* kennzeichnet die gefährliche Erinnerung, „die nicht nur das Gelungene erinnert, sondern auch das Zerstörte, nicht nur das Verwirklichte, sondern auch das Verlorene und die sich so – als ‚gefährliche Erinnerung' – gegen die Identifizierung des semantischen Potentials von Geschichte mit der Sieghaftigkeit des Gewordenen und des Bestehenden wendet"[88].

Im Unterschied zu einer auf dem Tauschprinzip basierenden „halbierten" Solidarität ist die gefährliche Erinnerung als Erinne-

---

[83] *Walter Benjamin*, Der Erzähler, in: Illuminationen, Frankfurt 1961, 413, zit. nach GGG 183f.

[84] *Dorothee Sölle*, Gott und ihre Freunde 208.

[85] *Martin Buber*, Werke III, München 1963, 71, zit. nach GGG 184.

[86] Vgl. *Maria Mies*, Frauenforschung oder feministische Forschung? Die Debatte um feministische Wissenschaft und Methodologie, in: Beiträge zur feministischen Theorie und Praxis 11, 40–60, 57.

[87] GGG 126; Metz formuliert hier in Anlehnung an B. Brecht.

[88] *Metz*, Nochmals: die marxistische Herausforderung. Zu einem Problemansatz politischer Theologie, in: Gottes Zukunft – Zukunft der Welt. Festschrift für Jürgen Moltmann zum 60. Geburtstag, hrsg. von Hermann Deuser/Gerhard Marcel Martin/Konrad Stock/Michael Welker, München 1986, 414–422, 419.

rung an das verheißene Subjektwerden besonders derer, die des Subjektwerdens am meisten bedürfen, „Solidarität nach rückwärts": „Erinnerungssolidarität mit den Toten und Besiegten"[89]. „Der Gott der Lebenden und der Toten ist der Gott einer universalen Gerechtigkeit, der die Maßstäbe unserer Tauschgesellschaft zerbricht und die ungerecht Leidenden im Tode rettet und der uns deshalb anruft, Subjekte zu werden oder der Subjektwerdung anderer unbedingt beizustehen im Angesicht menschenfeindlicher Unterdrückung, und Subjekte zu bleiben im Angesichte der Schuld und im Widerstand gegen Vermassung und Apathie."[90]

„Eine ist noch unbekannter als der Unbekannte Soldat: seine Frau." Wenn politische Theologie ihre Solidarität mit den Vergessensten, Verachtetsten, Entmenschlichtsten ernst nehmen will, muß sie diese wie feministische Theologie mit ihrer Perspektive der Schwesterlichkeit als Solidarität mit den „ärmsten, verachtetsten, vergessensten Frauen" konkretisieren.[91] Unter dem Anspruch der Schwesterlichkeit[92] wird die feministische Parteilichkeit für das Subjektwerden von Frauen und die Befreiung vom Patriarchat ausgerichtet auf die Erfahrungen und Kämpfe der unterdrücktesten und unsichtbarsten Frauen: „Keine ist befreit, solange nicht jede Frau befreit ist." Schwesterlichkeit, die in Wechselwirkung mit dem Kampf um Befreiung und um Schaffung einer schwesterlichen Welt sich als Vision entfaltet, postuliert nicht Gleichförmigkeit: Sie achtet die Verschiedenheit der Situationen und Erfahrungen wie auch der Ziele und Wege der unterschiedlichen Frauen (im Gegensatz zum „Schulterschluß" der Brüderlichkeit?) und strebt eine Einheit und Gleichstellung von Frauen an, von denen jede das Recht haben soll, „anders zu sein, ohne dafür bestraft zu werden"[93].

„‚Subjekt' ist hier nicht etwa der isolierte einzelne, die Monade ... Solidarisch-antagonistische, befreiend-beängstigende Erfahrungen mit anderen Subjekten gehören von vornherein in die Konstitution des religiösen Subjekts ... ‚Universale Solidarität' als Grundkatego-

[89] GGG 161.
[90] GGG 70.
[91] Vgl. *Schüssler Fiorenza*, Für Frauen in Männerwelten 34.
[92] Zur Schwesterlichkeit vgl. *Rossana Rossanda*, Einmischung, Frankfurt 1980, 99–113; vgl. *Christine Schaumberger*, Die „Frauenseite": Heiligkeit statt Hausarbeit 256–260. Vgl. *Mary Daly*, Gyn/Ökologie. Eine Metaethik des radikalen Feminismus, 1981, 383–402: Daly hat die Forderung nach Orientierung an den ärmsten und verachtetsten Frauen aufgegeben.
[93] *Margaret Wright*, I Want the Right to be Black and Me, in: Gerda Lerner (Hrsg.), Black Women in White America. A Documentary History, New York 1972, 607f, 608.

rie der politischen Theologie des Subjekts besagt deshalb auch nicht eine nachträgliche Subsumption einzelner religiöser Subjekte, sondern sie ist die Form, in der diese Subjekte – vor Gott und durch ihn – existieren."[94]

Unter dieser Perspektive lassen sich politisch-theologische Sicht vom solidarischen Subjektwerden aller und feministisch-theologisches Beharren auf Selbstverwirklichung von Frauen verbinden: Solidarität als Form messianischer Liebe ist nicht „selbstlos", vielmehr bedingen und bewirken Selbstverwirklichung und die Hinwendung zu den bedürftigsten, verachtetsten, unsichtbarsten Frauen einander. Die feministische Forderung nach Schwesterlichkeit ist eine gefährliche Erinnerung an die Einheit von Selbst- und Nächstenliebe und lebt im Wissen, daß „der solidarische Einsatz nicht nur ‚umsonst' ist, sondern Verlust implizieren kann" als „unkalkulierter Einsatz im beschädigten Leben",[95] daß umgekehrt die Weigerung, das Risiko des unkalkulierten Einsatzes auf sich zu nehmen, gerade die herrschende Apathie er-zeugt.

2. *Eine Hoffnung, „scharf von Erkenntnis und bitter von Sehnsucht".* – Christliche Hoffnung ist der Aufstand gegen diese Apathie, deren Gewalt durch Vergessen, Verschleiern, Vertrösten zementiert wird. „Die messianische Zukunft christlichen Glaubens bestätigt und bestärkt nicht einfach unsere vorgefaßte bürgerliche Zukunft, verlängert sie nicht, tut ihr nichts hinzu, überhöht und verklärt sie nicht, sondern – unterbricht sie."[96] Sie unterbricht das Vergessen durch die Erinnerung von Leiden, Leidenden und Toten; sie unterbricht das Verschleiern durch die Anerkenntnis von Schuld; sie unterbricht das Vertrösten durch die Hoffnung als „Aufstand gegen die Katastrophe, ‚die darin besteht, daß es so weitergeht' "[97].

Die kirchliche Verkündigung von Leiden, Schuld, Hoffnung hat allerdings auf Frauen unterdrückend und anpassend gewirkt. Frauen sollten ihre Leidensfähigkeit im Stillhalten und Erdulden, nicht im Kampf gegen Entmenschlichung beweisen. Sie sollten ein Schuldbewußtsein entwickeln, das Selbstbehauptung und Revolte gegen patriarchale Beherrschung als Sünde verstehen, Frauenunterdrük-

[94] GGG 57f.
[95] GGG 206.
[96] *Metz,* Messianische oder bürgerliche Religion? 16.
[97] *Metz,* Brot des Überlebens. Das Abendmahl der Christen als Vorzeichen einer anthropologischen Revolution, in: ders., Jenseits bürgerlicher Religion 51–69, 60 (unter Bezug auf Walter Benjamin formuliert).

kung als Strafe für die Sünde von Frauen legitimieren und Frauen an die herrschende Ordnung anpassen sollte. Sie sollten beispielhaft die „Hoffnung" auf Lohn in der Zukunft für Geduld in der Gegenwart und die Sicherheit, daß das bestehende Leben gottgewollt sei, vorleben. Diese herrschende Verkündigung verlangt nach eingehender feministisch-theologischer Kritik. Dabei bietet die politisch-theologische Interpretation Anhaltspunkte für eine kritisch-feministische Theologie des Leidens, der Schuld und der Hoffnung.

Ohne Leidenserinnerung verkommt Befreiung – auch Frauenbefreiung – zum Sieg der Durchgekommenen. „Es gibt kein Verständnis der Auferweckung, das nicht über das Gedächtnis des Leidens entfaltet werden müßte . . ., das frei wäre von den Finsternissen und Bedrohungen der menschlichen Leidensgeschichte."[98]

Frauengeschichte als bevollmächtigendes und stärkendes Erbe für unsere Befreiung ist daher nicht nur eine Geschichte unseres Stolzes, sondern stets der Trauer über die zerstörte Erinnerung, über die abgebrochenen und verhinderten Frauenleistungen (Shakespeares Schwester[99]), über zerstörtes Frauenleben. In der Erinnerung an die Leiden von Frauen können wir die Wirkung unserer Bemühungen um Frauenbefreiung nicht an den „Erfolgen" der „durchgekommenen und arrivierten",[100] der „emanzipierten" Frauen messen, sondern müssen die leidenden und vergessenen Frauen ins Zentrum unserer Aufmerksamkeit stellen.

Einem politisch-theologischen Sündenverständnis entsprechend, sieht feministische Theologie Sexismus als strukturgewordene Sünde an, aus der Männer und Frauen nicht ohne weiteres ausbrechen können. Die Rede von Schuld soll nicht die Verantwortlichkeit für Frauenunterdrückung den Frauen zuschieben, sondern zur Analyse der weltweiten Unterdrückungsverstrickungen beitragen, Frauen aus dem Status der hilflosen Objekte einer „unveränderbaren" Situation der Fremdbestimmung und Unterdrückung befreien und uns Opfern das Selbstbewußtsein als sich mit Verantwortung und Macht ausstattenden Subjekten zurückgeben: „An wem ich mich vergangen habe? Ich, die Schwache? An all diesen Stärkeren?/Wieso hast du sie stark werden lassen."[101]

[98] GGG 99.
[99] Vgl. *Virginia Woolf*, Ein Zimmer für sich allein, Berlin 1978, 102f.
[100] Vgl. GGG 92.
[101] *Christa Wolf*, Kassandra. Erzählung, Darmstadt/Neuwied 1983, 72.

Feministische Theologie präzisiert politische Theologie allerdings dahingehend, daß sie für Frauen und Männer unterschiedliche Wege der Umkehr aus der strukturgewordenen Sünde Sexismus skizziert.[102]

Die bürgerliche Hoffnung, daß alles „weiterläuft, wie es läuft", daß die Fortschrittsgeschichte sich unberührt von allen katastrophischen Krisen in die Zukunft verlängert, ist für die Opfer der Geschichte eine Schreckensvorstellung. Die Hoffnung auf eine Zukunft der hoffnungslosen, der gescheiterten und bedrängten Frauen richtet sich auf die Umkehrung des Bestehenden, auf die Unterbrechung „der Diktatur des Gewordenen und Fertigen"[103]. Diese Hoffnung trägt „enttäuschungsfähige Erwartungen" und bedarf der Bereitschaft, „enttäuscht, und das heißt ohne Täuschung, zu leben"[104]. Solche enttäuschungsbereite Hoffnung ist nicht Opium, sondern Lebensmittel, Brot des Lebens, das mit der Empfänglichkeit für den Tod, für die Leiden und die Leidenden, mit Liebe, Trauer und Angst nährt[105]: „Nie war ich lebendiger als in der Stunde meines Todes."[106]

Das Verschleiern, Vertrösten, Vergessen unterbrechen, herrschende Plausibilitäten durchbrechen, die unterdrücktesten und vergessensten Frauen in den Mittelpunkt stellen, mit Aufmerksamkeit für Tod und Leiden, Trauer, Angst, Liebe nähren – diese Praxis wiese eine Theologie aus, die die gefährliche Erinnerung so erzählt, daß sie Frauen und Männer anrührt und in Befreiungsbewegung setzt. Sie wirkt – mit einer Aussage Ingeborg Bachmanns über Poesie, die ich hier auf Theologie anwende –„wie Brot . . . Dieses Brot müßte zwischen den Zähnen knirschen und den Hunger wiedererwecken, ehe es ihn stillt . . . (Es) wird scharf von Erkenntnis und bitter von Sehnsucht sein müssen, um an den Schlaf der Menschen rühren zu können. Denn wir schlafen ja, sind Schläfer, aus Furcht, uns und unsere Welt wahrnehmen zu müssen."[107]

[102] Vgl. *Rosemary Radford Ruether*, Sexismus und die Rede von Gott. Schritte zu einer anderen Theologie, Gütersloh 1985, Kap. 7: Die Erfahrung des Bösen: Wege der Bekehrung, 193–230; *Marie-Theres Wacker*, Feministische Theologie, in: Neues Handbuch theologischer Grundbegriffe I, hrsg. von Peter Eicher, München 1984, 353–360, 359f; *Dorothee Sölle*, Gott und ihre Freunde 203f.
[103] GGG 158.
[104] *Ingeborg Bachmann*, Die Wahrheit ist dem Menschen zumutbar, München 1981, 77.
[105] Vgl. *Metz*, Brot des Überlebens 55.
[106] *Christa Wolf*, Kassandra 25.
[107] *Ingeborg Bachmann*, Frankfurter Vorlesungen. Probleme zeitgenössischer Dichtung, München 1980, 21f.

Erfahrungen

Feminismus und feministische Theologie in der DDR
Angelika Engelmann und Evamaria Taut

I. Hinführung

Nicht nur das Wort des Predigers stimmt: „Alles hat seine Zeit",
sondern es muß auch die rechte Zeit sein, damit irgend etwas in
Bewegung kommt und Entwicklung geschieht. So scheint es mir mit
dem Thema „Feminismus und feministische Theologie in der DDR"
zu sein. Schon seit einigen Jahren gibt es bei uns Frauen, die sich mit
diesem Thema beschäftigen, aber erst in dem (den) letzten Jahr(en) ist
ein gewisser Durchbruch auch in den kirchlichen Raum hinein
erfolgt.

Es ist nicht möglich, umfassend und genau darzulegen, wann und
wo feministisches Denken in der DDR zum ersten Mal begegnet. Im
säkularen Bereich, wie zum Beispiel in der Literatur, wird das Thema
„Frau" schon in den siebziger Jahren breit entfaltet, von Frauen wie
Christa Wolf, Maxi Wander, Brigitte Reimann und anderen.[1] Dabei
wird insbesondere der Frage nachgegangen, wie sich die berufstätige
Mutter in der entwickelten sozialistischen Gesellschaft zurechtfindet.
Die bei uns verfassungsmäßig garantierte Gleichberechtigung der
Frau vermittelt ja zunächst den Eindruck, daß es keine speziellen
Frauenprobleme im Sinne der Notwendigkeit, Frauenrechte einzu-
klagen, gibt. Diese Meinung spielt bis in die Gegenwart hinein sowohl
unter Frauen als auch unter Männern eine dominierende Rolle. Erst
allmählich fragen zunächst einzelne, und Schriftstellerinnen artiku-
lieren es anstelle der Stummen, ob nicht die angestrebte volle Berufstätigkeit der Frau eher eine doppelte Ausbeutung als eine Befreiung
darstellt.

---

[1] *Christa Wolf,* Unter den Linden, Berlin/Weimar 1974; *dies.,* Kindheitsmuster, Berlin/
Weimar 1976; *Maxi Wander,* Guten Morgen, du Schöne, Berlin 1977; *Brigitte Reimann,*
Franziska Linkerhand, Berlin 1974.

Nun versteht sich jedoch die DDR als ein Staat, der durch eine sehr betont sozial gestaltete Frauenpolitik gekennzeichnet ist. Besonders auf dem letzten Parteitag der SED im April 1986 sind weitere mütterfreundliche Gesetze verabschiedet worden, aber dennoch scheint die Zeit für den Feminismus auch in der DDR herangereift.

Das Marx-Wort hat immer noch Gültigkeit: „. . . Der gesellschaftliche Fortschritt läßt sich exakt messen an der gesellschaftlichen Stellung des schönen Geschlechts . . ."[2] Wie sieht es aber mit der gesellschaftlichen Stellung des „schönen Geschlechts" bei uns aus? Nach einer Skizze der Frauenbewegung in Deutschland bis hin zur DDR der Gegenwart (II) werden wir uns vor allem auf die Situation der Frauen in der evangelischen Kirche beziehen (III).
Angelika Engelmann

II. Skizze der Frauenbewegung in Deutschland

1. Wurzeln der Frauenbewegung. – Minna Cauer, die 1899 den Verband fortschrittlicher Frauenvereine und 1902 den Verein für Frauenstimmrecht in Hamburg gründete, da in Preußen noch bis 1908 für Frauen die Teilnahme an politischen Versammlungen und Vereinen verboten war: „Ich arbeite weder für die noch nicht reife Frau noch um den Männern zu gefallen, auch nicht, um die öffentliche Meinung zu schonen. Ich arbeite für eine Idee, für eine neue Weltanschauung – nicht um dieser oder jener Menschen willen, sondern im Namen der Gerechtigkeit und der Wahrheit."[3]

Die Forderung nach Frauenstimmrecht wird 1916 wieder erhoben, dann auch in der Weimarer Verfassung 1919 verwirklicht. Aber wann hätten sich Frauen darauf vorbereiten sollen, eine politische Rolle zu spielen? Sie übten keinen demokratisierenden oder friedensfördernden Einfluß auf die politischen Ereignisse der Weimarer Republik aus. Ja, sie müssen sich gefallen lassen, daß Hitlers Wahl weitgehend den Frauenstimmen zu verdanken ist. Das bittere Wort von Lily Braun hat sich darin bestätigt: „Seit einem halben Jahrhundert kämpfte sie um die Eröffnung bürgerlicher Berufe, um höhere Bildung. Sie kämpfte?! Ach nein, sie hatte in Vereinen und Verein-

---

[2] *Marx-Engels,* Werke Bd. 32, Berlin 1965, 582 f.
[3] Zitiert nach: *Elisabeth Moltmann-Wendel* (Hrsg.), Frauenbefreiung, München/Mainz ³1978, 44.

chen Resolutionen und Petitionen verfaßt – aber die Welt außerhalb ihrer Kreise wußte nichts von ihr."[4]

Die weitaus wirksamere Arbeit der sozialistisch-proletarischen Bewegung ist nicht zu übersehen. Seit 1911 gab es den Frauentag, die Gewerkschaften als ökonomischer (nicht politischer) Verein durften Frauen aufnehmen. Etwa 10 Prozent der Gewerkschaftsmitglieder vor dem Ersten Weltkrieg waren bereits Frauen.

Die plötzlich gewonnenen Freiheiten in der Weimarer Republik, Stimmrecht, freie Berufswahl, ein freies Verhältnis zur Ehe, wurden von Minderheiten erprobt, die aber die Mehrheit nicht ermutigten, sondern nur erschreckten. Und in den Familien war sowieso alles beim alten geblieben. Nach wie vor behielt der Mann die Gewalt über die Kinder, er bestimmte den Wohnsitz der Familie und entschied alle wirtschaftlichen Fragen.

Und weil die neue Stellung der Frau am sichtbarsten auf dem Gebiet des „Sanktissimum", der Moral, wahrgenommen wurde, empörte sich das deutsche Gemüt, und der Ruf nach Ordnung gewährte reaktionärsten Forderungen freie Bahn. Selbst Dietrich Bonhoeffer schrieb 1938: „Für Paulus ist die Ordnung klar; die Frauen haben vollen Anteil am Heil und an der Wahrheit. Aber sie haben einen anderen Beruf als der Mann. Der Schmuck der Frau sei nicht in der Öffentlichkeit zu suchen, sondern in der Scham und im Maßhalten, d. h. gerade in der Verborgenheit des Nichtauffallenden . . . Lernen soll und darf sie, aber in der Unterordnung."[5]

2. *Die Situation bis nach dem Zweiten Weltkrieg.* – Als 1939 die Männer in den Krieg zogen, herrschte ein absolut reaktionäres Bild der Geschlechterbeziehung. Es war ganz und gar zur „Erhaltung des Volkstums und der Rasse" säkularisiert, hatte aber das kirchlich-patriarchalische Erbe in Deutschland seit dem Dreißigjährigen Krieg angetreten, wie Isolde Kurz[5a] es bitter formuliert: „. . . brauchte die deutsche Nation jenen Typus des weiblichen Lasttieres, und deshalb züchtete sie ihn, indem sie ihn mit unbewußter Absicht zum Ideal erhob. Kein anderes Kulturvolk hat ein so niedriges, nur auf Unterdrückung der Persönlichkeit beruhendes Frauenideal geschaffen wie das deutsche . . . Sonst pflegten in Zeiten vaterländischer Not die Frauen ihr Geschmeide darzubringen. Die deutsche Frau hat viel, viel mehr geopfert: die Grazie, die Eleganz, die Bildung, die gesell-

---

[4] Ebd. 39.   [5] *D. Bonhoeffer,* Gesammelte Schriften IV, München 1961, 368 f.
[5a] Zitiert nach *Moltmann-Wendel,* Frauenbefreiung 59 f.

schaftlichen Reize ... So wurde sie die ungraziöse, pedantische, kleinliche, aber nützliche deutsche Hausfrau."

Außer der „tapferen kleinen Soldatenfrau", die, womöglich mit dem inzwischen gefallenen Helden „nachgetraut", ihre Söhne groß-zog, gab es auch die zahllosen anderen Frauen, die an die Arbeit gingen: Sie übernahmen alle Funktionen in der Produktion, in der Landwirtschaft, auf technischem und ökonomischem Gebiet, von denen ihnen so nachdrücklich gesagt worden war, daß sie ihre weiblichen Gefühls- und Geisteskräfte weit überschritten. Aus der Tatsache ihrer Berufsfähigkeit zogen die meisten Frauen aber nicht die Folgerung eines neuen und stolzen Selbstbewußtseins, sondern sie fühlten sich in „unnatürlichen" Rollen, aus denen sie sich heraussehnten, die sie eben als „nützliche Hilfskräfte" tadellos, aber widerwillig ausfüll-ten. Diese Grundstimmung setzte sich noch bis in die fünfziger Jahre bei all den „Trümmerfrauen" fort, die härteste Aufbauarbeit leiste-ten, nun auch wirklich körperlich über und gegen ihre Leistungsfä-higkeit – und all das „aus zweiter Hand", als uneigentliche Arbeit. Das eigentliche Gebiet der Frau war und blieb das traute Heim und die Familie.

3. *Die Nachkriegszeit.* – Als die Männer zurückkehrten, machten sie und ihre Familien enttäuschende Erfahrungen. Es kam nicht der „männliche Halt und ritterliche Beschützer" zurück, dessen Foto seit Jahren den Nachttisch geziert hatte. Der Heimkehrer fand auch nicht das traute Zuhause mit seinem lieben, jungen Frauchen und den herzigen Kindern. Sondern die Frauen, oft genug an ihrer Seite die heranwachsenden Kinder, hatten Tätigkeiten und ein Beziehungs-netz aufgebaut, das ihnen Überleben und sozialen Zusammenhang in den Notzeiten sicherte. Der Vater und Ehemann mußte erst wieder „dazwischenkommen". Im Bewußtsein von Frauen *und* Männern war es schmerzlich, aber notwendig, „endlich wieder alles in Ord-nung" zu bringen.

In der jungen DDR hat sich eine säkular-patriarchalische Ord-nung gebildet, die schon aus rein demographischen Gründen nicht auf die weitere Berufstätigkeit der Frauen verzichten konnte, zugleich aber prononciert zwischen Männer- und Frauenberufen und -karrie-ren unterschied.

Noch heute erstreben Mädchen Berufe, „wo man mit Menschen zu tun hat", aber so, „daß man halbtags arbeiten kann". Die Kran-kenschwester, die Kindergärtnerin, Krippenerzieherin, Sekretärin,

Kellnerin, Verkäuferin sind begehrt, natürlich alle untergeordneten Büroberufe, die „sauberen" technischen Berufe wie Programmiererin u. ä. und schlechtbezahlte Industrieberufe wie Stepperin, Montiererin usw. Wenn Mädchen, da es im Qualifizierungsplan so vorgesehen ist, Hochschulstudien aufnahmen und abschlossen, ist bei ihnen der „Plafondeffekt" ausgeprägt. Sie wollen ihre Ausbildung abschließen, erstreben aber keine Karriere oder Leitungsposition. Ihre männlichen Kollegen bringen offenbar aus der familiären Erziehung ungebrochenes Dominanzverhalten mit, erstreben höchstmögliche Qualifizierung und später Positionen. Interessant ist die empirische Feststellung, daß Studentenehen auf die jungen Ehemänner stabilisierend wirken, auch in den fachlichen Leistungen, auf die jungen Frauen dagegen als „Risikofaktor"; sie müssen „natürlicherweise Mutterschaftsfreistellung" und immer wieder Freistellungen zur Pflege eines Kindes beantragen. Studienabbruch scheint häufig unvermeidlich, weibliche Mitarbeiter werden ungern in verantwortliche Positionen eingesetzt, da sie „aus familiären Gründen" unverläßlich sind.

4. *Familienmuster in der DDR.* – Äußerungen bei Kindergartenelternabenden: „Wenn ich abends heimkomme, setze ich mich erst mal und entspanne mich bei einem Bier. Für die Frau ist es ja unmöglich, die muß sich um den Haushalt kümmern" (junger Vater). „Mein Mann und die Kinder helfen gern bei *meiner* Arbeit. Aber die Verantwortung, was dran ist und was eingekauft werden muß, bleibt doch bei mir" (junge Mutter). Etwas anders eine junge Ärztin: „Wenigstens das dritte Kind will ich selbst haben. Die beiden älteren gehören ja ganz dem Vati, bei denen spiele ich überhaupt keine Rolle."

Nach dem Familiengesetz sind alle zuständig für die familiäre Selbstversorgung. Allerdings sieht das Arbeitsgesetzbuch die Mutterschaftsfreistellung als selbstverständlich an und nennt die Freistellung des Vaters nur indirekt im § 246: „(Sie) kann auch von anderen Werktätigen in Anspruch genommen werden, wenn sie anstelle der Mutter die Erziehung und Betreuung des Kindes übernehmen."

5. *Frauen äußern Kritik.* – „Durch viele Anzeichen . . . kündigt sich nämlich bei uns ein Ungenügen vieler Frauen an: Was sie erreicht haben und selbstverständlich nutzen, reicht ihnen nicht mehr aus. Nicht mehr, was sie haben, fragen sie zuerst, sondern: Wer sie sind. Sie fühlen, wie ihre neue Rolle sich schon zu verfestigen beginnt, wie sie sich in den Institutionen plötzlich nicht mehr bewegen können;

ihre Lebenslust ist groß, ihr Wirklichkeitshunger unersättlich. Also berühren sie, tastend noch, die neuen Tabus, denn die Veränderungen werden immer da am heftigsten vorangetrieben, wo sie am tiefgreifendsten waren. Die Möglichkeit, die unsere Gesellschaft ihnen gab: zu tun, was die Männer tun, haben sie, das war vorauszusehn, zu der Frage gebracht: Was *tun* die Männer überhaupt? Und will ich das eigentlich? . . .

Frauen, durch ihre Auseinandersetzung mit realen und belangvollen Erfahrungen gereift, signalisieren einen radikalen Anspruch: als ganzer Mensch zu leben, von allen Sinnen und Fähigkeiten Gebrauch machen zu können. Dieser Anspruch ist eine große Herausforderung für eine Sozietät, die, wie alle Gemeinwesen des Zeitalters, ihren Gliedern mannigfache Zwänge auferlegt, zum Teil auferlegen muß. Immerhin hat sie selbst, wissentlich oder nicht, diesen Anspruch geweckt; mit Frauenförderplänen, mit Krippenplätzen und Kindergeld *allein* kann sie ihm nicht mehr begegnen: auch damit nicht, glaube ich, daß sie mehr Frauen in jene Gremien delegiert, in denen überall in dieser Männerwelt, auch in unserem Land, die ‚wichtigen Fragen‘ von Männern entschieden werden. Sollen Frauen es sich überhaupt wünschen, in größerer Zahl in jene hierarchisch funktionierenden Apparate eingegliedert zu werden? Rollen anzunehmen, welche Männer über Jahrhunderte so beschädigt haben?"[6]
Evamaria Taut

III. Feminismus und Kirche

1. *Kirchliche Rezeption feministischer Impulse.* – Hat sich in unseren Kirchen überhaupt schon ein Bewußtsein dafür entwickelt, daß patriarchalische Selbstverständlichkeiten revisionsbedürftig sind?

In den siebziger Jahren erlebte ich selbst im ökumenischen Gespräch so etwas wie eine Erweckung. Als Frau aus der DDR war ich stolz ins Gespräch eingetreten, daß „bei uns" volle Gleichberechtigung herrscht. Immerhin ist es seit 1970 auch in den protestantischen Kirchen der DDR möglich, als verheiratete Frau ordiniert zu werden. Von 1960 bis 1970 herrschte nämlich Zölibat für Pastorinnen, Frauen wurden zwar ordiniert als Unverheiratete, mußten aber mit ihrer Verheiratung aus dem Dienst scheiden. So etwas mußte ein Mann ja

---

[6] *Christa Wolf,* Berührung. Ein Vorwort zu Maxi Wander, Guten Morgen, du Schöne, Berlin 1977, 16 ff.

nur im Fall von Diebstahl, Ehebruch oder anderen Verfehlungen. – Also, diese Phase ist auch in den Kirchen überwunden. Auch die international beklagte Frauenlosigkeit in kirchlichen Laienleitungsgremien wie Synoden und Gemeindekirchenräten ist, bedingt durch weibliche Berufstätigkeit „in der Welt", ziemlich überwunden. Ja, und das möchte ich noch immer unterstreichen, Frauen können nicht nur sachlich und rational mitreden, so manche von ihnen wagt das auch in den verschiedenen Gremien, wenngleich männliches Dominanzverhalten sie soweit wie irgend möglich daran hindert. Das heißt: Männer fallen redenden Frauen ins Wort, hören ihnen nicht wirklich zu, inhaltlich werden weibliche Beiträge signifikant weniger aufgenommen. Schlimmer sind die zuletzt genannten patriarchalischen Verhaltensweisen in kirchlichen Leitungsgruppen professioneller Mitarbeiter. Da sprechen noch immer Herr Pfarrer A und Herr Rektor B mit Herrn Oberkirchenrat U, bis dann endlich mal Frau X auch ein Wort sagen darf, die eigentlich auch promoviert und Pastorin oder sogar Oberkirchenrätin ist. Ihre Titel werden wirklich notorisch ausgelassen. Es gibt auch noch ganz ungeniert solche Äußerungen: „Liebe Frau X, es *ist* halt so, daß in der Kirche die Männer mehr Macht haben." Das wird in aller Freundlichkeit festgestellt.

Ich kenne diese „Schönheitsfehler" und will daran mitarbeiten, sie zu überwinden. Trotz dieser Mängel hielt ich mich für eine gleichberechtigte Frau aus einer frauenfreundlichen Gesellschaft. Eine Inderin machte mich dafür empfindlich, daß noch ein großer Abstand besteht zwischen Gleichberechtigung und einem wirklich befreiten Bewußtsein und Leben. So wie wir in Kirche und Gesellschaft unsere Kräfte einsetzen und Möglichkeiten weiblichen Einflusses gestalten, sind wir eigentlich erst doppelt beanspruchte, ja beinahe doppelt ausgebeutete Frauen. Denn noch immer ist der Mann, der Pfarrer, der christliche Hausvater das Bild des „eigentlichen Christen". Frauen fügen sich in männliche Sprache, männliche Strukturen, männliche Verhaltensmuster – noch immer sind Frauen „Juniorpartner", die nicht stören dürfen, sonst verlieren sie ihre zugestandene Rolle. Ist die freundliche, sorgfältig gekleidete Frau Oberkirchenrätin Subjekt der kirchlichen Ereignisse? Sie fühlt sich geehrt, wenn sie neben dem Herrn Präsidenten zu sitzen kommt, sie arbeitet fleißig, aber die wichtigen Entscheidungen und die wichtigsten Repräsentationsaufgaben hat noch immer ihr Vorgesetzter, natürlich ein Mann, in der Hand. Ist sie nicht doch das berühmte Alibi – und damit immer noch Objekt männlicher Herrschaft?

Es gibt auch die andere Variante der qualifizierten Theologin. Sie ist anerkannt, leitet mit strenger Hand, kann auch freundlich sein, die Herren akzeptieren sie als Partner – nur hat sie es nicht leicht, feministische Anliegen wahrzunehmen, denn sie hat die patriarchale Herrschaftsstruktur so weit verinnerlicht, daß ihr reflektierender Abstand zu strukturellen Eigenheiten, ja strukturellen Ungerechtigkeiten verlorengegangen ist. – Beispiel: Das junge Theologenehepaar, das so angestellt wird, wie es „realistisch" von der Institution her erscheint: Er hat eine volle Stelle, sie wird gleich nur zu 50 Prozent angestellt, „weil sie früher oder später doch familiär beansprucht werden wird". Frau Oberkirchenrätin ist verständnislos, daß diese jungen Leute Alternativen suchen, unzufrieden sind.

Als 1981 die DDR-Teilnehmer, Männer und Frauen, aus Sheffield[7] zurückkamen, waren sie alle beeindruckt von dieser Konsultation. Einer der Männer kam buchstäblich als „ein anderer Mensch" zurück. Ganz freundliche, selbstbewußte, ordentlich und modisch gekleidete Frauen, nicht „aggressive und verrückte Blaustrümpfe" hatten sich zusammen mit den männlichen Partnern um Elemente und Strukturen eines neuen Bewußtseins bemüht. Die „Normalität" und sachliche Kompetenz der Frauen hatte seine antifeministischen Vorurteile aufgelöst, er war zum aufrichtigen Gesprächspartner geworden. – Ein anderer allerdings fühlte seine wissenschaftlichen Auslegungsmethoden unterminiert, er hatte eine völlig ablehnende Einschätzung gewonnen. Wirklich bezeichnend – und auch repräsentativ für die Haltung von Frauen in den folgenden Jahren – war der Bericht einer Teilnehmerin, der gerade dadurch sich selbst aufhob, daß weiterhin in ganz ungebrochener Weise Frauen von den Männern her definiert blieben.

Evamaria Taut

2. *Zur Situation evangelischer Theologinnen.* – In den beiden großen Konfessionen ist die Situation der Frauen ähnlich der in der Bundesrepublik oder anderen westeuropäischen Ländern.

Frauen bilden den Hauptanteil der Gemeindeglieder, der Gottesdienstbesucher und sind der lebendig-dienende Teil kirchlicher Aktivitäten. Die Leitung ist jedoch streng in der Hand der Männer. In der evangelischen Kirche gibt es zwar ordinierte Theologinnen, aber

---

[7] Dort hatte die Konsultation des Ökumenischen Rates der Kirchen zur Frage der Gemeinschaft von Frauen und Männern in der Kirche stattgefunden.

selten sind sie in Leitungsgremien vertreten. Die Statistik der Evangelisch-Lutherischen Landeskirche Sachsens offenbart für die Leitungsebenen folgendes Bild: In Prozent ausgedrückt, beträgt der Frauenanteil

im Landeskirchenamt unter	den Oberlandeskirchenräten	0
	den Referenten	20
in der Kirchenleitung		11
in der Synode unter den	gewählten Mitgliedern	13
	berufenen Mitgliedern	9,5

Anders ist die Situation in den sogenannten mittleren kirchlichen Berufen, wie zum Beispiel Gemeindehelferin, Katechetin, Kinderdiakonin und Krankenschwester. Diese Berufe gelten, obwohl es auch einzelne Männer unter ihnen gibt, immer noch als speziell weibliche. An den Theologiestudentinnen läßt sich die Problematik Frau und Berufstätigkeit und Frau und Leitungstätigkeit besonders typisch darstellen. Zu Beginn des Studiums werden in der Regel ungefähr ebensoviel weibliche wie männliche Studenten immatrikuliert. Einige Studentinnen unterbrechen dann das Studium oder brechen es ganz ab, wenn sie während dieser Zeit Kinder bekommen. Auf jeden Fall nimmt der Anteil weiblicher Studenten bis zum Ende des Vikariats deutlich ab, und die „auf der Strecke gebliebenen" Frauen/Mütter versuchen dann wieder in das berufliche Leben einzusteigen, wenn die familiäre Situation (gewisse Selbständigkeit der Kinder) es zuläßt. Die Hürden für eine Frau von dann vielleicht Mitte Dreißig, ein volles Pfarramt als Anfängerin zu übernehmen, sind aber meist unüberwindbar. Es gibt Fälle, in denen ein Rollentausch geschieht, indem z. B. der Mann zu Hause bleibt, für die Kinder und den Haushalt zuständig ist, während die Frau als Pastorin arbeitet. Ein mit mir befreundetes Ehepaar, das seit einigen Jahren so eine Rollenumkehrung versucht, erzählte aber eindrücklich, daß dieses Modell doch auch sehr problematisch ist. Erstens stellt es nur eine Umkehrung der beruflichen Entwicklung dar, die sonst eben auf Kosten der Frauen möglich war. Und zweitens gibt es massive gesellschaftliche Widerstände gegen solche neuen, ungewohnten Wege. Weder Frauen noch Männer in dem betreffenden Dorf verstehen dieses Pastorinehepaar, und der nicht berufstätige Mann wird als komisch empfunden. Die Frau bedauert man.

Ist das feministisches Denken und Praktizieren in der DDR? Solche alternativen Modelle signalisieren wohl nur die spezielle Problematik, mit der der Feminismus in der DDR vor allem konfrontiert ist. Die rechtliche Gleichstellung der Frau und die daraus resultierenden Konsequenzen haben in der DDR ganz spezifische Probleme entstehen lassen. Zum Beispiel gibt es nicht nur einerseits das Recht auf Arbeit, sondern praktisch die Pflicht zur Arbeit, wobei die staatlich angestrebte Vollbeschäftigung eine besondere Härte darstellt. Andererseits haben Frauen aufgrund des beruflichen Pausierens wegen der Kinder meist nur sehr geringe Chancen, in Leitungspositionen zu gelangen. Diese Situation ist analog in der Gesellschaft und in der Kirche. Eine Freundin (verheiratet und Mutter schulpflichtiger Kinder) wurde, als sie sich um eine attraktive übergemeindliche Stelle bewarb, immer wieder von Männern in der Kirche gefragt: Was sagt denn Ihr Mann dazu? Wie wird er denn das schaffen, wenn Sie weniger zu Hause sind? Unendlich viele solcher Geschichten könnten erzählt werden. Fast nur unverheiratete Frauen sind beispielsweise im kirchlichen Bereich in sogenannten höheren Ämtern tätig, allerdings sind auch sie nur sehr vereinzelt zu finden.

Wie geht es all den Frauen, die zum Beispiel einmal ein Theologiestudium angefangen, vielleicht sogar beendet haben, aber nie als Theologin arbeiteten, weil sie aufgrund ihrer familiären Situation darauf verzichten mußten (freiwillig?)?

In der evangelischen Kirche fanden 1985/86 drei Veranstaltungen statt, wo sich ein Teil von ihnen traf. Im Herbst 1985 begegneten sich bei der ersten kirchlichen feministischen Werkstatt in der DDR in Hirschluch bei Berlin ungefähr sechzig Theologinnen aus allen evangelischen Kirchen im Bereich der DDR, und sofort wurde deutlich: Uns verbindet ein elementares Bedürfnis, über die Rolle von Mann und Frau in diesem Beruf, in der Kirche und der Gesellschaft nachzudenken. Auf einer anderen Tagung, dem traditionellen Theologinnenkonvent, der einmal im Jahr für eineinhalb Tage zusammenkommt, ist schon seit einigen Jahren, im letzten jedoch besonders auffällig, das gleiche Bedürfnis spürbar. Im Februar 1986 meldeten sich über einhundertfünfzig Theologinnen, um miteinander über unsere Körpersprache nachzudenken. Ein genauso starkes Interesse war im Frühjahr 1986 auf einer Akademietagung der Berlin-Brandenburgischen Kirche in Weißensee zu beobachten, als über einhundert Frauen und wenige Männer mit Luise und Willy Schottroff erste Schritte in feministischer Theologie versuchten. Darüber hinaus gibt es an vielen Orten in der DDR kirchliche Frauenfriedensgruppen, in denen zunehmend feministische Theologie diskutiert und probiert wird.

Ein Problem in all diesen Gruppen und auf diesen Tagungen scheint mir, soweit ich das sehen und beurteilen kann, daß zum einen die Impulse und Anregungen feministischer Theologie durchgängig aus westlichen Ländern importiert werden. Und zum anderen, daß dieses kirchliche Nachdenken nicht oder kaum dialogisch mit dem gesellschaftlichen geschieht. Hier entsteht für mich die Frage, ob nicht feministische Theologie in der DDR vor allem bei Analysen unserer kirchlichen und gesellschaftlichen Wirklichkeit ansetzen muß. Doch genau dann, nämlich wenn Feminismus politisch wird, gibt es auch die größten Ängste von rechts und links, bei Männern und bei Frauen, in der Kirche und in der Gesellschaft.

Ich glaube jedoch, es ist für uns an der Zeit, innerhalb unserer Kirche, aber im Dialog mit der Gesellschaft, darüber nachzudenken, weshalb uns die rechtliche Gleichstellung offenbar doppelte Ausbeutung statt Befreiung gebracht hat. Sind es – in Wirklichkeit – androzentrische Gesetze, denen wir auf den Leim gegangen sind? Hat zum Beispiel das lang erkämpfte Theologinnengesetz uns das gebracht, was wir wollen? Wollen wir genauso sein wie Männer? Ich möchte nicht eine weibliche Kopie meiner männlichen Kollegen sein, sondern so sein können, wie ich bin. Eine Frau, die keine Vaterrolle spielen kann und will; ich möchte andere Werte und Vorstellungen, emotionale und matriarchale, in unser Berufsbild eintragen.

Wir müssen miteinander darüber sprechen und unsere Erfahrungen austauschen, damit Veränderungen möglich werden. Die Zeit dafür ist reif.

Angelika Engelmann